本著作由深圳职业技术学院学术著作出版基金资助出版

U0732011

刘砺 ■ 编著

法律职业共同体视角下的
中西法律文化要览

JALÜ ZHIYE GONGTONGTI SHIJIAO XIA DE
ZHONGXI JALÜ WENHUA YAOLAN

四川大学出版社

责任编辑:孙滨蓉
责任校对:黎伟军
封面设计:璞信文化
责任印制:王　炜

图书在版编目(CIP)数据

法律职业共同体视角下的中西法律文化要览 / 刘砺
编著. —成都：四川大学出版社，2018.9
　ISBN 978−7−5690−2399−2

　Ⅰ. ①法…　Ⅱ. ①刘… 　Ⅲ. ①法律−文化研究−中国
②法律−文化研究−西方国家　 Ⅳ. ①D909

中国版本图书馆 CIP 数据核字（2018）第 219534 号

书　名	法律职业共同体视角下的中西法律文化要览	
编　著	刘　砺	
出　版	四川大学出版社	
地　址	成都市一环路南一段 24 号 (610065)	
发　行	四川大学出版社	
书　号	ISBN 978−7−5690−2399−2	
印　刷	郫县犀浦印刷厂	
成品尺寸	148 mm×210 mm	
印　张	10.375	
字　数	279 千字	
版　次	2018 年 11 月第 1 版	
印　次	2018 年 11 月第 1 次印刷	
定　价	38.00 元	

◆读者邮购本书，请与本社发行科联系。
　电话:(028)85408408/(028)85401670/
　(028)85408023　邮政编码:610065
◆本社图书如有印装质量问题，请
　寄回出版社调换。
◆网址:http://press. scu. edu. cn

未来世界竞争的焦点是法律文化的竞争

（代序言）

文化是一种社会现象，是人们长期创造形成的产物，同时又是一种历史现象，是社会历史的积淀物。文化是精神文明的保障和导向。

维克多·埃尔在分析和比较古往今来诸多学者对文化所做的定义后，强调给文化下一个准确的定义是一件非常困难的事情。苏联哲学家罗森塔尔·尤金指出："文化是人类在社会历史实践中所创造的物质财富和精神财富的总和。"文化往往成为研究者进行跨学科研究的视角。

英国文化人类学家爱德华·伯内特·泰勒爵士曾经说过："文化是人类在自身的历史经验中创造的包罗万象的复合体。"泰勒对文化概念的定义，对后来者研究文化具有重要价值，非常有意义，影响深远。文化不是天生就有的，而是由人类创造的，文化这种创造性特质体现了人类对文化的能动作用，同时文化通过本身的特点反作用于人类。

英国社会人类学家马林诺夫斯基则从"满足人类的需要"的角度阐释文化概念。他认为，文化是包括一套工具及一套风俗——人体的或心灵的特性，它们都直接或间接地满足人类的需要。文化是一个组织严密的体系，可以分成器物和风俗两个基本的方面。马林诺夫斯基认为，文化的真正要素有它相当的永久性、普遍性和独立性，是人类活动有组织的体系，就是人们所谓

1

的"社会制度"。法律正是典型的社会制度。

古今中外的法律学者对法律文化所做的定义多种多样。法律文化也必然有着各种不同的解析方式。从广义上讲，人类漫长历史长河中的法律实践所创造的一切都归入法律文化的概念当中，包含了人类法律实践的各种因素。中义的法律文化指法律意识形态和与之相适应的其他因素。狭义的法律文化则指有关法律精神方面的因素。张文显教授认为："法律文化作为法律现象的精神部分，是由社会的经济基础和政治结构所决定的，是在历史的进程中不断积累下来并且不断创新的有关法和法律生活，特别是权利义务的群体性认知、评价、心态和行动模式的总汇。"法律文化的概念具有独特的含义，是指特定社会中植根于历史和文化的法律价值和观念。法律文化是具有一定普遍性的社会意识形态、社会规范、制度和社会心理中有关法的那一部分形成的一个统一的体系。

关于法律文化（legal culture）的研究，中国法学界始于1985年。而在国外，苏联法学工作者从1962年即开始讨论法律文化问题，美国学者从1969年开始使用法律文化一词，日本法学家1977年开始这一领域的研究。中国学者着手研究法律文化比外国学者晚了二十余年。我国法律文化概念的引入在一定程度上受到外国学者的影响。

法律文化是一个宏观的法学新思维，它渗透在人类的法律实践活动之中。法律文化既体现在作为隐性的法律意识形态之中，也体现在作为显性的法律制度性结构之中。法律文化既是历史文化的遗留，也是现实的人类创造。过去人们创造了法律文化，今天人们仍在发展着法律文化。法律文化是一种集历史与现实、宏观与微观、静态与动态、观念与制度在内的宏观的整体性文化。20世纪的中国法律文化，伴随着中国社会转型，也经历了一个由传统向现代、由封闭向开放、由一元向多元的历史转型和发展，正在向现代化迈进。21 世纪的中国法律文化将在世界法律文化体系中居于重要的地位，成为多元并存的世界法律文化体系中不可忽视的、具有光彩的重要一支。法律文化是法律制度与行为的精神因素，是理解法律制度与法律行为的关键。

法律文化研究揭示了法律历史，也告诉我们，要在一个国家建设法治，不能只满足于制定一系列法律，或者满足于按照法治国家的模式建立法院等机构。在很大程度上，法治的建立是一项宏大而艰巨的文化事业。美国当代法学家、斯坦福大学法学院弗里德曼教授曾对法律制度的构成要素作了分析。他认为法律制度由三块构成：一是法律结构，是指法律中的硬件环境，如国家的宪政架构、法院的设置，甚至法官的数量。二是实体。实体内容是立法规范和司法判决，是直接影响当事人以及更广泛的民众权利和利益的那些规范。三是法律文化，即影响法律机制运作的各种"软"因素。

历史发展的趋势表明，未来世界的竞争主要是文化的竞争，其焦点为法律文化竞争，即不同渊源和不同性质的法律文化的竞争与冲突，主要表现是西方资本主义法律文化与东方社会主义法律文化的激烈较量。面对这种发展趋势，中国要建成强大的社会主义法治国家，必须高瞻远瞩，从未来发展的高度认识和构建当代中国法律文化，以抢占未来世界发展的最佳起跑点和制高点。

若干年之前，提出人类文化全球化可能有理想或夸张之嫌。今天议论人类文化全球化，已是一个清晰可见、不得不面对的事实。问题只在于在何种程度上予以理解。对于法学家们而言，文化全球化的具体内涵就是世界法律的一体化。更鲜明的表达则是法律全球化。毫无疑问，在各种人类文化当中，在人类社会诸多共有的制度当中，法律制度的和谐化和某种程度上的一体化，乃是一个有目共睹的趋势。

当今世界法学的发展现实与由此呈现出来的规律，意味着法学已经完成或者正完成着从国家主义或民族国家主义到融合主义或世界主义的改造，一个法律世界主义或世界法的时代正在无可避免地悄然到来。

人类法律文化大同是历史发展的趋势。比较法学实际肩负着实现人类法律文化大同的世界使命和责任。一方面，对具体法律制度进行比较研究，发现和说明本国和外国法律制度各自存在的基础和理由，论证确认它们各自的长处与欠缺，通过有关文化和社会背景的阐释说明，引出改进完善自身法制的观点与方案，以求最终促进发展本国的法律理论和法律制度。另一方面，要发现和指出不同民族国家法律的异同及其历史、文化和社会原因，寻求各民族国家法律最大限度和最普遍的和谐，并在此基础上使本国法律尽可能地接受和吸纳对整个人类社会具有普适性的规则与原则，最终设计和构造出一种世界共同法或普遍法。两者之间，后者对比较法学而言最为根本。

现在的竞争与未来的统一，是法律文化发展的必然结果，也是我们研究法律文化得出的最终的重要结论。

本书承蒙深圳职业技术学院学术著作出版基金资助出版，特此鸣谢！

目　录

第一章　西方法律文化总述

世界上唯有两样东西能让我们的内心受到深深的震撼，一是我们头顶上灿烂的星空，一是我们内心崇高的道德法则。

——（德）康德

【核心提示】西方传统法律文化的基本精神，可以概括为自由、平等、科学、民主、法治精神。19世纪中叶之前，西方以自然法的法律观念为主导。19世纪中叶到20世纪初期，分析法学的法律观念取代了自然法学法律观念的地位，成为当时法律观念的主导。进入20世纪后，社会法学批判了分析法学的规则观念，提出了"活的法"的法律观念。罗马文化受到了罗马法的洗礼，处处渗透着私法精神。罗马文化本质上是一种私法文化。

法治的核心问题是自由问题，法治的最低界限是政治自由。对于法学家们而言，文化全球化的具体内涵就是世界法律的一体化。法律理念是一个国家法律社会化的核心要素之一，也只有树立先进文明的法律理念，才能真正从本质上实现一个国家的法治。

一、西方法律文化基本精神

西方文明的源头是古希腊雅典的民主制度和罗马法。雅典民主政治的形成发展，开西方民主政治之先河；罗马法逐渐建立了系统的法律体系和完整的诉讼程序，对近现代法治国家的建立产生了深刻的影响。

西方文化的源头是两希文化：希腊与希伯来（古代以色列，犹太人的国家）。希腊与希伯来两大文化体系至今对西方文化产生着深刻的影响。希腊文化中的自然与理性，希伯来文化中的宗教意识，几千年来渗透到西方社会的各个领域，为西方文明的不断进步提供了源源不竭的动力。在世界文明史上，古希腊文明以其特异的风采与卓越的成就享誉后世，以至有"言必称希腊"之说。的确，古希腊的文化创造达到了人类文明的第一个高峰。

西方法律文化源于古希腊的法律思想与古罗马的法律制度。

西方法律文化的基本精神，可以概括为自由、平等、科学、民主、法治精神。这些原则在其文明发祥伊始和发展进程的各个阶段，体现的程度各有不同，在当今的欧洲文化区域已经得到较为充分的体现。人类历史上，西方传统法律文化有一种独有的发展轨迹和不断"进步"的精神。这些"进步"通过一次次世俗与宗教的革命得以实现，最终由法律将所取得的部分成果确定。其他区域的法律文化均流于专制主义。西方传统法律文化在近代以后被其他文化区域广泛接受。以罗马私法为制度基础的西方传统法律文化既体现秩序价值，同时强调公平与个人自由。

（一）自由精神

理论上，人本生而自由，但实际上却处处受到各种各样的束缚，得不到完全自由。"人的本质是自由"，康德哲学上的这一重要命题是对人类自身的理性认知。在西方，对自由的认识有一个不断深化的过程。热爱自由是西方文化的传统。一般而言，自由在法律上意味着法律不予禁止的都可以做。唯一能够限制自由的是法律。自由是一项基本人权。

希腊的自由精神最集中地体现在对个性的追求和尊重上。希腊人认为，每个人都有自己的独特个性、独特价值，不可重复，不可替代。这样一种观念在古希腊已表现得非常明显。希腊人的个性意识突出地表现在行为处事上具有自己的独特判断力。

（二）平等精神

自由与平等紧密相关，没有平等便没有自由。正与斯宾塞所言："每个人都有为所欲为的自由，只要他不侵犯任何他人所享有的平等自由。"世界历史上，不论西方、东方，不平等现象曾长期存在。但在思想理论上，西方平等思想一直存在。基督教的平等教义有助于西方人平等观念的发展。不容否认，直到今天，真正的平等仍然没有完全实现。

（三）科学精神

科学精神或理性精神是希腊文明中的重要内容和最显著的特征。

希腊理性精神突出地表现在其哲学中，如实体与存在的学说、原子论、共相说、理念论、辩证法、形式逻辑等。

希腊的理性主义精神还表现在对理性以及知识和智慧的热爱与追求上。理性、知识和智慧在古希腊人的心目中具有至高无上的地位，甚至具有神性的尊严。追求理性，服从理性，是人的崇高使命和神圣职责，也是人生的价值与意义所在。

希腊的理性主义精神深深地影响了 2000 多年来的欧洲哲学、宗教与科学，从而深深影响了 2000 多年以来西方人的社会历史与生活。

（四）民主精神

民主一词源于希腊语"demos"一词，意为人民。民主指人民主权，主权在民，包括公共权力在内的一切权力都来自人民。在民主体制下，人民拥有超越立法者和政府的最高主权。立法权来自人民，重要的立法需要人民同意，否则无效。行政权方面，主要体现为民选政府。民主政府是由全体公民——直接或通过自由选出的代表——行使权力和公民责任的政府。一切取决于民意，政府根据民意而产生。民主使政府遵循法治。全体公民获得平等的法律保护。

古希腊民主精神的基本原则是主权在民，最高权力属于人民。（1）民主政治在于全体公民执掌政权；（2）在法律面前人人平等；（3）用人唯才；（4）政务公开与自由；（5）私人生活自由与宽恕的原则。所有这些原则都体现着一种民主的精神、自由的精神和人文主义精神。

（五）法治精神

法治是人类政治文明的重要成果，是现代社会的一个基本框架。大到国家的政体，小到个人的言行，都需要在法治的框架中运行。法治就是法律至上，没有谁享有法律之外的特权或不受法律约束。法治必须是良法之治。合乎正义的法律就是良法。法律的正义性不仅是法治的基础，而且也构成守法的条件。只有经人民同意的法律才具有正义性和正当性。只有人民同意并通过的法律，人民才有服从的义务。法治社会的真谛在于：公民的权利必须保护，政府的权力必须限制。

民主与法治是不可分的，真正的民主必然是法治的，真正彻底的法治也只有在民主制度下才能通行无碍。在古希腊，城邦按法律治理，任何人的地位都不得高于法律。

二、西方法律观念

西方法律观念的产生和发展有 2500 多年的历史。大体上可分为三个阶段：

第一阶段。19 世纪中叶之前自然法学法律思想观念在西方占据主导地位。

第二阶段。19 世纪中叶以后，西方产业革命完成导致社会阶级矛盾愈演愈烈，分析法学逐渐取代自然法学的地位，成为主导思想。

第三阶段。20世纪后，社会学的产生和迅猛发展，为社会法学的产生滋养了肥沃的土壤。

（一）自然法观念

19世纪中叶以前，西方法学界以自然法的法律观念为主导。自然法学家的主要观点如下：

（1）关于法的本质。认为法在本质上是一种客观规律，立法者制定法律必须以客观规律为基础。客观规律即宇宙、自然、事物以及人的本性，是理性的反映。孟德斯鸠说："法律是由事物的性质产生出来的必然关系。"由此看来，人在自然状态下所接受的客观规律即自然法。而违反自然规律所产生的社会关系是恶劣的恶法。

（2）关于法的来源。认为法来源于本性、自然性、社会性、理性，永恒不变。真正的法律应当与之符合，特别是与理性符合，建立在理性意志基础之上。

（3）关于法的功能和目的。认为法在于实现公平和正义。格劳秀斯宣称："法律是理性的体现，是正义的标准。"只有在正义的法的庇护下，人们才能够享受权利，平等地承担义务。

（4）关于法律及其观念。应当与人们的价值观念一致。自然法是人们寻求正义之绝对标准的结果。不符合正义的法律是不正义的，不会被大多数人所接受。正义是衡量法之善与恶的标准。

总之，自然法学观念特别重视法律存在的客观基础和价值目标，即人性、理性、正义、自由、平等、秩序，对于研究法的本质具有重要意义。

（二）分析法观念

19世纪中叶到20世纪初期，分析法学的法律观念取代了自然法学法律观念，成为法律观念的主导。分析法学派从此登上了西方法律历史的舞台。其主要观点如下：

（1）严格意义的法即国家法。国家法能被真实感知，也称作实在的法和真实的法。极力反对自然法，认为自然法是一种幻想，没有实际的研究意义。法是主权者的命令，借强力推行，强调意志与强力。

（2）由法律规则构成的实在法、国家法。实在法、国家法是法律规则或法律规范体系。实在法是由国家主权者制定和颁布的，体现主权者意志的、对公民的命令。实在法是西方法律思想史上针对人类社会当时法学体系的统称。

（3）法律是中性的，与价值无涉。主张法律的纯粹技术性和工具性。这一时期人们不侧重于法律实质内容是否合乎道义，而侧重于其形式是否具有合法性。主张政治道德等价值观念、意识形态与法律没有内在的必然联系，在道德上、政治上无法对法律进行评价。不存在良法与恶法，认为恶法同样是法。

（4）立法机关制定法律规则体系。形式上合理的法律体系以解决各种社会问题为宗旨。执法者或者法官遵循规则审理各种案件，执法者没有自由裁量权，只是执法的机器。韦伯曾说："现代的法官是自动售货机，投进去的是诉状和诉讼费，吐出来的是判决和从法典上抄下来的理由。"形式上合理的思想后来演变成正义的法治观念，即严格执行法律规则，对所有法律规则一视同仁。

总体而言，分析法学只注意到了法与国家的密切联系，忽略、否认和割裂其与政治、道德不可分离的联系。法官只是机械执行这些规则的工具。

（三）社会法观念

进入 20 世纪后，社会学的产生和迅猛发展促进了社会法学的迅速发展。社会法学批判了分析法学的规则观念，提出了"活的法"的法律观念。认为真正的法不是国家的制定法，而是存在于社会中事实上对人的行为发生作用的各种准则。社会法观念认为：

法在本质上是一种社会秩序，真正的法律不是国家制定的法律规则，而是社会立法中的秩序或人类联合的内在秩序。

法律和国家的联系不是必要的，并非所有的法律都由国家制定实施。没有国家同样存在法律。

法律不是规则的体系，而是由规则、原则、政策等多种要素构成。德沃金说："整体性要求尽可能把社会的公共标准制定和理解看作是以正确的叙述去表达一个正义和公正的条件。"

社会法学的观点坚持法与社会的相互关系中以法的实际运作为对象，揭示了法产生于社会，消解彼此之间的矛盾、冲突、对立和斗争，以平衡各种利益。

三、古希腊、古罗马法律文化

古希腊、古罗马将法看成是全社会的一种调节器，一种确定权利、义务的尺度和保障权利的手段。

古希腊、古罗马的国家与法律，肇始于平民与贵族的冲突。古希腊国家的产生得益于社会分工扩大、氏族组织瓦解、社会集团出现。人们熟知的梭伦立法，即是贵族与平民两大集团的激烈斗争，导致必须寻求一种新的社会秩序，否则两大集团可能同归于尽。古代西方法是社会妥协的结果，而不是任何一方以暴力无条件地强加于对方的命令。亚里士多德曾言："任何力量，只要它能通过共同的政治行为以促进和维护社会福利，我们就说它是合法的和合乎正义的。"后世的西方学者完全基于亚氏理论，圣·托马斯·阿奎那说："法是借以调节人类行动的理性的某种命令，法是人类赖以导致某些行动和不做其他一些行动的行动追责或尺度。"

在西方，法治永远是一个古老而常新的话题。从古希腊到近代法国、英国，再到现代美国、瑞士，法治理论经历了极大的变迁。古希腊的政治理论和古罗马的法律，为西方近代国家所继承，后者又为包括社会主义国家在内的所有现代化国家所借鉴，主要归因于这些理论本身所具有的形式合理性。法治主要不表现在内容而在形式方面。西方法治理论具有某种一以贯之的内在品质。法治首先应当理解为一种社会组织形式、一种秩序类型。

古希腊和古罗马，人们的法观念相对温和。面对的问题主要是根据利益划分的不同社会集团间的明争暗斗，寻求的是社会利益的调整和重新分配，而非族姓之间的统治和压迫。他们找出某种中间道路，以妥协的方式解决基本的社会矛盾，仿佛订立"社会契约"，大家和平共处，共同遵守。西方古代社会贵族与平民的斗争，结局大致如此。这种局面需要一套各方共同接受的解决办法和一个"中立"的权威。

有学者将近代资本主义的发达归结为法律文化的发达，具体表现为法律所引起的社会关系领域的变革，即人际关系契约化。西方近代社会繁荣，乃至整个经济与科学发达，很大程度上得益于商业繁荣。西方近代法制适应商人需要。商品是天生的平等派，商人是最具有平等精神和个人权利意识的阶层。契约关系是发达的商品经济和民主政治的表现，构成现代各种社会关系的最基本形式。

法治的最低界限是政治自由。"最低界限"的真正含义指法治的核心问题是自由问题，真正有效的自由必须以法治为前提。归根到底，自由不过是一种稳定的期待。

四、欧洲专制时代法律文化

西方历史同样有血腥、残忍，今人所称道的西方法律，当时也未必是那么的至上与神圣。从罗马帝国一直到洛克以前的英国和孟德斯鸠时代的法国、第二次世界大战之前的德国，欧洲政治的基本格局是专制统治。

在经历了古希腊、古罗马的城邦文明之后，奥斯曼帝国入侵，战乱和劫掠几乎夷平了所有古代城市，城市文明所体现的权利观念和法律意识亦告消失。欧洲自此进入黑暗、愚昧的漫长中世纪。直到 11 世纪，随着海上贸易的发达，城市和商业逐渐复苏，与此相伴的则是专制国家盛行。进入资本主义时代前后的一百年，欧洲先后出现了英国、法国、意大利、德国等一批专制的政治国家。

特定时期欧洲同样经历了专制统治。罗马帝国时期皇帝敕令成为最高的法律渊源，"君主不受法律约束"，"为君主所喜之物具有法律效力"。中世纪的法国国王路易十四宣称"朕即国家"。13 世纪嚣张的英王要求议会通过征税的法律。19 世纪德国、意大利将专制统治推向了高峰。德皇威廉一世及其继承者都不喜欢法律的限制。马基雅维利的《利维坦》对意大利的情况都有反映。

然而西欧国家都走向了民主与法治，并为世界上其他国家效仿。必须看到，柯克大法官所做出的斗争，及所引用的布莱克顿的名言："国王在一切人之上，但在上帝和法律之下"。亦必须看到长老院与法国国王的对抗。在大多数情况下，即便在国王专制的年代里，人们的观念里仍普遍认为所有人都应受到法律约束，因为法律是全社会订立的一个契约。与政治体制相比，文化条件是先在的、决定性的，政治结构不可能超出文化条件所提供的范围。德国法制对社会产生的影响，看看其民法就明白了。

欧洲的文艺复兴，首先复兴的是罗马文化。罗马文化本质上是一种私法文化。罗马文化受到了罗马法的洗礼，处处渗透着私法精神。西方近代法制的建立，除社会历史要求外，经中世纪发展整理的罗马法和习惯法以及中世纪的海商法都是重要渊源。法律文化的渐进性非常明显。罗马法研究的恢复，在欧洲恢复了法的意识、法的尊严，恢复了法在保障社会秩序、促进社会进步方面的重要作用。欧洲海上贸易的发达孕育了极强的契约观念，而契约关系意味着个人意识的发达。个人主义作为家族主义或团体主义的对立物，主张自主人格，意识到个人独立的存在和价值，对自己的行为负责。

法律为主权者所制定，依靠国家力量推行，这种观念在19世纪以后欧洲颇为流行。反映在理论上，表现为法学作为一门独立学科的分析法学派的形成。

五、西方法律与基督教的关系

宗教（基督教）对西方社会影响深刻，西方的法律思想和法律制度均具有明显的宗教色彩。但这种影响不能与伦理对中国法律的影响深度相比拟，西方法律并未被宗教所控制。

（一）早期基督教与罗马法

古希腊、古罗马法形成早期，与其原始宗教、道德、习惯混同，具有神权法色彩。涉及法律问题常引用神意，司法仪式中渗透宗教仪式。公元前5世纪，希腊哲学从宗教中分离，将法看成人类自身的创造。罗马人神分离较晚，公元前5世纪的《十二铜表法》仍然是法律与宗教混合的产物。公元前1世纪，进入帝国阶段后罗马法律才排除了原始宗教。4世纪时罗马法律遭受基督教冲击。313年的米兰敕令，基督教得到罗马皇帝承认，392年成为罗马国教。基督教对罗马法观念影响巨大。

（1）法律分类。此前人们认为法律只有两类，一是永恒的自然法，二是制定法。永恒自然法是自然理性和人类正义的体现，制定法服从永恒法。基督教则使人们相信，还存在体现神意的永恒上帝法，世俗法律既要服从自然法，还要服从神法。

（2）犯罪理论。基督教产生前，人们认为犯罪是个人对国家、社会的侵害，因个人堕落或社会不公而造成。基督教认为，罪并非个人行为的结果，而是祖先遗传的"原罪"，人类犯罪非外力所迫，乃本性使然。

（3）立法内容。教徒编纂各种教令教规集，皇帝也不断就基督教事务立法，《查士丁尼》法典第1卷就包括《教会法》。但总体来说，当时的教会实力有限，教会法处于辅助地位。

（二）中世纪基督教的神圣化和法律化

中世纪基督教在西方具有重要法律地位。随着西罗马灭亡，蛮族征服了罗马，但罗马的基督教反过来又征服了蛮族。

从西罗马灭亡到1640年，基督教经历了曲折发展、显赫和衰落的过程。在教权与王权不断的斗争中，教会法地位不断上升，在11—14世纪终于统一了欧洲法，并凌驾于世俗法律之上，直到宗教改革运动后衰落。

教会法是基督教会为组织管理而制定的法律，源于罗马法、《新约》、惯例、教皇和宗教大会的立法，以及具体案件的判决等。最初的适用范围限于教会，随着教权扩张而与世俗法混同。7—8世纪，欧洲各国颁布敕令，开始了基督教神圣化和法律化的历程。9—11世纪，教会的地位继续上升，逐步取得经济、知识和道德的支配权。格里高利七世宣布罗马教皇在教会中有政治、法律上的至高无上地位，僧侣不受世俗法控制，教皇有权废除国王，不受任何人的审判。12—13世纪，罗马教会组成以主教法庭、大主教法庭、教皇法庭为主体的独立审判系统，另设"异端"宗教裁判所。涉及教会利益、宗教信仰的民刑案件，甚至一般案件，均归教会法庭审理。当时政治、法律成为神学的附庸。

（三）教会法衰落及后续影响

14—16世纪，基督教受到多重冲击，第一，基督教内部腐败引发信仰危机；第二，世俗政权日益强大，教会扩张遭到民族主义反击；第三，随着商品经济发展和文艺复兴，理性地位明显上升。这一阶段基督教进入分裂和改革时期。教会法管辖领域缩小，并不得与世俗法相矛盾，对遗嘱诉讼、公证契约的管辖权被剥夺。资产阶级革命后，政教分离原则确立，教会法庭的地位降到世俗法庭之下。这不是说基督教对西方法律的影响终止，作为精神文化，其影响仍然巨大，对于法律、道德观念和行为有积极影响，在延续古希腊、古罗马法律思想方面起到了桥梁作用。

中世纪上帝法、理性法和自然法观念并存，对古典自然法理论产生重大影响。

教会法在思想上、在实体法方面被西方法律所接受。婚姻、财产、继承、犯罪与刑罚、证据等方面尤其突出，教会与国家之间的关系准则，也为国际法做出贡献。基督教一直是西方各国的国教或主要宗教，多数立法者、法学家接受宗教信仰，其个人价值和理论影响法律的制定和实施，对法学教育、研究等也多有影响。

第二章　西方法学文化

法律是一切人类智慧聪明的结晶，包括一切社会思想和道德。

——（古希腊）柏拉图

【核心提示】法律思想是法律文化的核心。柏拉图的哲学体系以正义理论和法律观著称。亚里士多德主张法治优于人治。斯多葛派以"自然"概念为哲学体系的核心。公元前3世纪，罗马就出现了法学家。古罗马法律文明的主要成就是私法制度及相应的法学。希腊的自然法思想作为罗马法发展的精神指导，在罗马法发展过程中发挥了巨大作用。

洛克的法律思想对于确定西方近代以来的政治法律思想有特别重要的作用。孟德斯鸠在洛克分权思想基础上明确提出了"三权分立"学说。卢梭提出国家因订立契约而产生，人民是制定契约的主体（"人民主权"）。国家主权不能分割，也不能转让，一切人权的表现和运用必须表现人民的意志，法律是"公意"，在法律面前人人平等。

19世纪西方的法学流派主要有：古典自然法学派、哲理法学派、历史法学派、早期分析法学派。现代西方的法学流派主要有：现代分析法学派（分析实证主义法学派）、社会法学派、新自然法学派（现代自然法学派）、综合性法学派、经济分析法学派、新自由主义法学派。

法律思想是法律文化的核心。"西方法律思想"中的"西方",主要指有共同文化源流——古希腊、古罗马和基督教文明的欧美国家。通常意义上的西方法律思想,指古希腊、古罗马一直到 20 世纪,西方国家的法哲学家们,在特定社会状况的影响下,提出的有关法律的各种观点和系统化的学说。

西方法律思想是世界法律文化的重要部分,其中蕴含着丰富的法律资源,值得研究和探索。我们不仅要建立现代法律体系,更重要的是准确理解西方法律制度所包含的法律思想。从法律制度中寻找法律的精神,从法哲学的抽象中寻找法律实践所隐藏的意义。

一、古希腊、古罗马的法律思想

(一)古希腊的法律思想

古希腊奴隶制社会特别是雅典城邦,并没有出现像罗马帝国那样发达的法律制度和专业的法学家集团。在古希腊的哲学、伦理、政治思想以至文学中,包含了许多有关法律基本问题的探讨,法是神授还是人定?法代表正义、自然还是代表强权?法与国家、民主、自由、平等的关系,法的作用,法治还是贤人政治?自然法与实在法的关系,这些西方中世纪以至近现代法学界争论过的重大问题,在古希腊都曾涉及,并对后世西方法律思想的发展产生了重大影响。

人们主要通过荷马史诗和海希奥得诗歌了解古希腊法律思想。那时还没形成独立的法律思想体系,法律思想蕴含在哲学和宗教思想中。古希腊早期,法律和宗教在很大程度上合二为一。在法律和立法问题上,人们经常援引被认为是阐明神意的权威性意见的特耳非的圣理名言。立法和司法形式中渗透着宗教仪式,祭祀在司法中起着至为重要的作用。国王作为最高法官,其职责和权力被认为是宙斯亲自赐予。古希腊的法律思想是一种原始的与法律相关的思想，并非自成体系。海希奥得认为："法律乃是建立在公平基础上的一种和平秩序，它迫使人们戒除暴力，并把争议提交仲裁者裁断。"他认为公平是法律的基础价值，也是实现法律秩序价值的前提，法律的秩序价值在法律的实现过程中得以体现。古希腊早期已经提出了很多与法律相关的价值观念。这一时期对后世影响最大的是柏拉图和亚里士多德的法律观以及斯多葛学派的自然法思想。

1. 柏拉图的法律观

柏拉图的哲学体系以正义理论和法律观著称。正义理论是其哲学体系的基石。法律思想是其思想体系的表层，后来发生了实质性变化。柏拉图认为人生来就不平等，这是共和国中等级制度确立的依据。他把人分成金、银、铜、铁几个等级。认为正义就是各守本分，各司其职。法律是治理国家的次等方法。"最佳的方法不是给予法律以最高的权威，而是给予明晓统治艺术、具有大智大慧的人以最高的权威"，所谓的圣人政治。晚年他发现最佳的方案却不是现实的方案，就用《法律篇》阐述第二种方案：统治当局在没有成文法典和法律规定时，不再享有随意司法的权力，国家统治者也应该服从于法律。

柏拉图的设想如果被执行，则是社会秩序井然、繁荣昌盛的途径，应该会出现一个理想的国度，但是行不通。其一，过多依赖于智慧以及富有智慧的人，现实中很难找到符合要求的人，绝大多数人也不能达到他的标准。就算有少数人富有智慧，做出了优良的决定，也可能不被人们所理解。其二，设计过于理想，与现实脱节。其三，对人性弱点预期不足。认识到了人的差异性，却忽略了人们难以接受这些差异而造成的不平等，忽略了人们受欲望支配而不服从理性决定的可能性，人们是不愿意满足现状的。柏拉图的理想幻灭于人性的现实。

2. 亚里士多德的法律观

亚里士多德提出很多与柏拉图不一样的观点，克服了柏拉图的唯心主义和唯理主义。他认为"相对于一人之治来说，法治更为可取"。这和柏拉图推崇的贤人政治相背离，这是认识到人性弱点和现实情况后得出的结论。他认为"法律是不受感情因素影响的理性"。他将正义区分为分配正义和矫正正义，还有惯例正义和自然正义，这对后来人们关于正义的认识和理解提供了很好的借鉴。亚里士多德认为"以正当方式制定的法律应该具有终局性的最高权威"。

亚里士多德的卓越贡献在于坚决支持法治优于人治。他主张的法治建立在良法之上，在良法的前提下。他和他的老师同时忽略了以正当的方式制定的法律是恶法的情形。他们从人性善的角度，把立法的过程以及结果想象得过于美好。亚里士多德在很大程度上考虑了人性弱点，以人性善为依托，针对恶法是否应当被遵守未给出自己的观点。

3. 斯多葛学派的自然法观

斯多葛派以"自然"概念为哲学体系的核心。所谓自然，就是一种支配性原则，它遍及整个宇宙，按泛神论的态度视之为神。芝诺认为，整个宇宙是由一种实体组成的，即理性。理性是法律和正义的基础，它的要求对任何人都有约束力。自然法就是理性法。人的生活应当不受情感和主观激情的影响，应当不依赖于外部世界，应当无所畏惧，对不可避免的命运安之若素，努力奋斗以达到精神上的完全平衡与和谐。西塞罗也把理性和自然等同看待，并把理性设想为宇宙中的主宰力量。他认为"最愚蠢的想法"是相信一个国家的法律或习惯中的内容全部都是正义的，完全不正义的法律不具有法律的性质。斯多葛派自然法概念中的一个重要成分是平等原则。认为歧视人是不正义的，是与自然法背道而驰的。

人们认为理性才是法律的基础，已经对法律是神的意志有一定的反思，打破了人生来就不平等的观念，极力倡导人本质上的平等性，对当时的奴隶制和家庭制产生了积极影响。斯多葛派还认识到应然法与实然法可能存在很大差异，且对这种情况给出了自己的观点，已经意识到制定法律过程中可能出现的问题。

4. 古希腊法律思想的主要特点

（1）浓厚的城邦主义色彩。古希腊的法律思想是从城邦之中产生的，因而强烈地受到城邦的制约。城邦是古希腊所有思想家法律思想的出发点和归宿地。

（2）显著的自然主义倾向。希腊城邦自然产生的特点使法律思想家的思想带有明显的自然主义倾向。"与自然和谐一致的生活"是他们追求的生存目标。

（3）相当程度的自由主义和民主主义。希腊城邦不追求政治上的统一，走上了分离主义和自由主义的道路。希腊人陶醉于民族优越感中，习惯于小国寡民状态。诸城邦彼此独立、平等共处。"主权在民"的政治状况加上城邦规模狭小，使希腊城邦出现了直接民主制度。多数城邦于前8世纪—前6世纪完成了从君主政治向民主政治或僭主政治的转化。

（4）较大的依附性。法律思想对哲学思想和伦理思想具有依附性。古希腊没有独立的政治学和法学，在相当长时期内政治学和法学都依附于哲学和伦理学。故而古希腊的法律思想表现出对哲学思想和伦理思想具有较大的依附性。

（5）政治问题和法治问题研究相对发达。古希腊思想家特别关注政体问题的法治问题，促进了古希腊早期民主制的形成和发展。

（二）古罗马的法律思想

古罗马法律文明对后世的影响首推其精致的法律制度。共和时期，制定了《十二铜表法》（前451—前450）。帝国时期，主要是公元 1—2 世纪，是罗马法的古典时期。伴随商品经济大发展，罗马立法特别是"私法"立法取得了很大成就。同时罗马法学相当繁荣，成就斐然。

东罗马帝国皇帝查士丁尼编纂的《罗马法大全》，完整、系统地保留了罗马法的精华，对于欧洲各国法律制度的发展产生了巨大的影响。罗马法律制度在古代奴隶制社会中体系最为庞大和精巧，是继古希腊之后在西方产生巨大影响的又一伟大成就，对近代和现代各国法律制度的发展影响极其深远。恩格斯在谈到古罗马的法律文明时精辟地指出："罗马法是我们所知道的以私有制为基础的法律的最完备的形式，是商品生产者社会的第一个世界性法律，是纯粹私有制占统治地位的社会的生活条件和冲突的十分经典的表现，以致一切后来的法律都不能对它作任何实质性的修改。"

古罗马法律文明的主要成就是其私法制度以及相应的法学。古希腊的法律思想家擅长于哲学思维，罗马的法律思想家是政治家或官吏，重于实践，解决的是维持和巩固庞大而复杂的社会结构和国家结构所面临的立法、执法、司法问题。罗马帝国前两三个世纪，法学家在国家政治生活中占据重要地位。奥古斯都皇帝授予若干法学家"公开解释法律的特权"，其一致意见就具有法律效力；对于互有分歧的意见，裁判官须依多数人的观点。罗马帝国晚期，公元 426 年，狄奥多西二世颁布法律，规定盖尤斯、乌尔比安、伯比尼安、保罗和莫德斯汀五位法学家的著作具有法律权威性，成为罗马法的重要渊源。罗马法学家的主要任务是对亟待解决的、个别的具体问题做出回答，用精确的措辞做出结论。由此创造了精湛的法律概念和技术，提出了诸如契约自由等具有深远影响的法律原则。尽管古罗马法律思想的成就远比不上其私法和私法学，但对此也需予以重视。"法学，作为一门学科，除了具有一定的理论体系、概念、术语、原则制度、研究对象和方法之外，还必须有一种精神、一种观念，这就是法学观或法学世界观"。

没有法律思想或法哲学的观念指导，一种法律体系将很难保持其内在精神上的一贯性。罗马法学的形成和发展，借助希腊时代产生的自然法观念，强调人应服从自然的方式生活。这种自然是弥漫于整个宇宙的支配原则，是人类的理性，它是法律与正义的基础。古罗马的法律思想主要源于古希腊的法律思想，包括柏拉图、亚里士多德和斯多葛学派的思想。斯多葛学派的自然法思想，通过其后期人物与罗马法学家的交流传入罗马，产生了巨大的影响。在西塞罗和罗马法学家的理论中都可以发现自然法思想的深刻影响。古罗马法学家普利尼在给朋友的一封信中写道："你将要去的那个城市（雅典），是一个礼貌和知识的国度。那儿的人们呼吸着真正人性和自由的空气。请记住这一点，是他们把法律传给了我们，仅凭这一点，便足以令他们千秋不朽。"

1. 西塞罗的法律思想

西塞罗早年在罗马和希腊系统学习修辞学、哲学和法学，对伊壁鸠鲁派、学院（园）派、斯多葛派的哲学深有研究。他是罗马一流的演说家和辩护律师。后来他投身政治，几经沉浮，担任过财政官、市政官和大法官，在43岁（前63年）时，出任罗马共和国执政官。前51年，出任西西里亚总督。由于反对恺撒，他被放逐，后重返政治舞台。最后因维护共和制与安东尼发生冲突，被杀害。关于西塞罗的政治立场，美国学者依迪丝·汉密尔顿认为，在（罗马）共和国的所有岁月里，政治都是责任和荣誉的领地。好人、伟人——这两个词组都和爱国者同义。对罗马人来说，离开祖国，没有德善可言。所有正式公民，无论出身或财产，都在首先是政治人这样的传统下长大，将要从事的任何事务被放在其次。这可以更好地理解西塞罗悲剧性结局的偶然与必然。这与古代中国流行的观念——"达则兼济天下，穷则独善其身"，有很大不同。西塞罗一生著述丰富，理论著作涉及修辞学、认识论、神学、伦理哲学、政治哲学和法学等领域。依迪丝·汉密尔顿认为，西塞罗的书信是最好的资料来源——不只是罗马的信息，而且包括整个古代的信息。……对大多数著名人物，我们只知道其光鲜的外表，没有钥匙能让我们得其门而入。西塞罗属于极少数把钥匙留给后世的人。他的名著《论共和国》和《论法律》，在西方法律思想史上占有重要地位。

（1）国家的定义、起源、目的。

西塞罗在《论共和国》中对国家的定义、国家的起源、国家的目的、政体类型以及理想政体等问题进行了论述，提出："国家乃人民之事业，但人民不是人们某种随意集合体，而是许多人基于法的一致和利益的共同而结合起来的集合体。这种联合的首要原因不在于人的软弱性，而在于人的某种天生的聚合性。"国家是人民的事业，是人民组成的共同体；国家是基于共同利益的结合体，国家是一种法权联盟，是一种法律共同体。

国家起源的原因既出于人的天性，也出于共同利益；既是一种道德上的结合，为正义的结合，为了实现"善"，也是一种合意的契约，是人们合意的产物，反映了人们意志的统一。国家是人们出于特定利益考虑的结合，国家是一种功利的产物。西塞罗的国家起源观综合了柏拉图、亚里士多德和其他思想家的思想，认为国家既是人民共同体，也是法律共同体，两者是有机统一的。人民联合成立国家，是出于天性和利益。就天性来说，人具有天生的聚合性，不好孤独。这种天性召唤着人们，也迫使人们组成共同体。就利益来说，国家是人们的共同利益所在，相互需要和利益考虑使人们相互结合。在西塞罗看来，法律产生的原因在于使弱小者能受到强者的保护，在于保障每个人的权利。国家、宗教和法律的根本目的在于对公共利益的保护。在国家这种人民共同体中，"当那些违背自己的诺言和声明，给人民制定有害的不公正的法规的人立法时，他们什么都可以制定，只不过不是法律。立法者制定的法规，根本不能反映和保护人民的利益，国家是没有意义的。国家和法律具有相同的目的，也具有相同的评价标准。将人民联结在一起的是法律，国家既是一种利益共同体，也是一种法律共同体。"

将国家起源归结于"源于天性"、以共同的法律意识为基础、出于和平共处这种共同利益需要建立的一种共同体，超越自然主义的国家起源观，表明西塞罗放弃了古希腊思想家把国家等同于城邦的观念。罗马共和国后期，国家早已不是希腊式城邦，而是领土广阔、多民族的共同体。"commonwealth"含有全体国民、国家、共和政体和联邦等多重含义，用其表示西塞罗心目中的罗马共和国十分恰当。

（2）政体理论。

像柏拉图、亚里士多德一样，西塞罗也对国家的政体进行了理论研究。亚里士多德把国家分为君主制、贵族制、民主制，这三种政体都是单一政体。西塞罗提出了第四种政体——混合政体。混合政体理论是西塞罗的原创，反映了古罗马的政治实践。

政府处于一人支配之下，为君主制；政府处于少数几位经过挑选的人支配之下，为贵族制；政府受人民的直接参与和支配，为民主制。这三种政体都有其内在的缺陷。在君主政体中，公民被排除在公共立法和协议之外，无法享有实际的政治权利。在贵族政体中，人民缺乏真正的确实的自由，特别是无权自由地选择地方行政官。在民主制中，公平本身也是不公平的，不存在任何地位等级，人们在荣誉和地位上的差别得不到反映。"一切事情都由人民讨论和决定，但由于他们没有一定的地位和等级，因此他们的城邦没有能保住自己的荣耀。"

西塞罗认为，上述三种政体除固有缺陷外，还有不稳定性的致命弱点，容易变化为其他政体，产生政体的"轮回"和"好似循环地变更和交替"。君主制退化为暴君统治，接着是贵族统治，然后是寡头统治，接着是民主制，最终又演变为平民统治，而群氓政府又实行君主制。周而复始，使国家处于不稳定状态，也难以实现共同体的目的。只有混合政体才能克服传统政体的缺点，使国家或政制保持稳定、公平。西塞罗主张的混合政体，是前三种国家体制的混合。

君主政体体现了君主或国王对人民的"恩爱"，贵族政体体现了贵族的"智慧"，而民主政体则体现了"自由"，这是三种政体各自的优点。但与之相联系的缺点，是前二者使国家"无自由可言"。西塞罗说，确实没有什么比自由更美好，然而如果自由不是人人平等的，那自由也就不可能存在。在民主政体下，平民享有了自由，但却使国家各阶层失去了权威，丧失了荣誉感，不能做到真正的公平。三者都有各自的优点，让人难以割舍，但因其片面性，都不是理想政体，理想政体是混合政体。"我对它们中任何一种单独的形式都不赞赏，而是认为这三种形式混合而成的那种形式比它们每一种都好。"

混合政体这种"最好的国家"，包含卓越的王政因素，也把一些事情分出托付给显贵们的权威，把另一些事情留给民众协商和决定。西塞罗的混合政体中包括君主、元老院、民众大会和平民保民官等机构，他们各自掌管一定的事务，保持一种均衡。混合政体的优点是公平性和稳定性。三种单一政体都容易走向其病态的反面（国王变成主宰，贵族变成阴谋集团，人民变成乌合之众，那些政制常被新体制所更替）。没有力量的均衡，各阶级都想争夺国家政权，国家政权从国王手中转到僭主手中，再转到贵族手中，民众又把国家政权夺去，这些国家体制都不能长久。混合政体中，这些情况不可能发生，除非显贵们出现巨大的过失。这种体制中确实不存在任何引起变更的始因，每种因素都稳定地处于自己的位置，因而无从崩溃和毁灭。混合政体具有保存自己的固有力量。混合政体理论并非西塞罗首创。客居罗马的希腊人波利比乌就有此思想认识，西塞罗对此极为赞赏。

（3）理想政体的机构设置。

西塞罗认为罗马的国家体制最完美。西塞罗的政体形式，不是虚无缥缈的乌托邦，而是现实的罗马共和国，是对罗马共和国时期的政治实践进行的理论上总结。他关于理想政体的论述也以罗马共和国时期的国家体制为典范。

在西塞罗看来，"有节制、和谐的国家体制可以通过法权的适当分配来维持"。他认为国家的政治权力极端重要，他的理想政体是以罗马执政官为代表的君主制、以元老院议会为代表的贵族制和由民众大会及平民保民官为代表的民主制相结合，形成权力制衡。

①元老院。元老院由任期届满的执政官组成，执政官是民选的，元老院实际上由民选人员组成，反映了人民的意志。元老院掌握立法权，其决议具有法律效力。在权力属于人民的原则下，元老院享有权威。

②最高执政官。公民选举的人担任执政官，轮流执政，任期一年，不得连任。军事执政官任期只有六个月。最高执政官的权力由法律加以限制，这是维护共和制的关键所在。

③平民保民官。平民保民官制衡最高执政官和元老院的权力，保护平民。他们的法案对平民都有效。执政官拥有法律赋予的权力，所有其他官员都服从，但平民保民官不受执政官管辖。平民保民官神圣不可侵犯，有权主持元老院会议。公元前494年，罗马与厄魁人、伏尔西人作战，平民要求停止不合理的债务法，贵族被迫让步，答应减轻平民债务负担，承认平民有权选出两名保民官，后为六人，最多为十人。

④监察官。其职责是清除元老院中的犯罪分子，根据国家法律监督执政官的工作，对执政官的公务行为做出公断，接受执政

官就其公务行为方面的询问。

⑤审判官。对有关法律问题进行公断，对私人讼案设庭审理或命令设庭审理者为裁判官。裁判官应是市民法的监护人，有元老院规定的或人民要求的一定数目的等权同僚。

（4）自然法理论。

①自然法的特性。西塞罗把自然法与理性联系起来，认为人由神明创造，神赋予人以理性，使人具有理性。理性是进行推测、论证、批驳、阐述、综合、作结论的智慧。一切人，虽然受教育程度上不同，但学习能力一样，感觉、接受外物并令心灵产生印象的东西同样作用于所有人；解释和表达思想的词句可能不同，但意思是相同的。西塞罗从理性的角度认为，一切人都是平等的。正是在理性上，人类是平等的。理性为人所特有，其他动物在造物主的安排下，都不具有理性。如此众多的生物及其各种不同的天性中，只有人具有理性，能思维，其他生物缺乏这种能力。人与人之间没有差别，如有差别，那人的定义就不可能适用于一切人。人在知识、财产和社会地位上存在差别，但都具有推测、阐述、综合、作结论的智慧，这种理性为人类所共有。在法律面前人人具有平等的权利。法律如果否定人们的平等，自由便不存在。

法与自然具有紧密的联系，"法源于自然"。第一，人似乎由神的礼物装备和美化；第二，人们中间存在着共同的生活法则；第三，人们彼此之间由某种天生的仁慈、善意以及法的共同性相维系。法不可能与自然分开。自然创造了人类，是为了让人类共同分配和互相享受法。凡是被自然赋予理性者，自然就赋予其正确的理性，也赋予其正确的法律，法律是关于允行和禁止的正确理性。

自然法具有普遍适用的性质。自然法为人神共有。自然创造人类，人类被赋予正确理性，也赋予了正确的法律，正确的法律适用于全人类。西塞罗认为，全人类都受到同一种自然法的统治，整个世界都应该被称为神明和人类的共同社会。这为罗马帝国的扩张提供了理论支持。自然法具有永恒性，永远有效。"一切正确的合理的都是永恒的，并且不随成文的法规一起产生或消灭"，与神同时产生的自然法，产生于任何成文法、任何国家之前。这种正确的法律，永远不能被撤销，也不能被废除。自然法与神法都具有最高性，统率全人类，高于一切人定法。

自然法与神法都是神意的体现。世界万物遵循自然法，是上帝意志的体现。自然法本身是上帝的意志，由上帝制定、解释和颁布。西塞罗的自然法就是神法。神明的灵智不可能没有理性而存在，神明的理性不可能不具有确认合理性或错误的行为的能力。自然法与神明的理性同时产生且同时存在。自然法是神明确认正确与错误的行为的能力的反映，是神明意志的体现。"一切事物均随神明的决定和意志而变化。"自然法与神法同一。人可以通过自然，通过与神对话知晓神的意志。自然法是正义的体现。正义不在于服从成文法律，也不是源于利益。如果每个人都从自利的角度考虑问题，而不是出于仁慈、爱国、虔敬和为他人服从，那么对他人的恭敬，对神的礼敬和虔诚也都可能被废弃。正义得以实现，对他人和神的恭敬，不是靠恐惧，是靠人与神之间存在的紧密联系。法的基础在于人的道德性，即人按其本性乐于敬爱他人。

神创造了自然，也创造了人。自然和人都被神赋予了理性。人具有源自其本性的、要求人们正确的行为和阻止犯罪的理性。自然法和正确的理性要求人们正确的行为并阻止犯罪。自然法是最高的理性，它根植于自然，是神的意志，是正义的体现，为着实现理性、正义和神意，支配和禁止一定事物、一定行为的规则，鼓励人们履行义务，约束人们为非作歹。这种规则依靠自然的强制力或约束力实现。

②自然法与人定法的关系。西塞罗认为："法律是根据古老的、一切事物的始源自然表述的对正义和非正义的区分，人类法律受自然法指导，保障和维护高尚者。"法律包含公正、正确地进行选择的意思，按照法律规定，正确地选择自己的行为。法律不可能被宣布无效，也不可能被废除，它具有永恒的效力。任何其他东西都不应该被视为法律，甚至不应该被称为法律。

法律是自然法的具体体现，法的根源是自然法。从内容上讲，法律作为区分"正义与非正义"的标准，是自然法的语言表述；从效力上讲，法律的效力来自其道德性，即它符合自然法。

法不以人们的意见和意志为基础，而以自然为基础。立法机构的立法行为需要有一定的法律规则，需要有立法资格。并非立法机关制定的一切法令都是法律。立法机关按自己的意志，违背人民的利益和国家利益的立法并不具有法律效力。法律之所以具有法律效力，是它具有道德性，是它与自然法相符合。"实在法的力量来自自然法，它不仅比人民和公民社会存在的时期还古老，而且与那位管理和统治天空和大地的神同龄。"关于自然法与人定法的关系，西塞罗主张"恶法非法"。"恶法非法"的思想在近代自然法理论中才提出，但在西塞罗的著作中得到了充分体现。他认为，凡是不符合自然法，立法者在立法时违背对人民的承诺，不是出于国家和人民利益考虑制定的法令，并不能称为法律，或者说不具备法律的效力。违反自然法、违反人民利益的法律，不能算是法律，不具有法律的效力。国家的立法者制定的法律有害，不公正，就没有法律，国家就没有意义。法律的制定是为了保障公民福祉、国家繁荣昌盛和人们安宁幸福地生活。那些首先通过这类法律的人曾经向人民宣布，他们将提议和制定这样的法律，只要被人民赞成和接受，人民便可生活在荣耀和幸福之中。这样制定和通过的条规称作法律。当那些违背自己的诺言和声明，给人民制定有害的、不公正的法律的人立法时，他们制定什么都可以，只不过不是法律。国家没有法律，因而变得毫无意义。自然法是判断人民决议、统治者命令是否能够成为法律的标准，并不是所有基于人民决议和法律的东西都是正义的，并非所有法律都同自然法相符合。如果正义在于服从成文法律和人民决议，如果像那些哲学家所断言的，一切都应以是否有利来衡量，那么这些法律便会遭到任何人的蔑视和破坏。

法律不是由人的才能想出来的，也不是什么人民的决议，而是某种凭借允行和禁止的智慧管理整个世界的永恒之物。第一的和终极的法律乃是靠理性令一切或行或止的神明的灵智。法律由神明赋予人们，它理应受到称赞，这是智慧之士允行和禁止的理性和心理。正如人民会议的决议不可能改变事物的自然法则一样，法律不能使非法变成合法，更不能使恶变成善。如果法律可以区分正义与非正义、善与恶，那么区分好坏的法律只能凭自然标准。遵循自然法，不仅分合法与非法，而且分高尚和丑恶。

存在源自万物本性、要求人们正确的行为和阻止人们犯罪的理性，它成为法律并非始自它成文之日，而是始自它产生之时，同神明的灵智一起产生。"真正的具有允行禁止能力的法律是至高的尤皮特的正确的理性。"

真正可以被称为法律的东西，是符合自然法的。西塞罗认为，应该把法律归于最好的东西之列。一方面，立法者应该以自然法为指导，出于保障公民福祉、促进国家繁荣的目的制定法律。另一方面，凡是真正的法律，都应该得到人民的尊重与服从。罗马的法律集中了祖先的智慧，"完全同作为法律范本的自然相符合"，是世界上最完善的法律，是其他国家的法律所不能比拟的，理应得到人民的服从。

（5）实在法理论。

西塞罗对实在法进行了论述，提出了一系列法律原则。这些原则对于后世具有积极影响，即使在今天看来，也具有重要作用，让人们看到西方近代法治原则的源头在古罗马。

立法上西塞罗主张公民的权利平等。公民法律权利平等，源自人理性的平等。西塞罗指出，"没有哪一种生物像我们互相之间如此近似，如此相同"，"不管对人作怎样的界定，它必定也对所有的人同样适用。这一点充分证明，人类不存在任何差异。"他一再强调，"作为一个国家的公民起码应该在权利方面是相互平等的"。这种权利的平等，保障着公民的自由。"除非一个国家的民众权利无比强大，否则便没有哪个国家有自由可言"。无论君主政体、贵族政体还是民主政体，都不能确保公民政治权利上的平等，从而"自由就不可能存在"。在西塞罗看来，自由是一切事物之中最重要最美好的，甚至对于野兽来讲，也没有什么比自由更美好。为了保障平等与自由，西塞罗强调要在执政官、贵族与人民之间进行合理的权力分配，使任何一个阶级都不能逾越自己的权力界限而具有超过法律之上的压制其他阶级的力量。

在执法上，西塞罗主张法律至上原则。西塞罗认识到，混合国家体制不可能没有官职建制，国家管理要靠官员之间的权力分配维持。掌握权力的人对国家风气影响极大，处于国家最高地位的人们怎么样，国家便会怎样；显要人士出现什么样的变化，人民中间便会随之发生类似的变化。法律对于权力的限制非常重要。他强调法律的至上作用，认为一切都应处于法律的作用之下。官员是说话的法律，法律是不说话的官员。没有权力便不可能存在任何家庭、市民社会、种族乃至整个人类，也就不可能存在整个物质自然界和宇宙本身，但是权力应该合法。

在司法上，西塞罗主张审判公开原则和罪刑相适应原则。西塞罗主张，司法审判活动由司法执政官主持，但要受元老院和平民大会监督。普通民事案件可由司法官受理，重大案件如处死罗马公民或剥夺公民权等要由平民大会决定。审判公开，"不允许有权势的人们过分地随心所欲，也不给人民提供伪饰的可能……

当诚实的人们无法知道谁持什么看法时，票板可以掩盖心怀叵测的投票"。他指出，对于犯罪的公民应该采取罚金、关押、鞭挞或其他强制手段给予制裁，对于违犯任何法律的惩罚应与犯法行为相符合。无论是审判还是宣布死刑、罚金及其他处罚的判决，都应在人民面前公开进行。

西塞罗强调守法的重要性。他说，法律不仅应对官员权力的限度做出规定，而且应对公民的服从程度做出规定。"公民要服从、听命于官员，而且要尊重、热爱他们。"对于不服从的公民，官员应以镣铐或鞭打予以惩治。

2. 罗马法学家的法律思想

从公元前3世纪起，罗马就出现了法学家。他们适应经济活动和立法活动的需要而产生。法学家的日常活动是答复诉讼当事人的法律咨询、为签订契约当事人编写合法证书、指导诉讼当事人打官司并提供法律援助或直接出庭担任律师。恩格斯指出："随着立法发展为复杂和广泛的整体，出现了新的社会分工的必要性：一个职业法学者阶层形成起来了，同时也就产生了法学。"罗马的法学家与其现代同行有所不同，对于法律实践影响也许更大一些。

公元前27—公元14年，史称"奥古斯都时代"，罗马进入帝制时期。屋大维被罗马元老院奉为"奥古斯都"，意为神圣、庄严、伟大，不仅有帝王之权，而且有神明之尊。英文"August"一词即由此变化而来。公元前27年，奥古斯都皇帝授予若干法学家公开解释法律的特权，其解释具有法律效力，法院必须遵循。法学家们有的撰写法学书籍，有的协助皇帝立法或出任司法官吏，地位显赫。

公元1—3世纪，是罗马法的古典时期。这个时期出现了以五大著名法学家为代表的法学家阶层。五大著名法学家：盖尤斯（117—180）、保罗（121—180）、乌尔比安（170—228）、伯比尼安（140—212）、莫德斯汀（250 年前后）。罗马皇帝狄奥多西二世于 426 年颁布《学说引证法》，规定五大法学家的著作具有法律权威性，其所引用的任何法学家的著作，如果通过原文稿比较被认可，也可以被引证。五人中意见有分歧，依多数人的观点；在持平的情况下，伯比尼安的观点占优、为准。伯比尼安因反对卡拉卡拉而颇有声誉，深受塞维鲁皇帝宠信，官至近卫都督、副皇帝，著述颇丰，结合具体案例灵活办案，被誉为"权利的庇护者和法学知识的宝库"。通常所说的罗马法学家的法律思想是这五大法学家的思想。五大法学家的思想继承和发展了西塞罗的法律思想。他们的思想体现在《查士丁尼国法大全》（含《法学阶梯》《学说汇纂》《查士丁尼法典》《新律》四个部分）中。其中，《法学阶梯》和《学说汇纂》两部分集中反映了罗马法学家的法律理论和思想。

（1）法律与法学的定义。

罗马法学家明确提出了法和法学的定义。罗马很早就开始使用关于法的两个词："jus"和"lex"，并对其含义作了解释。"lex"专指罗马古代国王制定的法律以及共和时代平民会议所议决的法律。法律一词有广义和狭义两种，"lex"译为法律；而"jus"有时指权利，同时兼有法律之意，指依权利而产生的法律。近代法学家大多采取后一含义。罗马法上，"jus"不仅指权利与法律，而且"jus"还指裁判官法庭、诉讼程序、权利、资格、物或人的适法性质和关系等，凡是出于权利所确定的法律的各种概念均适用这个词语，范围相当广泛。"jus"一词不论其范围的狭广，基本上有两种含义：①命令。即法律是主权者的命令。②束缚或约束力。法律的存在与效力具有同一性，没有拘束力的法律是不存在的。

除对法律的实证解释外，罗马法学家还从道德的角度提出了许多不同的定义。根据自然法学说，法律与道德、法律与正义密不可分。公元1世纪初的法学家塞尔苏斯说："法律是善良公正的艺术。"《查士丁尼学说汇纂》序言，就是这样定义法律，而且指出，善良就是指道德，公平则是指正义。这里法律与道德混在一起，与正义等同。"正直生活，不害他人，各得其所"，为希腊法学家倡导的自然法基本观念，受到罗马法学家的尊崇。近代古典自然法学把法律看成是理性的体现，是正义的体现，就沿袭了古希腊、古罗马自然法法律观。

此后，法律被认为是相对独立于政治、道德的社会制度。现代新自然法认为，法律与道德之间具有本质的联系，但法律系统的相对独立性已经成为现代法理学的共识。罗马法学家关于法律的定义有其时代局限性，但从正义的原则出发确定权利与义务的一般原则，把希腊人的公平正义观念具体化为法律概念、术语、原则和技术，是罗马法学家的卓越贡献。

罗马法学家还对法学的定义作了探讨。乌尔比安说："法学是关于神事和人事的知识，是关于正义和非正义的科学。"这一概念被吸收在《查士丁尼学说汇纂》之中。罗马人把法学与宗教、道德混淆了。这一定义是斯多葛学派自然法学说的反映，是宗教在古罗马国家政治和社会生活中的重要地位的客观反映。这在西塞罗《论共和国》《论法律》两部著作中可以得到印证。其给法学的定义蒙上神学的色彩，这是时代的局限性。把法学作为区别于法律的知识，看作关于法律的内容、诉讼程序以及法官判案的基本原则的科学，这一解释有其积极意义。

（2）罗马法学家关于法律分类的理论。

①公法和私法。罗马法学家把法律分为两类，即公法和私法。"公法涉及罗马帝国政体，私法则涉及个人利益。"私法由自然法、万民法和市民法的基本原则组成。现代法学中，公法包括宪法、刑法、行政法等，私法包括民法、商法等。罗马法并没有全面地发展出公法和私法两大体系。罗马《十二铜表法》是诸法

合体的，罗马帝国时期发展起来的主要是私法体系，罗马法学实质上是罗马私法学。在罗马法基础上发展起来的欧洲大陆各国的法律体系被统称为民法法系。公法和私法的划分在大陆法系国家的法律思想中被沿袭，具有重要影响，并成为近代资产阶级革命后构建其法律制度的指导思想。资产阶级宪法、刑法、行政法的制定，才真正确立了罗马法学家所设想的公法、私法两大法律部门。

②自然法、万民法和市民法。这是罗马法学家对法律的基本分类。从这一分类可以看出自然法思想对罗马法学家的影响。在早期罗马法学家那里，自然法和万民法同一，泛指那些具有内在合理性并普遍适用的正确的原则，是受到各民族公认的原则。盖尤斯主张把法律划分为市民法与万民法，而万民法与自然法同一。后期罗马法学家对二者作了区别，乌尔比安把罗马法分为市民法、万民法和自然法。前者被称为"二分法"，后者被称为"三分法"。

自然的含义原来是指物质宇宙，是某种原始元素或规律的结果。古希腊人的"自然"概念在物质世界加上道德世界，使这个名词不仅包括了有形的宇宙，而且包括了人类的思想、惯例和希望。"他们所理解的自然不仅仅是人类社会的道德现象，而且是那些被认为可以分解为某种一般的和简单的规律的现象"。"按照自然而生活"，是人类生活的目的，也是思想家们发现并论证其道德或政治法律主张的基本逻辑。罗马法学家是这一思想的继承者，自然法思想提供了一种基本假设，成为罗马法学家的流行语。在罗马法学家看来，"自然法是自然界教给一切动物的法律。因为这种法律不是人类所特有，而是一切动物都具有的，不问是天空、地上或海里的动物。"自然法是自然界万事万物都遵循的法则，它高于任何特定国家的实在法，是普遍的、不变的。

万民法是出于自然理性为全人类制定的法，受到所有民族尊重，适用于一切民族。每一民族专为自身治理制定的法律，是这个国家的市民法，是这个国家特有的，即该国本身特有的法。罗马人所适用的，一部分是自己特有的法律，另一部分是全人类共同的法律。万民法产生于公元前 2 世纪罗马共和国时期。产生原因，一方面由于罗马人轻视所有的外国法律，另一方面由于他们不愿意把其本土的"市民法"的利益给予外国人。罗马法最初采用属人主义而非属地主义，外来居民在罗马帝国统治下享受不到罗马市民法的保护，从而引起外来居民的反抗和斗争，由此产生了万民法。到罗马帝国时期，罗马法学家把自然法应用于"所有国家共有法律"，使之成为罗马法学的重要组成部分。自然法具有普遍性、不变性，市民法为每一国家自定的法律，只适用于特定的国家或民族，并且经常变动。

③成文法和习惯法。成文法包括法律、平民决议、元老院决议、皇帝法令、长官告示和法学家解答。其中，法律是罗马人根据元老院长官（如执政官）提议制定；平民决议是平民根据平民长官（如护民官）提议制定；元老院决议是元老院命令和决定；皇帝决定是皇帝通过裁决、告示或诏书制定，人民通过《王权法》授予皇帝以全部权威和权力，其决定具有法律效力；长官告示，包括大法官告示、市政官告示；法学家解答是被授权判断法律的人所做出的决定和发表的意见。由皇帝授予权力就法律问题做出解答的公开解释法律的人，被称为法学家。法学家的意见具有法律效力。不成文法是习惯确立的法律，古老的习惯经人们沿用而具有效力，就等于法律。

3. 罗马法学家法律思想的特点

（1）理论研究的实践目的。罗马所处的特定时代和罗马法学家所处的特定社会条件，使罗马法学形成之初就具有应用法学的特点。罗马法学家的理论都是针对现实中出现的亟待解决的问题。他们研究个别情况和问题，在解答这些问题中提出一般性的解决办法。职业阶层的法学家，发展了罗马法的概念、术语、原则和技术。罗马法的基础是法学家们创造的"法学家法"。在罗马法发展过程中，希腊的自然法思想作为罗马法发展的精神指导，发挥了巨大作用。引用自然法思想的目的在于应用于具体的政治和社会实践。

（2）对外扩张的世界主义。罗马法学家的万民法思想是这一倾向的体现。斯多葛学派信仰人类博爱，不仅同情希腊人，而且同情希腊之外的其他人。罗马帝国时期，并没有建立真正意义上的"世界帝国"，但在罗马帝国以外存在的野蛮民族，只要他们愿意征服，随时都可以如愿以偿。"在罗马人的心目中，罗马帝国在本质上、在概念上都是全世界性的"。罗马法学家把自然法观念与"万民法"结合，说明依靠军事征服产生的帝国的合理性，为统治被征服地民族的法律制度的合理性提供了理论依据。

（3）政治上的专制主义。在罗马法学家那里，皇权至上的思想得到了明确表达。乌尔比安提出，皇帝的意志都具有法律效力，人民已经把自己的权力赋予了皇帝，委托给皇帝了。这在西方一直被用作君主权力至高无上的论证。这一思想是罗马政治现实的反映。古希腊各城邦的政体主要是民主制和贵族制，极少绝对君主制。古罗马从来就没有实现高水平的奴隶制民主。即使在共和国时代，也一直没有摆脱专制主义的阴影，帝国时代更是如此。

二、欧洲中世纪的法律思想

公元476年到1640年，被人们称为"黑暗的中世纪"时期。中世纪，充满着封建主与农民之间、封建主之间、宗教与政权间的各种矛盾，战争此起彼伏，民不聊生。在思想领域，神学思想占据主导地位。

（一）圣经的法律思想

中世纪早期，欧洲封建制度与封建国家产生并形成。在长达一千年的封建社会时里，神学主义一直占据统治地位。这个阶段基督教发展起来。

476 年，西罗马帝国灭亡，欧洲封建社会建立，基督教被封建主利用，为封建社会服务。基督教宣扬平等思想，具有进步的特征。近代以来，在西方国家基督教逐渐壮大，进而对现代社会产生深远影响。

《圣经》作为基督教的经典，充当了当时的成文法，其内容体现了中世纪典型的政治法律思想：①不重今世，注重来世；轻视富人，扶弱助贫。②政治权利是上帝批准的。③人人在上帝面前平等。④财产公有，但并不主张消灭私有制。⑤宣传守法。

在基督教中，上帝在教徒心目中具有最高地位。当时看来，上帝算是客观存在，具有进步性。宣扬财产公有，这种不彻底的公有，并未贯彻到底。主张财产公有是一种希望，新约中多次提到人民要忍受私有制的剥削。

（二）马丁·路德的法律思想

在路德主义法律哲学中，规则与规则适用、严格法与衡平法之间的张力体现在，臣民有义务服从合法权威，同样也有义务不服从违背良心的法律。路德宗信徒认为，这样的法律才是法律，也由此才具有道德约束力；同时，他们还认为，道德可以要求不遵守这样的法律。要摆脱这种两难困境，唯一可靠的方法就是再度诉诸良心。

良心的命令与十诫启示的真理相吻合支持了对良心的依赖。路德宗神学家教导，上帝在每个人的良心上都栽种了道德见识（moral insight），这些道德见识与圣经的命令相吻合，即要敬拜上帝、尊重权柄、不可偷盗、不可杀人、持守诚实、公平待人、尊重他人的权利等。路德宗法学家称之为道德律或自然法。但它不同于罗马天主教的自然法，后者以理性以及理性与启示的综合为基础，而非以个人良心为基础。

路德简略地阐述了两种"律法功用"（usus legis），并且也承认律法有第三种功用。律法的第一种功用，就是通过刑罚威慑人不敢胡作非为。他称之为律法的"世俗"或"政治"功用。路德认为，上帝要罪人也遵守道德律（孝敬父母、不可杀人、不可偷盗、信守结婚誓言、诚实作证等），以使"地上的秩序、团结、和睦能得到一定维护"。堕落的人不会自愿守诫命，但会因畏惧惩罚（包括上帝的惩罚及人的惩罚）而为之。律法的"第一种功用"既适用于十诫，也适用于源于十诫的世俗法。

路德所称的律法的世俗功用，为现代法律实证主义理论奠定了基础。路德写道："为了不使世界毁灭，和平化为乌有，贸易和公众利益遭受破坏，在世间，严厉无情的世俗法律必不可少。"他强调，为维持秩序，有明确的法律规则很重要，它不但要用来威慑违法者，还要用来让包括法官在内的官员克制滥用权力的自然性向。他写道，由于自然法过于概括，因此成文法是必要的，尤其是在邪恶时代。由此，19世纪的法律实证主义者将法律定义为体现于规则并靠强制性制裁保证实施的国家意志，路德主义法学就是其重要渊源。

不过，与19世纪的法律实证主义不同，路德主义法学认为，国家及其意志、规则、惩罚乃由上帝设立，而且，除世俗功用外，它们还有第二种甚至更为重要的"神学"或"属灵"功用。自然法及其衍生的世俗法能让人们察觉，他们有义务将自己完全奉献给上帝和邻舍。同时还让他们知道，若无上帝帮助，他们断然不能履行这一义务。经由律法，人因此受驱使去寻求上帝。这里，路德借助了圣徒保罗有关十诫对于基督徒的意义的解释：让他们认知自己与生俱来的罪性并叫他们悔改。

路德还承认律法有第三种功用，即"教导"功用，也就是教导信徒（那些已经悔改、无须强迫顺服的人）服从上帝要他们做的事，由此指引他们通往美德。路德本人从未明确阐述过这第三种功用，但对那些阐述这种功用的信纲和论著，他均持赞同态度并毫无保留。从神学和法学角度系统阐明律法三重功用理论的，是他的同事兼挚友菲利普·梅兰希顿（Philip Melanchthon）。

马丁·路德的法律思想可概括为：①对罗马教皇"救赎"理论的批判，对封建教会统治和特权的抨击；②确认世俗权力高于教会权力；③同情德国农民运动，但不主张起义。同时认为诸侯地主践踏人民的权利是神圣不可侵犯的。

（三）加尔文的法律思想

政治统治权的绝对必要性。加尔文认为主权是上帝独有的，世俗君主拥有由主权派生的政治统治权。君主是上帝的代表，其权力直接由上帝赋予。他主张"命定论"（神恩预定），谁是上帝的选民，谁是上帝的弃民，是上帝早已预定了的。基督徒要得到拯救，不能依靠善功，只能依靠神恩。

教政关系。教会是精神政府。教会要同政府联系，要为政府服务。在世俗生活中，优胜者就是上帝的选民，失败者就是上帝的弃民。用履行"天职"的方式证明自己是上帝的选民。改革教会，创立了一种基督教正教以代替罗马天主教。

整体。倾向资产阶级的但又带有浓厚封建色彩的贵族主义共和制度，即日内瓦式的共和制度。主张限制君主权力。加尔文建立的新教实行资产阶级共和式的长老制，倾向贵族制，反对暴力革命。

（四）奥古斯丁的法律思想

奥古斯丁和阿奎那是欧洲中世纪思想家的杰出代表。奥古斯丁本人并未生活在中世纪，把他纳入中世纪思想家的范畴，是因为其思想属于中世纪。奥古斯丁的人性原罪论主张——正由于人生来就具有其始祖遗传的"原罪",人的意志受到罪恶的污染,失去了自由选择的能力,所以人会犯罪。但人的心中毕竟还存有善性,追求至善是人的本性的需要,是人生最大的幸福,也是人生最终的目的。只有在上帝的恩典下,人才能恢复意志的自由。

1. 神权政治论

神是最高的主宰,神是万物之源,不仅是真理的体现者,而且是真理本身。上帝创造一切——神创论,上帝主宰安排一切——预定论,上帝给人的启示是人们获得智慧和认识真理的源泉——神启说;人类的一部分可以得升入天国就是上帝的恩惠——神恩说。

2. 上帝之城与地上之城

上帝之城的人爱上帝,地上之城的人爱自己。前者理解为人们的精神生活世界,后者理解为人们的物质生活世界。前者是神国,其实就是基督教王国,经过末日审判升到神国的灵魂可以得到永生,达到至善。后者是俗国,不能升到神国而在人间受罪的人,只能生活在俗国。经过俗国的锻炼和考验,可以升到天国,就是撒旦王国。这是上帝制定的纠正罪恶的暴力手段。二者的关系既相互对立,也相互联系,不可分离,在末日审判时完全分开。这种学说抬高教权,强化基督教会统治。

3. 神法和人法

神法是永恒法或自然法,是最高的理性、永久的真理。神的理性、神的意志就是一种秩序。基本要求是爱上帝、爱邻人、爱自己,尽力帮助他人,不得伤害别人,遵守职责和秩序。人法也叫现世法,是神法的派生物,必须服从神法要求。人法以神法为基础,因时因地而变,不处罚内心,只是预防犯罪,是君主意志的表现。

4. 战争与和平

战争的目的是为了光荣的和平。战争的性质取决于进行战争的目的。为了反抗压迫、反抗侵略、复仇，就是正义的战争，这为罗马反击蛮族人入侵提供了理论支撑。

（五）阿奎那的法律思想

阿奎那之前，法律主要被分为自然法和人法，或神法和人法两种。在多神崇拜的古希腊时期，自然法虽被称为神的理性，实际上将之看作是自然规律与伦理道德的结合体。奥古斯丁时期，上帝成了唯一的神，明确此时的神是自然法的制定者，逐渐演变为神法。当时教会的地位在世俗统治者之下，宗教与世俗的统治正处于水乳交融状态，教会法还未成体系，把法律分为神法和人法尚可行。阿奎那时期，教会已从世俗统治中完全独立出来，建立了完善的教会法体系，原有的法律分类就有很大的不足。将世俗统治者的法律归为人法，把上帝的法律归为神法，那教会的法律处于什么地位呢？它们既不属于神法，也不属于人法，更不是自然法。

阿奎那将法律分为永恒法、自然法、人法、神法。永恒法是上帝统治宇宙间万事万物的法律。自然法仅为永恒法中涉及人类的法律。人法是世俗统治者调整人们外部行为的法律。永恒法、自然法和人法的重新定义，为神法存在留下了空间。人类要追求永恒的福祉，就必须超越对自然法的认识。自然法是世俗世界中的人所能认识的范围之极限，必须依靠神法的引导通往"千年王国"。人法是人类根据理性对自然法所作的反映。理性有限的人类不能完全认识自然法，因此需要神法补正。神法作为自然法和人法的必要补充而存在。阿奎那主张法律正义论，其自然法思想系统地阐述了自然法原则，即所谓"自然法的箴规"：①自我保全的本能；②与理性一致的向善倾向；③选择与向善倾向相一致的行动。

（六）马西利的法律思想

马西利·帕多瓦（Masiglio of Padua 或 Marsilius，约 1275—1342 年）是意大利著名的市民阶级政治法律思想家，是西欧中世纪最先使法学摆脱神学桎梏的杰出代表。马西利政治法律思想的代表作是《和平的保卫者》。此书以阿夫罗伊—亚里士多德主义哲学的双重真理观为方法，系统地研究和阐述了俗权高于教权的思想，并提出许多不同于前人的独创的法思想。

1. 国家的起源和目的

在国家与法的起源问题上，马西利坚决反对传播了近千年的基督教"上帝创世说"。根据亚里士多德的自然主义学说，明确提出世俗国家和法律产生于人类理性需要的观点。

2. 人民主权

在每个共和国中，最根本的政治权威并不是政府，也不是进行统治的那部分人，而是人类的立法者——人民、全体公民。唯一合法的主权者就是人民。法的真正来源是"人民"，提出了"完整的、有力的人民主权的思想"。

3. 法律的概念和分类

法律由人民制定，反映人民意志。法律分为神法和人法，教会和教士不能凌驾于人类法之上，教会不具有惩罚性。马西利对自然法持否定态度，认为只有人才具有理性，某些人类规则可以抽象为自然权利，为世界承认。为世界承认并不一定合乎理性。

4. 立法权和行政权

马西利提出早期的分权理论。立法权最终属于人民，人民拥有直接立法的权力。人民的法律出自人民共同的行动，人民有权订立约束自己管理国家的行为规范。政府立法不能违背人民意志。行政机关的权力来自全体人民的立法活动，官吏应由人民选举产生，其职权和任务也应由人民确定。

5. 教会和教会法

马西利主张教会自由，教会、教士作为宗教义务的代理人，基本职责是教导和宣传教义，举行宗教仪式。这都不具备强制性权威，不能强迫人们信教。教会法不是真正的法律，不具有国家强制力。教士、教会没有任何强制权力，没有惩罚权。人类同时存在两种法：神法、人法。但两者毫无联系。神法的作用主要在于引导人们在来世达到最高目的。人法的作用主要在于引导人们在现实达到最高目的。神法属于教会管辖，人法属于世俗政权管辖。教会和教士没有凌驾于人类法之上的特权。

（七）马基雅维利的法律思想

马基雅维利是文艺复兴时期杰出的政治家，其所处的时代正是欧洲封建社会末期以及资本主义萌芽发展时期的转折点。他是第一个比较系统、完整地表述资产阶级法律思想的人。

（1）论人性。他认为人性恶。完全否认道德和宗教的作用，只有成功才是人的伟大的标准。在人面前谈论道德和高贵没有意义。

（2）论权力。权力才是主宰。要靠法律和军队维持权力。其政治学的基本内容是权力。

（3）论政体。推崇共和制，意大利人由于德行不足，只能实行君主制。

（4）论军队和法律。二者都是统治的方法。法律是人类独有的统治方法，完善法律制度很关键。武力是另一种统治方法。由臣民、市民和居民组成的国民军，巩固国家政权。

他更看重军队的决定性作用。军队决定和保障法律，军队的作用大过法律，法律要以军队为转移，军队是国家基础的基础。

（5）论统治权术。他认为必须掌握以下情况：赞扬和责难，慷慨和吝啬，仁慈和残酷，爱戴和畏惧，守信和无信。基本原则是"目的总是证明手段是正确的"。

（八）不丹的法律思想

不丹是近代主权学说的创始人。

（1）地理环境对政治的影响。不丹把地理环境分为北部、中部、南部三种地区。孟德斯鸠深受启发，发挥为地理环境决定论。

（2）国家起源及定义。国家最终从家庭产生，主权是国家的标志。国家是由多数家族的人员和共同财产组成的合法政府，是以拥有最高权力及理智所支配的团体。

（3）论政府的形式。不丹认为不存在混合政府形式。反对分权，否则只能是无政府状态。明君的君主国最好。

（4）论主权。主权是一个国家绝对的和永久的权力，是国家问题的核心。主权是最高的绝对的权力，不受法律限制；是永恒的，不能转让，不受时间限制。主权包括立法权、宣布战争权、缔结媾和条约权、官吏任免权、最高裁判权、赦免权、货币铸造和度量衡决定权、课税权等。主权受自然法限制、社会契约限制、国家基本法限制和神法限制。

（5）论法律。法律全然是主权者意志的行为，是主权者的命令。制定法律是主权者最重要最基本的权力。法律分为自然法、神意法、基本法（法国的《撒利克法》）。法律可以废止习惯，习惯一般没有强制力，只有经过主权者认可才有法律效力，才有强制力。

欧洲封建社会思想的主要特点：教父学——三位一体说，创世说，原罪说，天国报应说（末日审判说）；君权神授论——神化封建君主专制制度，认为皇帝的权力是神给的，具有天然的合理性，皇帝代表神在人间行使权力，管理人民；神法——实际上是基督教圣经，自然法和人为法都是神法的派生，都要服从神法。

三、西方近代法律思想

(一) 洛克的法律思想

洛克的法律思想对于确定西方近代以来的政治法律思想有特别重要的作用。洛克的法治主张包括个别要求和一般原则两个方面。个别要求指洛克在《政府论》中强烈主张国家的最高权力机关——立法机关"应该以正式公布的既定的法律进行统治"。一般原则指"无论国家采取什么形式，统治者应该以正式的和被接受的法律，而不是以临时的命令和未定的决议来进行统治"。除主张权力必须根据法律行使外，洛克坚持法律面前人人平等的原则，"这些法律不论贫富、不论权贵和庄稼人都一视同仁，并不因特殊情况而有出入。"洛克在《政府论》中主要讨论了政府权力及其限制等问题。当时英国的政治制度并没有权力分立，不同权力并存，一种不伦不类的并存。洛克的伟大贡献是把这种混乱的、多种权力并存的政治现实概括为权力分立，使它获得了理论上的合理性。

(二) 孟德斯鸠的法律思想

与作为他生活的时代，最博学的法学家、同时代的思想家相比，孟德斯鸠是一位名副其实的法学家。其著作中表现了丰富的法律知识，提出了自己的法理学观念和最广泛的法律定义：法是由事物的性质产生出来的必然关系。理解法律的方式是从社会生活的各个方面理解。孟德斯鸠在分权制衡理论方面的系统论述，影响较大。孟德斯鸠在洛克分权思想的基础上，明确提出了"三权分立"学说，认为自由是法律的重要精神之一，法律应尽可能地体现自由和保障自由。他在《论法的精神》中着重阐述了自由与法律的关系，并说明它已在英国的法律中建立起来。自由或是政治自由，就是"做法律所许可的一切事情的权利"。自由分为两种，一是哲学上的自由，二是政治上的自由。根据在英国的观察他发现，政治自由不是人们追求道德的结果，而是精心组织的政治制度的产物。与抽象论述自由价值的理论不同，他意识到了自由与政治体制密切关联，精辟地指出："一切有权力的人都容易滥用权力，这是万古不易的一条经验。""要防止滥用权力，就必须以权力约束权力。因为权力不受约束是可怕的，而法律的约束与人民的约束都远没有权力之间的约束来得更直接和更有效。要保障政治自由，就必须实行三权分立，各司其职，任何一个机关都不能绝对凌驾于其他机关之上独断专行。"

（三）卢梭的法律思想

卢梭在许多方面都不同于同时代的其他思想家，相同之处是他明确主张法治，并且把是否实行法治作为共和政体的唯一标志。他在《社会契约论》中表示："凡是实行法治的国家无论它的行政形式如何我都称之为共和国。"卢梭的法治思想包括立法和守法两个方面。就立法而言，卢梭特别强调法律自身"自由和平等"两大主要目标。就守法而言，在卢梭看来，遵守法律不是耻辱，而是公民的骄傲。他主张任何人都不能摆脱法律的光荣束缚，这种束缚不仅仅是严厉的纯粹的限制，还是温和而有益的约束，有益于人们追求善业。卢梭认为，国家因订立契约而产生，人民是制订契约的主体，由此他提出"人民主权"思想，国家主权不能分割，也不能转让，一切人权的表现和运用必须表现人民的意志，法律是"公意"，在法律面前人人平等。卢梭向往小国寡民的直接民主制，极力反对分权，认为主权不可分割，分权是对主权生命有机体的肢解。

16 至 18 世纪，西方启蒙思想家提出了法治思想。19 世纪中后期，有学者开始系统论述法治的概念、原则、要素，其所论述的法治在实践中成为西方自由资本主义时期的主导形式。

（四）戴雪的法律思想

19世纪后期，法学家戴雪结合英国的宪政和法治实践，提出了法治三原则：①"除非明确违反国家一般法院以惯常合法方式所确立的法律，任何人不受惩罚，其人身或财产不受侵害"；②"任何人不得凌驾于法律之上，且所有人，不论地位条件如何，都要服从国家一般法律，服从一般法院的审判管辖权"；③"个人的权利以一般法院中提起的特定案件决定之。"戴雪不再把法治看作是理想，而是当作事实，并视其为英格兰政治制度的特点。英国宪法的原则来自具体案件的司法判决，突出特点是法官造法。戴雪的法治观念主要包括个人与法律的关系，是从观念向制度转移的一个里程碑。但仅仅基于英国的经验，有一定的局限性，不具有普遍性。戴雪强调法律至上，没有考虑到"恶法"之治的可能性，所要保护的自由仍然是消极自由，强调的法律面前人人平等仍然是一种掩盖实际不平等的形式平等。

（五）康德的法律思想

与戴雪同时期的德国学者们，经过几代人的长期努力，为世界贡献了"法治国"——英语"法治"一词的德语表述。哲学家康德为法治国概念的产生准备了基础。康德政治思想要点有：①国家与法律密切联系在一起。②国家与法律密切联系的关键在于它们都是人类理性的产物。③国家与法律关系的核心是国家必须依法管理，国家的统治者依照法律的规定行使权力。

近代西方思想家、政治家、法学家的理论解答了法治的诸多重要基础性问题，为现代法治理念和思想的丰富、完善和发展提供了坚实的基础，成为如今法治理念理论体系中不可或缺的部分，并指导了日后一系列法学思想的变革和发展。

四、大放异彩的西方法学流派

(一) 19 世纪的法学流派

源远流长的西方法学，是人类文明史的一颗璀璨明珠，无论是黑格尔的法哲学思想还是孟德斯鸠的三权分立学说，无论是卢梭的社会契约论还是庞德的社会控制论，无不闪烁着西方法治文化的灿烂光辉。

1. 古典自然法学派

古典自然法学派是指以近代欧洲资产阶级大革命为背景，以启蒙思潮为思想基础，以启蒙思想家为学说骨干，重在强调法的应然价值，主张社会变革，具有鲜明的革命色彩的近代西方主导法学流派。

古典自然法学派，一称自然法学派，在 17、18 世纪反封建的启蒙运动和革命斗争中，代表新兴资产阶级利益，强调自然法。称"古典"自然法学派，是为了与其他时代（古代、中世纪或 20 世纪）的自然法学派相区别，自然法学说在 17、18 世纪最为盛行。其主要代表人物有荷兰的 H. 格劳秀斯（1583—1645）和 B. 斯宾诺莎（1632—1677），英国的 T. 霍布斯（1588－1679）和 J. 洛克（1632—1704），意大利的 C. B. 贝卡里亚（1738－1794），德国的 S. von 普芬多夫（1632—1694）和 C. von 沃尔夫（1679—1754），法国的孟德斯鸠（1689—1755）和 J. J. 卢梭（1712—1778）。美国独立战争时期以及法国大革命时期的许多政治活动家，例如，T. 杰弗逊（1743—1826）、P. 潘恩（1737—1809）、孔多塞（1743—1794）和 M. －F. －M. －Ide 罗伯斯庇尔（1758—1794）等人，都信仰古典自然法学。

古典自然法学和当时同样盛行的天赋人权论、社会契约论密切相连。其代表人物在不同程度上都主张这两种理论，都认为人类在组成国家以前生活在自然状态中，受体现人理性的自然法支配，以后根据理性要求，订立契约，成立国家。在政治上虽然都以自然法学说为依据，却各自得出了十分不同的结论。有的倾向君主专制（霍布斯），有的倾向君主立宪（洛克、孟德斯鸠），有的主张民主共和国（卢梭、杰弗逊和潘恩），有的倾向温和的改良（孟德斯鸠），有的主张以武力推翻暴政（卢梭）。对个人和国家或实在法与自然法关系的不同解释中，可以看出两种倾向：一种倾向认为国家制定的实在法应服从自然法，国家不得侵犯自然法赋予个人的权利；另一种倾向认为国家权力至上，实在法与自然法实质上一致。前者被通称为自由主义学说或个人主义学说，后者被通称为国家主义学说或绝对主义学说。

17、18 世纪的古典自然法学说和古代、中世纪的自然法思想之间，有很多共同点：都将自然法与抽象的正义观念并列，都认为自然法永恒不变、普遍适用。它们之间又有很大差别：在内容上，古典自然法学说强调人的理性、人性、人的权利（包括私有财产权），认为根据自然法可以制定出详尽的普遍适用的法典；而古代、中世纪的自然法思想强调自然和宇宙的理性，特别是神的理性或意志，依附于神学，强调人的义务，将自然法归结为少数几条道德箴规或宗教戒律。在历史作用上，古代和中世纪的自然法思想，为奴隶制和封建制辩护；古典自然法学说是新兴资产阶级反对封建压迫和争取民族独立的重要思想武器，是美国《独立宣言》、法国《人权宣言》和近代资产阶级民主、法制的理论基础。它促进了法律统一，提高了法律在社会生活中的地位。它提出了诸如私有财产神圣不可侵犯、契约自由、法律面前人人平等、罪刑法定主义等新的法律原则。它推动了宪法、国际法等新的法律部门的形成以及《法国民法典》这样典型的资产阶级法典的出现。它沉重地打击了宗教神学，促使法学摆脱神学的桎梏，为法学成为一门独立的学科创造了有利条件。

2. 哲理法学派

哲理法学产生于 18 世纪末 19 世纪初，由德国古典哲学家伊曼努尔·康德（Immanuel Kant，1724—1804）开创。哲理法学从哲学认识论的角度研究法学课题，在哲学体系之下对法学课题予以重新考察，从而得出哲学化的法学观点，使其更接近"法"这一事物的本质。在论述法哲学思想时，贯穿着人本主义和主体性哲学思想，提出"人是目的"的主张，体现了启蒙思想和古典自然法思想的精神。西方法学流派一类侧重实然法，研究方法侧重经验主义的实证法学；另一类侧重应然法，研究方法侧重理性主义的非实证法学。哲理法学归属于非实证法学。

哲理法学派的发展分为早期哲理法学和晚期哲理法学两个阶段。二者在时间上间断了近一个世纪，但其哲学基础、研究方法一脉相承。早期哲理法学的代表人物主要有康德、费希特（Johann Gottlieb Fichte，762—1814）、弗里德里希·威廉·约瑟夫·冯·谢林（Friedrich Wilhelm Joseph von Schelling，1775—1854）、乔治·威廉·弗里德里希·黑格尔（Georg Wilhelm Friedrich Hegel，1770—1831）和路德维希·安德列斯·费尔巴哈（Ludwig Andreas Feuerbach，1804—1872）。晚期哲理法学分为新康德主义法学和新黑格尔主义法学，二者分别在新康德主义哲学和新黑格尔主义哲学的影响下产生。新康德主义法学（neo-Kantain school of law）代表人物鲁道夫·施塔姆勒（Stammler Rudolph，1856—1938）、古斯塔夫·拉德布鲁赫（Gustav Radbruch，1878—1949）、拉斯克（Lask Emil，1857—1915）、G. 德尔·韦基奥（Giorio Del Vecchio，1878—1970）等。新黑格尔主义法学（neo-Hegelian school of law）代表人物德国的 J. 柯勒（J. Kohler，1849—1919）、J. 宾德（J. Binder，1870—1939）、K. 拉伦兹（KarlLarenz，1878—1970）、意大利的 G. 德尔韦·基奥（Giorio Del Vecchio，1878—1970，

前期是新康德主义者），英国的博山克（Bernard Bosanguet，1848—1923）和布拉德雷（Francis herbert Brandley，1864—1924）等。

早期哲理法学在批判地继承古典自然法学的基础上发展起来，研究对象仍然是自然法，仍然采用理性思维的研究方法。不同的是，其研究以人的自由作为出发点，以人的意志作为核心，认为法追求的根本目标是人人自由，法产生和存在的基础是意志自由。在他们看来，自然法是一种应然的法、法的理论或法的原理，而不再是实际上存在的法。

新康德主义法学家认为，法实证主义者的态度抹杀了作为实践哲学的法哲学本色。以康德的哲学为基础，批判以往法哲学上的绝对观念，重视和强调法的理念，主张法的价值问题和法的目的问题才是法哲学的主要问题。否认自然法学者主张的以正义为目的的永久普遍的法律体系的存在，主张法哲学的研究应以弄清价值或目的的纯粹形式为范畴，不应以其内容和实质性的规定为对象。

新黑格尔主义法学是19世纪末至20世纪上半叶在欧洲和美国流行的以新黑格尔主义为哲学基础，以继承和发展黑格尔哲学、法学思想为基本特征的法学派别。英国法学家霍布豪斯评价："他们使革命武器的锋芒转向了，或者说，手执刺刀的革命者把刀刃对准了自己。革命的自由主义者及现代人为之努力奋斗的自由，变成了对法律的服从；他们对社会理性的要求被接受了，但内容却被偷换了：变成了对现存秩序的遵守。"

哲理法学派不彻底否定封建制度，维护它好的一面，甚至美化封建制度，主张通过改良的方式革新旧制度。哲理法学派后期代表人物拉得布鲁赫重新审视哲理法学派存在的问题，使其更为理性化。

3. 历史法学派

18世纪末19世纪初，在德国形成了以胡果和萨维尼等为首的历史法学派（Historische Rechtsschule）。该学派诞生之初代表了德国封建贵族的利益，在以后的发展中演变成为资产阶级的重要法学流派之一，统治欧洲法学界近一个世纪。19世纪，历史法学派基本上代表了法学思想发展的主流。

历史法学派的先驱者是霍伯特（Hauboldt）和贝克曼（Beckmann），创始人是胡果。胡果（Gustav Hugo，1764—1844）的主要著作有《作为实定法哲学的自然法》（1798）、《市民法教科书》（全7卷，1792—1802）、《查士丁尼罗马法教科书》（1832）等。

历史法学派的核心人物是萨维尼（F. C. von Savigny，1779—1861），主要著作有《占有权论》（1803）、《论立法及法学的现代使命》（1814）、《中世纪罗马法史》（1815—1831）和《现代罗马法的体系》（1840—1849）等。胡果和萨维尼之后，历史法学派的另一位主要代表是普赫塔（Georg Friedrich Puchta，1798—1846），其主要著作有《习惯法》（全2卷，1828—1837）、《潘德克顿教科书》（1838）、《教会法入门》（1840）和《法理学教程》（全2卷，1841—1847）等。此外，历史法学派的代表还有艾希霍恩（K. F. Eichhorn，1781—1854）、温德海得、耶林、格林、祁克等。

萨维尼系统论述了历史法学派基本观点。他通过对法的产生、法的本质和法的基础三个问题的阐述，表达了该学派的代表性理论。萨维尼认为，"法律只能是土生土长和几乎是盲目地发展，不能通过正式理性的立法手段来创建。"他指出："一个民族的法律制度，像艺术和音乐一样，都是他们的文化的自然体现，不能从外部强加给他们。""在任何地方，法律都是由内部的力量推动的，而不是由立法者的专断意志推动。"法律如同语言一样，没有绝对停息的时候，它同其他的民族意识一样，总是在运动和发展中。"法律随着民族的成长而成长，随着民族的壮大而壮大，当这一民族丧失其个性时，法便趋于消逝。"

萨维尼认为，法的发展呈现三个阶段：第一阶段，法直接存在于民族的共同意识之中，表现为习惯法。第二阶段，法表现在法学家的意识中，出现了学术法。此时法具有两重性质：一方面是民族生活的一部分，另一方面又是法学家研究的一门特殊的科学。当然，能够促使法发展的法学家，是那种具有敏锐的历史眼光，又有渊博知识的人。第三阶段，编纂法典。

萨维尼认为，法并不是立法者有意创制的，而是世代相传的"民族精神"的体现；"民族精神"或"民族共同意识"，才是实在法的真正创造者。在《现代罗马法的体系》中，萨维尼指出，法律的存在与民族的存在以及民族的特征有机联系在一起。在人类的早期阶段，法就已经有了其固有的特征，就如同语言、风俗和建筑有自己的特征一样。"在所有每个人中同样地、生气勃勃地活动着的民族精神（Volksgeist），是产生实定法的土壤。对各个人的意识而言，实定法并不是偶然的，而是必然的，是一种同一的法。"这种同一的法，反映的是一个民族的共同意识和信念。立法者不能修改法律，正如他们不能修改语言和文法一样。立法者的任务只是帮助人们揭示"民族精神"，帮助发现"民族意识"中已经存在的东西。

萨维尼指出，法的最好来源不是立法，而是习惯。只有在人民中活着的法才是唯一合理的法。习惯法是最有生命力的，其地位远远超过立法。习惯法最容易达到法律规范的固定性和明确性，它是体现民族意识的最好的法律。

历史法学派在挖掘、整理、恢复人类法律文化遗产方面建功至伟，对近代民法学的形成和发展做出了贡献。

4. 早期分析法学派

早期分析法学派是指将眼光转向现实的法律现象，以功利主义哲学为理论基础，以实证研究为基本研究方法，以边沁、奥斯汀为主要代表，在实在法材料基础上进行概念分析、逻辑分析的西方法学流派。19 世纪，哲理法学派、分析法学派、历史法学派逐渐取代了"日益没落"的自然法学派成为三大法学流派。分析法学派产生于英国，曾长期在英国占统治地位。

1832 年英国法学家奥斯汀写作的《法理学的范围》一书，标志着分析法学派的诞生。但是分析法学派的理论渊源却出于英国功利主义思想家边沁的法学思想。边沁在其所著的《道德与立法原理导论》中，对法律概念进行了细致的实证分析，这成为奥斯汀《法理学的范围》一书的出发点。边沁生前未能发表的《论一般法律》，1970 年由哈特整理出版，该书被认为是《道德与立法原理导论》一书的续篇，《论一般法律》的出版被誉为是分析法学派乃至 20 世纪法学学术史上的重大事件。

分析法学主张法律与道德分离，认为法学仅仅研究"法"是什么，而无须关注法"应当是"什么。分析法学的研究方法是逻辑实证主义，严格区分"实际上是这样的法律"和"应当是这样的法律"，只注重研究"确实存在"的东西，主张法理学的方法主要是分析，不是评论或批判，法律的实现必须通过武力制裁。其强调对法律概念的分析，依靠逻辑推理确定可适用的法律，否认法律和道德内在的必然联系。

分析法学从实证角度出发，仅仅讨论"法律是什么"，不涉及对法的价值判断的立场。分析法学学者对法哲学的范围、法的概念的看法各有差别，但他们的思想一脉相承，认为法与道德不存在必然的联系，道德绝不是衡量法律好坏的标准。不符合道德规范的法律法规，只要通过适当的方式颁布运用，就应视为有效的法律。有的分析法学者也引进了法的"应当性"特征，但认为法的"应当性"与自然法的"应当性"存在"实际的法"和"应当的法"的严格分离。有的学者称分析法学派为"归类的机器人"。

（二）现代西方法学流派

1. 现代分析法学派（分析实证主义法学派）

新分析实证主义法学的创始人是英国的法理学家哈特（Hort），主要著作有《法律的概念》（1961年）、《法律、自由和道德》（1968年）、《法理学和哲学论文集》（1983年）。

新分析实证主义法学在论战中形成与发展。哈特与新自然法学派的代表人物进行了三次大论战：第一次是哈特与美国法理学家富勒长达数年的论战，第二次是哈特与英国法官德夫林的论战，第三次是哈特同美国法理学家德沃金的论战。

1957年4月，哈特在哈佛大学作了《实证主义和法律与道德之分》的报告，为法律实证主义进行辩护，并对富勒等人进行攻击，揭开了第一次论战的序幕。富勒当即发表了《实证主义和忠于法律——答哈特教授》予以反驳。60年代，两人各自出版自己的代表作——哈特的《法律的概念》和富勒的《法律的道德性》，系统地阐述了自己的观点，并进一步批驳对方。这次论战实际上是西方法理学中传统的自然法学和法律实证主义两大派之争。分析法学认为，自然法学是一种形而上学，研究的是理想的或正义的法律，而非实在的法律。自然法学则认为，实在法通常指国家制定的法律，应符合代表某种正义、道德的自然法。

第二次论战的焦点仍然是法律与道德之间的关系问题，具体问题：法律是否禁止成年人同性恋问题。法官德夫林主张禁止，而哈特根据自由派道德观点，认为不应该禁止。

第三次论战，德沃金对哈特的主要规则与次要规则提出异议，并阐明了原则、规则和政策的关系。

2. 社会法学派

这是 19 世纪末叶以来资产阶级法学中的一个派别，又译为社会学法学派。其从社会本位出发，把法学的传统方法同社会学的概念、观点、理论方法结合起来研究法律现象。它是注重法律的社会目的和效果、强调不同社会利益整合的法学流派。一般认为该流派具有下列一个或两个特征：①以社会学观点和方法研究法，认为法是一种社会现象，强调法对社会生活的作用或效果以及各种社会因素对法的影响；②认为法或法学不应像 19 世纪那样仅强调个人权利和自由，而应强调社会利益和"法的社会化"。

西方法学著作中，法国人 A. 孔德常被认为是早期社会法学的创始人。社会法学的早期代表 H. 斯宾塞认为社会和国家如同自然界生物一样，是一个有机体。人与人之间的关系是生存竞争和强存弱汰。法的任务只在于维护个人自由，每个人只要不妨害他人的同样自由，就可以从事他所愿意从事的任何活动。L. 贡普洛维奇认为社会发展的动力是种族斗争，国家起源于较强的原始民族对较弱的原始民族的征服，法是社会中统治集团通过国家权力对被统治集团统治的工具，法的原则不是平等而是不平等。G. 塔尔德和 L. F. 沃德等人被认为是早期社会学法学中的心理学法学派创始人。19 世纪末新功利主义法学的主要代表 R. von 耶林和新黑格尔法学首创人 J. 柯勒，也被认为是早期社会法学派的首创人。耶林认为"法律是国家通过外部强制手段而加以保护的社会生活条件的总和"。20 世纪社会法学派的主要代表人物有 E. 埃利希、M. 韦贝尔、H. 坎托罗维奇和 R. 庞德等。

庞德曾将社会法学派和其他法学派（主要是分析法学派和自然法学派）的区别归纳为：①该流派着重法的作用而不是它的抽象内容；②将法当作一种社会制度，认为可以通过人的才智和努力予以改善，并以发现这种改善手段为己任；③强调法所要达到的社会目的，而不是法的制裁；④认为法律规则是实现社会公正的指针，而不是永恒不变的模型。

3. 新自然法学派（现代自然法学派）

新自然法学派又称复兴自然法学派。在西方法学著作中，对该派含义有不同理解。广义泛指 19 世纪末以后出现的自然法（见古典自然法学派）或类似自然法的学说。从这一意义上讲，自 19 世纪末直到 20 世纪 70 年代的所有自然法或类似自然法的学说，从天主教神学的新托马斯主义法学派和非神学的、世俗的自然法学说，都称为新自然法学派。狭义指自 19 世纪末以来，特别是第二次世界大战后兴起的非神学的自然法学说。神学的自然法学又称为新托马斯主义法学，这一学说主要复兴了以托马斯·阿奎那为代表的中世纪天主教经院哲学和自然法学，其代表人物是马里旦和达班。非神学的自然法学不再主张实在法之上的、永恒不变的自然法，而是强调法律与道德密不可分的联系和实在法之外的正义准则，其代表人物是富勒、罗尔斯和德沃金等。

自 19 世纪初开始，自然法思想即处于衰落状态，实证主义法学占有压倒优势。19 世纪末 20 世纪初，出现了新的自然法学说。如 J·夏蒙（1859—1922）等人提倡"复兴自然法"，要求个人权利和社会权利在理性和正义的制度下相互结合。又如新康德主义法学派创始人 R·施塔姆勒提出了"内容可变的自然法"的学说。有的法学著作甚至将 L·狄骥的社会连带关系学说也解释为自然法理论。新自然法学说与 17、18 世纪古典自然法学说显然不同。古典自然法学派主张反抗暴政，认为自然法永恒不变；而新自然法学派主张阶级调和，自然法内容可变。随着第二次世界大战后法西斯政权的崩溃，否认正义之类价值准则的实证主义法学相形失色，强调实在法应从属正义之类价值准则的自然法学说进一步兴起。主要代表人有 L·L·富勒等。富勒的学说主要论证程序自然法，将法律不溯既往等民主原则称为法的内在道德，强调实在法与价值准则、法与道德不可分。

4. 综合法学派

第二次世界大战前，三大法学流派鼎足而立；第二次世界大战后，综合法学一跃成为西方重要的法学思潮。

在庞德以社会法学为核心号召法学派间的大联合之后，西方法学界涌现出具有"综合"意识的法学家。他们认识到法律应是"形式、事实和价值的特殊结合"，提出各种精妙的理论，糅合各法学派于一个框架之内。

同各个时期强调自己优于其他法学流派的法学派一样，综合法学家同样强调自家理论更适应时代的需求。他们认识到在法律各方面已经发展到相对成熟的阶段，面对愈加纷杂的社会事实与利益冲突，综合运用各家成果，才能更好地对社会进行调节、规范。

综合法学派的哈尔、博登海默、伯尔曼、斯通等人均对以往法学派观点的偏狭、局限性进行了抨击，强调各派法学思想的一体性，或融合各派法学思想于一个体系的可能性。哈尔与博登海默的观点、理论较有典型性。

（1）行动中的法。哈尔提出"作为行动中的法"（即法官司法）巧妙融合规则、价值和实际的法于一体。规则起到法官规定、发布、评价和适应法律的行为的作用。价值则通过法的效力植入，即人们在指出法官判决是否正确之后，还需要用道德态度和理想观念判定法官的判决是否合适、有益。

（2）真理是任何特定时间人们经验的总和。博登海默引用了海曼于《现代人的哲学》中所提出的命题"真理是任何特定时间人们经验的总和"，这一中性命题为各法学派之间的矛盾提供了绝佳的调用剂——承认这一命题即是承认了自家理论的偏狭及为获得现时的真理必然与他派进行融合互补。

在此命题基础上，博登海默做出了著名的比喻："法律是一个带有许多大厅、房间、凹角和拐角的大厦，在同一时间想用一盏灯点亮每一个房间、凹角和拐角是极为困难的，尤其是由于技术知识和经验的局限，照明系统不适应或至少不完全时，情形就更是如此了。"

哈尔认为，法律是形式、价值和事实的特殊结合，上述三个要素分别对应分析法学派、自然法学派和社会法学派的观点。其高明之处在于看到了法律规范形式、法律价值和社会性的统一。斯通强调要理解法律是什么，就要清楚这三个问题即法律的结构及其作用，正义是什么，为了取得正义而利用社会中法律的适用性等。博登海默认为，社会的、经济的、心理学的、历史的、文化的等各方面的因素及价值都会影响法律的制定和执行。法学要研究与之相关的各种因素。

综合法学家破除各家各说间的壁垒，兼收并蓄地发展法律。他们看到三大法学派的偏狭，反对将"价值、形式和事实"独立研究，提倡法是大综合，提出了许多巧妙的理论，折中地包容地理解各家理论，从方法论角度说，具有一定的意义。

综合法学家在关于法的价值、形式、事实的分别阐述中，基本上沿用三大法学派的观点，打破了原有观念上的桎梏，完成了博广上的突破，却并未在精深上超越原有法学派。综合法学派在诸多研究方向、在诸多影响法律的价值观念中不分轻重，影响了其对于法律观念的深度探究。综合法学家的独特之处或者有所发展的地方在于不再拘泥于某一方面地认识法律，法律不是单一的而是全面的，提出了巧妙的理论构建可以容纳众家所长的体系，不在于对法律的具体问题进行了深入的探索。

法律综合化的未来并不如综合法学家所想的那么理想，各法学派的轮番兴盛有其深刻的历史背景。从根本上说，是由特定时期特定集团的需要决定。只要在政经、意识形态上仍存在冲突，提出不同理论的法学派就会有所侧重取舍，西方法学派就难以真正汇于一堂。

5. 经济分析法学派

经济分析法学派是 20 世纪 50—60 年代产生于美国并得到迅猛发展的一个法学流派，后来传播到西方其他国家。该流派运用经济学理论和方法分析、评论法律制度和法律活动，朝着最大经济效益的目标改革法律制度。其最响亮的口号是效益极大化。经济分析法学家们把微观经济学的一些概念、原理引入法学领域，试图以"成本""市场""交换""价格"等解释法律行为，并进而期望以效益极大化的思路改革传统的法律制度。科斯定理是所有经济分析法学家进行经济分析的理论基础，波斯纳经济法学是科斯定理运用的最典型表现。20 世纪 70 年代，波斯纳出版了《法律的经济分析》，人们开始用"法律的经济分析"代表这种新的法学流派。

经济分析法学主张"实质正义"，排除对具体案件的道德考虑。把权利和义务的分配作为扩大社会财富的一种手段。在法律权利的分配中，如果没有一个人的情况坏下去而有更多人的境况好起来，就在更高层次上实现了社会正义。

6. 新自由主义法学派

自由主义法学派是当代西方一个重要的法学流派。自由主义法学强调个人自由和个人选择这一自由主义的核心价值，以权利为核心，对自由的概念及历史发展、自由主义的法律观、自由与规则、自由与秩序、自由与法治、自由与民主、自由与平等、自由与法律强制等进行了系统的理论阐述。自由主义法学包括古典自由主义法学和新自由主义法学。形成于 17 至 18 世纪欧洲的古典自由主义法学是西方古典自由主义思潮在法学上的反映。产生于 20 世纪 30 年代的新自由主义法学是对古典自由主义法学的继承和发展，是当代西方新自由主义思潮在法学上的体现。

　　随着第二次世界大战硝烟的逐渐远去以及随之而来的 70 年代资本主义世界的经济危机，凯恩斯主义关于通过国家干预扩大需求促进经济增长的理论和政策已不再适应实际情况。带有反凯恩斯主义色彩的自由主义理论兴盛起来。哈耶克以其对整个社会科学的深入研究，从更广的范围更基本的意义上研究自由主义，使其与道德、伦理、政治学、法学、社会哲学等联系起来，为人类的思维领域开辟了一片新的天地。哈耶克的"个人主义"理论扬弃地发展了亚当·斯密以降的自由主义，提出了"如果让人们享有自由，那么他们取得的成就往往会多于个人理性所能设计或预见到的成就"的著名观点，不但为自由主义摆脱资本主义启蒙思想的影响而成为一门真正的科学补上了最后一块瓦，还使自由主义成为人们的思维观念奠定了基础。新自由主义由此而真正诞生。

第三章　西方司法文化

正义不仅应得到实现，而且要以人们能看得见的方式得到实现。

——法谚

【**核心提示**】西方国家强调司法独立，司法独立的表现是"法官独立"。西方"司法独立"原则确立的理论渊源可以追溯到18世纪。西方自古希腊、古罗马时代起，就有司法机关专"司"法律，以公意立法为最高权威。法官是司法权的主要行使者，为保证司法独立，首先要保证法官独立，这是"司法独立"原则的核心内容。

法治是西方的产物。实行法治必须营造相应的法律文化。陪审制度是一项起源于西方国家的司法制度，直接源于古老的同类人审判的司法理念。法官遴选制度是司法制度的重要内容。假发和法官袍是法官的形象标志。西方的法官袍源于中世纪政教合一时期的僧侣服饰，西方的法槌源于英格兰的庄园法庭。

司法制度指国家体系中司法机关及其他司法性组织的性质、任务、组织体系、组织与活动的原则以及工作制度等方面规范的总称。西方国家的司法制度建立在"三权分立"理论基础上，这一理论以权力分立和制衡为出发点、落脚点，将司法权与立法权、行政权分开和并立，分别由不同的国家机关行使，由此形成了独立的司法制度。

西方国家的司法机关一般指法院，侦查机关、检察机关、司法行政机关，严格地说不是司法机关。西方法院大多实行三级制，少数国家如英国是四级制。

西方各国的法官都依一定的程序产生，主要有任命、选举两种方式。大多数国家的法官由国家元首或议会或政府首脑任命。任期上，西方大多数国家实行法官终身任期制。在西方，法官并不是一个新兴的职业，具有古老的传统，有深厚的文化积淀。

西方国家强调司法独立，司法独立的表现是"法官独立"。法官只有在构成法律规定的罪行（如德国故意枉法罪）时才负法律责任。实践证明，西方对法官的保障卓有成效。

一、西方司法独立文化

西方自古希腊、古罗马时代起，就有司法机关专"司"公民大会、人民大会制定的法律，而法律又凌驾于执政官或王权力之上的观念。在古希腊、古罗马，国家最高权威不是君王个人，而是人民公意订立的"法律"，这是主流的概念。罗马共和时代，一般认为人民是终极权力的来源，法律的权威基于人民的意志。即使到了帝国时代，罗马法学家仍继承了共和制的法律精神，坚持认为皇帝虽然拥有至高无上的权力，但他不是国家的主人，而是国家或法律的第一位仆人；他的臣民也不是他的奴隶，而是拥有自身权利的自由人；是人民将他们的权力授予了皇帝，于是皇帝的命令才具有法律的效力，他才拥有最高权力。乌尔比安说："皇帝的意志（之所以）具有法律效力，（是）因为人民通过《王权法》把他们的全部权力授予了他。"这典型地代表了那时的最高权威观念。这种以公意立法为最高权威的观念，建立在"社会契约"基础上。西塞罗说："国家（或共和国）是人民的事业。但是，人民并不是以任何一种方式联系到一起的人的集合，而是在协议共同尊重正义的基础上大规模的人民的联合体和谋求共同利益的伙伴。"西塞罗所说的"共同尊重正义""谋求共同利益"的"协议",就是许多自由个人协商创建国家这个政治共同体的"社会契约"。这个"社会契约"才是政治体中的最终极的权威。后来的一切法律都是这个"社会契约"的具体化、条文化。这些法律既授权给王或执政官或皇帝,当然也能监督和控制他们,法律才是最高的权威。归根结底,国家最高的权威是公意的固化形态的"法",而不是任何个人。任何实际掌握权力的个人,都是公意的仆人或法律的仆人。

在西方国家,"司法独立"被视为司法权与立法权、行政权分离的一项重要原则,司法系统在司法裁决过程中不受其他两权的干扰,司法权独立行使,以保证案件裁决的客观、公正。现在,"司法独立"原则不仅是重要的法律原则,而且成为重要的政治原则。事实上,司法权行使,也会受到立法、行政、公众以及法官个人因素的影响,并不能真正做到独立裁决,"司法独立"是相对独立,也有其自身无法克服的局限性。但它发展到今天,有其积极的一面。

(一)"司法独立"的理论渊源及主要内容

西方"司法独立"确立的理论渊源可以追溯到 18 世纪,孟德斯鸠在其《论法的精神》一书中提到,司法权同立法权和行政权的分离是公民自由的前提,"如果司法权和立法权及行政权没有分离出来,自由就会消失的一干二净。倘若司法权与立法权混而为一了,那么因为法官本人便是立法者,当面临公民的生命和自由时,他们便会采取蛮横独断的手段。倘若司法权与行政权混而为一了,法官便会拥有与压迫者相似的权力。"在反对封建专制压迫的斗争中,"司法独立"原则是一个重要的理论武器。经过 200 多年的发展,"司法独立"有了确切的内容:

(1)"司法独立"的目的是体现法律的公正。

（2）司法权由法院（通过法官）独立行使。法院在案件裁决过程中，只服从于宪法和法律，不受立法权、行政权以及其他集团或个人的干涉。

（3）法官在案件裁决过程中保持中立、独立，以法律为准绳，不受各方因素干扰，不接受其他人的指示与命令。

（4）法院的裁决不受其他法院的干涉，上级法院不能对正在裁决的案件进行干涉，只能待判决后根据法律程序做出变更。

（二）"司法独立"的具体实践

西方国家相继将"司法独立"通过法律的形式载明，并将其作为重要的司法原则应用于司法权的行使中。英国1688年通过了《权利法案》和《王位继承法》，这两个法案中首次明确规定了行政不得干预司法权。美国宪法之父汉密尔顿强调，在立法、行政、司法三权既分立又制约后达成的权力平衡中，司法权至关重要，要实现真正的分权制衡，必须实行司法独立。

当今西欧及北美等国家，"司法独立"原则在具体实践中不仅体现在宪法的"分权原则"里，还体现在法官制度上。法官是司法权的主要行使者，为保证司法独立，首先要保证法官独立，这是"司法独立"原则的核心。德国《基本法》第97条规定："法官是独立的，并只服从于法律。"

在具体的保障体制中，西方各国的做法可归纳为三个方面：

（1）法官终身制。这是指法官在任期届满之前非经弹劾，不得被免职、撤职或迫其提前退休。美、英、法、德等西方国家都实行法官终身任职制。美国宪法第三条规定："最高法院和低级法院的法官如忠于职守，得终身任职。"尽管有的国家实行法官任期制，如瑞士联邦法官任期为6年，但可以连任而没有限制。也是一种变相的终身任职制。

（2）法官专职制。这是指法官在职期间不得再兼任其他行政职务，不兼任议员，不以政党身份或倾向参加各种政治活动，以在形式上使司法权（法官）同立法权（议员）和行政权（行政职务）分离。

（3）法官高薪制。法官的薪水远高于一般的立法及行政官员。美国宪法第三条规定："最高法院和低级法院的法官……在其任职期间得领受酬金，其金额在连续任职期间不得减少。"美国联邦大法官的年薪与副总统相当，英国大法官的年薪基本相当于首相。实行高薪制，"高薪养廉"，防止行贿受贿、徇私舞弊的现象，也能吸引优秀人才从事法官工作，保证法官队伍的素质和质量。

（三）对"司法独立"文化的基本评价

1."司法独立"原则的积极意义

"司法独立"的逐步发展，为统治阶级所推崇并最终得以确立。"司法独立"原则有积极的一面。首先，"司法独立"原则是新兴资产阶级在上升时期反抗封建专制斗争的有力武器。反对封建地主阶级个人大权独揽、一手遮天，要求民主与自由，主张通过司法裁决不受行政权或立法权的干预，保障人民的自由。"司法部门既不像立法部门那样掌握钱包，也不像行政部门掌握刀剑。只要司法部门保持独立，不为其他任何一个部门控制，就能成为人身和财产权利的可靠保障。"其次，"司法独立"成为维护统治阶级内部各利益集团之间权力平衡的重要政治准则，有利于维护资产阶级统治的稳定。1803 年马伯里诉麦迪逊案中，美联邦最高法院第一次成功地以"司法独立"的名义争取到了事实上的司法审查权，从而将最高法院"必须有宣布违反宪法明文规定的立法为无效之权"变为现实。司法权有效地对立法权和行政权进行反制，达到了权力的平衡。最后，在普通民事层面，在裁决普通的民事、经济等纠纷时，法院独立行使司法权，基本能做到客观、公正，裁决结果能为诉讼各方所接受。这从西方国家司法的地位就能窥见一斑。西方法律的权威至高无上，法院独立而公正，法官和律师的社会地位很高并受人尊敬，是人们心目中的理想职业。西方国家普通民众的法律意识很强，一旦发生纠纷，首先想到的是通过法院裁决。

"司法独立"原则既有它的历史进步意义，又在现实中适应了西方发达国家的经济、政治、社会发展状况。

2. "司法独立"的局限性

"司法独立"也有自身不可逾越的局限性，特别是裁决涉及政治斗争或者触动资产阶级根本利益的案件，尽管"司法独立"会给司法权这个政治"平衡器"披上华丽的外衣，但它的阶级属性仍然会暴露无遗。

西方的"司法独立"在反对封建专制中发挥了重要作用。司法系统裁决案件不再像封建主那样肆意妄为、草菅人命，而是有法可依，相对而言更加公平、公正。但这种"独立"毕竟是当时反封建的产物，一旦资产阶级掌握了国家大权，所谓的"司法独立"一样要为统治阶级服务。"司法独立"不可能超越阶级带来阶级间的真正平等，实质上是垄断资产阶级内部各利益集团间相互斗争、相互妥协的产物。法院行使司法权受到的制约因素，可以看出"司法独立"原则的阶级本质及其局限性。

（1）行政权对司法权的制约。从美国行政权的最高代表总统与最高法院的关系看，联邦最高法院法官都由总统提名，再由参议院批准。最高法院法官出现空缺，总统会立即提名与自己相近的人出任。即便总统离职，大法官也可以在最高法院延续其诸项政策。美国总统都将提名最高法院大法官作为任期内的头等大事。最高法院大法官实际上掌握在总统手里，行政权与司法权的实质关系可见一斑。例如，奥巴马执政时曾打算让希拉里接替将要离职的金斯伯格出任最高法院大法官。像富兰克林·罗斯福这样的强势总统，企图通过增加法官人数的手段对最高法院进行改组，控制最高法院。

（2）立法权对司法权的制约。这主要指掌握立法权的国会或议会对司法权的影响。"司法独立"原则确立的一条重要理由是"对人民的自由的最大威胁来自立法部门"。事实上立法权可以对司法权进行有效制约。这种制约不是对司法裁决过程直接干预，而是对裁决结果间接干预。主要体现在两个方面：一是立法机构本身的职能——立法或修改法律的权力。立法机构认为法院误读了法律或立法机构的意图，则立法机构可以为推翻法院的裁决重新拟定或修改法律，或直接制定颁布新法律。1990 年美国联邦最高法院一项对宗教自由限制的裁决，国会认为不可接受，在1993 年颁布了《宗教自由恢复法案》，突破了最高法院的限制，扩大了宗教自由范围。二是立法机构的另一项权力——"钱包的权力"。法院做出裁决后，裁决的实施需要各级立法机构拨款。立法机构认为法院裁决不妥，拒绝提供实施资金，实际上就相当于变相地否决了法院的裁决。

国会等立法机构可以在其认为必要时行使这两项职权"架空"法院的裁决。

（3）法律本身的制约。西方国家的法律体系一般包括议会或国会通过的法律、其他立法机构通过的法令和行政规章等。法律和各种法令由各级议会制定并通过，议员要么是资本家，要么是其代理人，他们制定并通过的法律法规不可能超脱于阶级之上。例如，判例法包括普通法原则和精神以及其他各种法律的解释，都是代表整个资产阶级的。马克思评价："如果认为立法者在偏私的情况下可以有公正的法官，那简直是愚蠢而不切实际的幻想！既然法律是自私自利的，那么大公无私的判决又有什么意义呢？法官只能够一丝不苟地表达法律的自私自利，只能够无条件地执行它，在这种情形下，公正是判决的形式，但不是它的内容。内容早被法律所规定。"

（4）律师制度对司法权的制约。西方国家，案件审理过程中律师的作用非常重要。律师人数较多，美国平均每 500 人就有一名律师，是西方国家中比例最高的。律师是自由职业性质，独立于资产阶级之外，律师制度能够维护司法的独立性。当然，聘请律师费用高昂，作为一种职业，追求利益最大化是律师职业的基本特性。谁能拿出钱聘请更好的律师？只有资产阶级。美国律师"90％的人只为 10％的人服务"。

（5）舆论对司法权的制约。西方国家号称开放、自由、民主，报刊、电视、广播等媒体名义上不受政府控制。媒体对民众影响巨大，有时还能左右政府决策。在美国，媒体的影响力被称作"第四权力"。舆论界的影响，在一定程度上遏制了其他因素对司法独立的干扰。舆论能否克服司法权自身的缺陷，得从舆论的形成过程分析。一般来说，舆论主要指大部分民众主要以媒体宣传形成对某一事物的趋同的观点和看法。媒体的导向性作用非常大。但主要媒体并不中立、独立，美国绝大多数报刊、电视、广播掌握在资产阶级手中，随着第二次世界大战后垄断资本的相互融合、交叉，很多工业资本、金融资本渗入媒体中。中立的媒体成了资本家的传声筒。看似独立、中立的声音，实际上是资产阶级利益集团的争吵声，并非真正意义的"民声"。

（6）自身阶级性对司法权的制约。西方司法权在裁决资产阶级内部各利益集团的纠纷时会受到来自各方的制约。各方互相争吵、制衡，给人公平、公正、司法独立的印象。在裁决涉及维护资产阶级统治的案件中，司法权和其他权力相当一致，并有很大的"灵活性"。如对于涉及美国共产党的两起裁决就截然相反。1951 年"丹尼斯诉美国案"，美国最高法院肯定了反共的史密斯法合乎宪法。1957 年"耶茨诉美国案"，最高法院的裁决却大相径庭，认为仅仅根据美国共产党提倡和教育用暴力推翻政府的抽象理论，不足以构成史密斯法欲治之罪，推翻了联邦地区法院对涉案美共领袖的有罪判决。表面看好像是最高法院保护人权、民主与自由，就算是共产党也能被法律保障其基本政治权利，法院不受统治阶级干扰，"司法独立"。事实上这两次不同的裁决恰恰反映了大法官们敏锐的政治嗅觉。第二次世界大战后随着形势的发展，美国共产党内部也分化出了主张进行和平议会斗争的政治派别，区别于传统的暴力革命派。大法官们正是觉察到这一点，在"耶茨诉美国案"中做无罪裁决，用这种办法赋予共产党所谓的宪法权力，声援美共内部的议会斗争派，促成美共内部分化，弱化其活动能量，最终维护资产阶级的长期统治。当触动资产阶级的根本利益时，法院运用自身的司法权，以"司法独立"的名义进行裁决，既显示了独立、公正，又巧妙地维护了资产阶级的统治。

可以看出，西方"司法独立"也是相对而言的。从立法到法官任免，再到案件裁决的整个过程，无处不体现为垄断资产阶级服务的本质属性。

二、形式主义司法文化

西方形式主义司法有其独特的文化成因，根源于实证主义法学。判例法、法典化及司法的困难促进了司法形式主义。

法治是西方的产物，早期的法治以形式主义为特点。亚里士多德认为："要使事物合乎正义（公平），必有毫无偏私的权衡，法律恰恰正是这样一个中道的权衡。"司法审判早期的权威性以规则的平等适用为前提，即形式主义的法治传统（指形式理性化的司法）。"判决应当非常公允：不能对富人是一种判决，对穷人是另一种判决；也不能对你的朋友是一种判决，对你的敌人是另一种判决。"

纠纷是用一套相对地与日常生活常识相分离并事先建构而成的规范体系—处理，还是立足于常识并根据纠纷的具体情节情境给予完全个别化的把握和处理？可以分别用"同样案件同样对待"和"不存在两个相同的案件"表达，两者存在深刻的内在矛盾，无法以一个完全否定另一个的价值意义。任何文明的纠纷处理样式，都不得不在某种程度上同时包含这两种价值，并对两者之间的矛盾做出某种调整性安排。但是，强调哪一个或以哪种价值为主，却导致不同的纠纷处理样式或重大差异的制度安排。西方文明强调的是前者，极为重视后者价值是中华文明的特征。与发展和运用一套相对独立于日常生活常识的规范体系相联系，西方历史上很早就出现了专门从事这种规范体系的生产与再生产的法律家职业。相反，传统中国社会用于认知、处理纠纷的范畴体系与日常生活常识在更大的范围和程度上相互重合。中国古代的司法官吏要在有限时间内查清案情，一方面要有官员伦理方面的"常识"，也就是明了做官的责任；另一方面要有当时当地风土习俗、人情等方面的"地方性常识"。有了这些"常识"，州县官查明案情可望起到事半功倍的效果。这就能够很好地理解，清代的律学教育中将经史、方志、档案等书籍置于其中。这种情况下，不易给予业务内容以肯定性评价，从而否定了对法律家职业的社会需要。

西方法演变过程中，认知、处理纠纷的范畴体系与日常生活常识相对分离，法律家更易强调法独立于伦理道德的性质，并发展出一套外观上"中立"于一般伦理道德的特殊程序、技术和有关知识。作为法律职业的律师据此保障自己谋生的基础，又向社会显示自身存在的必要性与正当性。相反，传统中国社会，认知和处理纠纷的范畴体系与伦理道德在很大程度上合为一体，纠纷的认知和处理由社会所公认的道德伦理上优越程度不等的主体所主宰，因而不太承认某种主体以"中立"的程序或技术为根据，主张自身介入纠纷处理过程的正当性。

现代西方法治历史上，压倒一切并包容一切的问题，即法律中的形式问题。在最广泛的意义上，形式仅仅意味着一种法律制度的特殊标记：追求一种具有普遍性、自治性、公共性和实在性的法律。形式的观念认为，作为普遍性、自治性、公共性和实在性规则体系的法律的核心，即使不能充分决定，也可以限定官员和个人可以做什么。

形式合理性与实质合理性具有方法论意义，用来分析经济、法律等社会制度合理化发展过程。形式合理性指可以准确计算的合理性。韦伯认为近代法律发展是一个法律形式化的运动过程，"法治"就是伴随现代资本主义的兴起发展而来的一种形式合理性的法律类型。形式合理性的法律代表了高度逻辑化的普遍性思维，体现"制度化"的思维模式。制度化思维在立法上要求制定逻辑清晰、前后一致、可以适用于任何实际情况的完备的体系规则。

制度化思维具备以下五个特征：第一，每一项具体的法律决定都是某一抽象的法律命题向某一具体事实情境的适用；第二，在每一具体案件中，都必定有可能通过法律逻辑的方法从抽象的法律命题导出裁决；第三，法律必须实际上是一个由法律命题构成的没有漏洞的体系，或者，至少必须被认为是这样一个没有空隙的体系；第四，所有不能用法律术语合理地分析的东西都是法律上无关的；第五，人类的每一项社会行动必须总是被固化为或是一种对法律命题的适用或执行，或是对它们的违反，因为法律体系的没有漏洞性必须导致对所有社会行为的没有漏洞的法律排序。

形式合理性的五项内容可以分为四个方面：其一，法律的合逻辑性。要求成文法有一个合理的结构，能组成协调统一的体系，在微观方面要求每一法律内部各法律规范之间能互相配合、没有矛盾、没有空白，在宏观方面则要求一个社会的全部法律能配合成为一个协调、完整的体系。其二，法律的预见性。要求法律不但能解决已经存在的问题，对将来产生的问题也应尽可能预见到并加以规范。其三，法律的可预测性。人们可以通过法律的规定预知行为的法律后果，破除一切神秘因素或法律外的因素影响人们对自己或他人法律行为后果的预测，要求法律本身应当尽可能明确、详尽，同时尽可能做到抑制司法人员的主观随意性。其四，法律的可操作性和有效性。可操作性要求法律不流于抽象的原则，而能为人们提供可操作的标准和程序。有效性则要求所制定的法律能给人们带来实际的效果，不只作为一种摆设。这是对法律规则本身所提出的最基本的形式要求，且不论法律规则的内容如何、是否公正，这些形式特征是现代社会立法所应具备的最基本的品质。

西方形式主义的法治，不仅包括法律自身的形式合理性，还要求司法的形式合理性，即司法必须依据实在法进行，"据法司法"；法对实质合理性的追求应当以司法的形式合理性为前提、司法应遵循正当程序要求、司法中立、在法律授权范围内行使。司法的形式合理性对于法治秩序的建构极为重要。庞德认为据法司法是指"根据权威性律令、规范（模式）或指南进行的司法，这些律令、规范或指南以某种权威性技术发展和适用，个人在争议发生之前就可确知，根据它们，所有的人都有理由确信会得到同样的待遇。意味着在具有普遍适用性的律令可以保护的范围内所实施的是一种非人格的、平等的、确定的司法"。

韦伯提出："司法的形式主义使法律体系能够像技术合理性的机器一样运行。保证个人和群体在这一体系内获得相对最大限度的自由，并极大地提高了预言他们行为的法律后果的可能性。"富勒指出，法治的另外一个美德实质上也仰赖形式规则和对规则的遵守。法官和其他官员按照事先制定的规则行事，给了规则治理下的人们一个按法律要求调整其行为的公正机会，从而避免了不守法可能导致的相反法律后果。现代法律制度中，形式规则枝繁叶茂的另一个原因在于，不诉诸形式规则，就无法充分实现许多实质性的公共政策目标，既包括诸如国防、邮政服务等传统目标，也包括公共福利、公共卫生、环境控制、公共教育、社会保障等现代目标。

至少在三重意义上，要实现此类宽泛的公共目标，就必须运用形式规则。一般来说，为了有效执行这类复杂而盘根错节的目标，精微的社会组织形式不可或缺。如果不具备将必需的结构、程序、职能制度化的规则，这些形式就不可能存在。就保障公共信任和合作而言，规则及其实施过程的可预期性、统一性和公开性必不可少，这种信任和合作对这类目标的实现是必需的。这些规则必须是形式规则，原因之一至少是，它们必须由下级的官员实施，低强制形式性的规则，公众更不能容忍。

司法的形式理性对于保障人类自由、提高司法的预见性等有极其重要的作用。在人类司法史上，严格的司法形式主义也曾导致法官机械、僵化地使用法律，成为"自动售货机"似的裁判者。司法形式主义并不是导致这种结果出现的祸端，法律本身缺乏实质理性、司法人员思维僵化才是其中的主要原因。

形式法范式下，司法对纠纷的解决机理可概括为三个方面：①司法权获得独立性地位，司法机关是主要的纠纷解决机关。司法权不再是政治权力的运作形式，而具有独立的品质，体现为司法权与立法权分离，司法权与行政权分开行使。②司法判决的逻辑结构为演绎式，即将普遍性的法律规范适用于具体的案件事实之上。通过三段论推理实现法官的权力，体现对纠纷的解决。③程序在司法活动中获得高度重视。法律程序的本质是形式主义，程序获得司法活动的中心地位，一方面与形式法范式的性质相吻合，另一方面也是架构规范与事实的通道。形式法范式不仅限于法律规则的一般化和体系化，还意味着"从立法至司法的每一个法律实践环节都必须遵循法定的程序"。形式法范式中的司法程序不仅是判决结论做出的一种事件决断方式，还是司法是否获得合法性的前提。判决是否有效，程序本身成为一种评价标准。

三、陪审团制度文化

（一）陪审团制度的历史渊源

陪审制度是一项起源于西方国家的司法制度，一般认为英国是现代陪审制度的发源地。以英美为代表的普通法系国家实行陪审团制，以德法为代表的大陆法系国家实行参审制或混合合议庭制。

实行陪审制度的主要目的是体现司法民主。恩格斯指出："司法权是国民的直接所有物，国民通过自己的陪审员来实现这一权力，这一点不仅从原则本身，而且从历史上来看都是早已证明了的。"司法权是国家权力的重要组成部分，同其他国家权力一样，司法权也应当由国民享有。实行陪审制度为国民参与司法活动提供了最直接、最重要的途径，直接体现了司法民主的原则。

西方的陪审制度直接源于古老的同类人审判的司法理念。根据这一理念，接受审判时，有权选择同类人作为审判者，同类人才能真正体会被审判者的感受，考虑被审判者的权益。有同类人参与审判，是审判本身值得信赖并具有权威的基础。由于英美法系与大陆法系在历史传统与社会文化上的差异，陪审制度逐渐演化为英美法系的陪审团制度和大陆法系的参审制或混合合议庭制。两种陪审制度虽有不同，究其本来目的，都是通过普通民众代表社会良心参与法庭审判，促进司法公正。

英美法系的陪审团制度，由丝毫没有法律背景的普通公民组成陪审团，对案件的事实做出判断，法律适用是法官的责任。批评者认为，一方面，陪审团制导致了诉讼的旷日持久，与现代社会对诉讼效率的追求相背离；另一方面，陪审团对案件的认定和判断并非建立在严谨的逻辑推理上，而是出于那些根本不具有法律知识的人基于所谓"社会正义感"的主观判断。出自外行人的裁决是非理性的。甚至有人认为将人的财富、尊严乃至生命置于12个临时召集起来的、毫无法律知识和经验、有着不同动机和背景的人的意志之下，由其做出生杀予夺的决定却不需要任何理由的制度是可笑的。支持者则认为，陪审团制度的实行，实际分割了法官的权力，有效防止了法官滥用审判权；陪审团均为临时组建，成员均为随机抽取，参与审判活动后即与外界隔离，可以有效防止司法腐败；陪审团成员虽不具有法律背景，但具有普通人的社会生活经验和道德良知，可以弥补职业法官在生活经验方面的不足，进而保证审判的公正。

（二）陪审团制度的具体安排

陪审团制度，是由特定人数的有选举权的公民参与决定嫌犯是否起诉、是否有罪的制度。

1. 陪审团程序规则的特征

（1）刑事案件与民事案件均有陪审团审判；（2）陪审团系以任意性手段选出的非法律专家组成；（3）陪审团系由比较多的陪审员组成；（4）陪审员不采取任期制，审理案件后，陪审任务即终了；（5）陪审团裁决原则上采行全员一致通过制；（6）陪审团评议，法官不加入；（7）陪审团本身仅作事实判断。民事案件，损害赔偿金额计算并在事实部分处理，陪审团对此一并裁决。刑事案件部分，陪审团不作量刑判断。

2. 刑事陪审与民事陪审的区别

（1）证据开示方面，民事案件证据范围非常宽泛，几乎任何与证明案件事实有关的证据都可以被允许出示；刑事案件中，对证据开示的限制极为严格。（2）当事人方面，刑事审判中原告一方称为"检方"，而代理检方起诉被告人的检察官，受雇于政府而非受雇于被害当事人。（3）证明标准上，刑事案件中，检方对犯罪事实的证明必须"超越合理怀疑"后才能胜诉；民事案件的证明标准则适用"优势证据"或"分量较重的证据"。（4）根据"反对二次归罪"原则，刑事案件陪审团裁决被告无罪开释，检方不得上诉。

3. 陪审团的遴选

陪审员产生的形式不一。美国的陪审员从选民册或纳税人花名册或其他登记册中随意选出，与案子有关的人，包括与原告或被告有关联的人不得入选。抗辩律师和检方对这些人进行审查，了解他们的态度是否不偏不倚。英国的陪审团根据居住地或选民登记册遴选。法国陪审团是一个公民团体，重罪法院都有一份总的花名册，经过抽签先组成出庭的陪审员名单，再经过抽签组成裁判的陪审团。

4. 陪审团的评议和裁决

英美国家的陪审团一般只就案件事实问题有发言权，不就案件法律问题进行裁决，法律问题由法官掌握。陪审团的裁决过去要求必须一致通过，现在只要求多数或绝对多数通过。欧洲大陆国家是共同投票（8票以上）。

美国第三任总统杰斐逊认为，陪审团制度在维护民主所起的作用上，比选举权还要重要。固然，陪审团制度有明显的弱点，所有的"法治"都会有"人治"的困惑，最初的立法、审理、最终的判定，都有"人"的参与。陪审团制度设计立论认为，一切清清楚楚、一目了然的话，一般常人的智力就足以判断。美国之所以坚持陪审团制度，因为陪审员最不受任何人操纵控制。

四、西方法官遴选文化

遴选意谓谨慎选择。法官遴选指谨慎地选拔法官。有人指出，法律帝国里的王储是法官。顾名思义，法官遴选制度就是规定法官资格、遴选法官机制的行为准则。

(一) 法官遴选制度构成

1. 法官资格方面的内容

这是指担任法官应当具备的条件。其可分为录用法官的资格和现任法官的资格。一般包括：①学历、司法考试资格、法律职业经验、法律执业资格等。日本法官遴选制度要求，法官学历须是本科以上，且须通过司法考试。②品行资格。英国法官遴选制度要求，法官应当具备的知识、经验与技能包括相当水准的法律知识、司法经验和职业成就，思维分析能力、决断能力、有效沟通能力，保持法院权威、维持法院尊严的能力，还有诸如诚实正直、公正与公平等品格。③年龄资格，包括担任法官应当具备的年龄，法官的任期及退休年龄的规定。德国法官遴选制度规定，进入宪法法院的资格，必须符合适用于所有法官的任职要求，年龄至少达 40 岁。宪法法院法官任期为 12 年，不能被再次任命。④其他资格，如国籍、身体状况等。在我国，"身体健康"即为法官任职资格条件之一。此外，还有限制性规定，如不能从事法官的条件及法官回避规定。

2. 法官遴选机制方面的内容

这是指法官遴选的过程和方式。其可分为初任法官遴选的机制和现任法官遴选的机制。一般包括：①遴选法官的主体，指由谁来推荐法官候选人、任命法官。②遴选法官的方式。目前世界上最有代表性的法官遴选方式主要有经过培训或通过考试后被任命为法官、由法官遴选委员会任命、行政机关任命以及通过党派或非党派选举。③遴选法官的程序。法国建立了双阶段的学术型法官录用制度。第一阶段包括主要按法律知识衡量法官候选人的一系列考试。通过考试的法官候选人可以进入第二阶段，即进入国家法官大学正式进修法律理论和法律程序课程，以及在其他地区实习或进修特别课程。实习是这个阶段的主要组成部分，也进行正式学习。两个阶段均起到筛选作用。通过竞争型考试，只有分数最高的候选人能够被录取。学习阶段结束后，分数最高的学生原则上有权在法官的空缺职位中挑选。成绩较差的学生被筛除，成绩中等的学生分配到不那么令人向往或敏感性低的法院工作。④法官的晋升机制。主要规定法官在职位、级别、福利、待遇等方面的提升。⑤法官的考核机制。西方国家的法官几乎没有什么考核。在国外法律的规定中，很难见到诸如"法官考核不称职；不胜任现职工作；又不接受另行安排；法官旷工"等因此而被免职、辞退的决定。

但这并不意味着法官若违法乱纪不能得到应有的惩处。20世纪20年代，西方民众要求追究国家官员责任的呼声高涨，其中包括呼吁对法官行为进行公开审查，对违反行为标准的法官进行惩戒。为回应这种呼声，加拿大成立了司法委员会，澳大利亚成立了议会调查委员会，美国联邦和大多数州成立了司法委员会，德国联邦最高普通法院和各州高等法院设立了纪律法庭，法国设立了高等司法委员会。这样的机构负责对法官不法行为的惩戒。

（二）法官遴选制度的功能

创建法官遴选制度，是为了保证法官具有较高的素质和能力，能够公正、正确地行使审判权。

科学的法官遴选制度有助于高素质的法律家群体的形成。法官遴选制度从制度上保证选拔法律精英，提高法官素质，以应对和在一定程解决司法腐败、司法不公等司法毒瘤。

法官遴选制度将有利于实现司法公正和树立司法权威。法官遴选制度挑选法律界精英出任法官，保证法官崇高的社会地位。从形式上向社会公示了司法公正，司法掌握在一群受过良好法律教育和实践，且通过严格程序挑选的法官手中，有利于司法公正的实现。严格的遴选制度同样有助于树立司法权威。人们信任法官，进而对裁判的信任度也较高，司法权威因此树立。

（三）美国法官遴选文化

法官是司法体制中不可或缺的元素，称职、廉洁、公正的法官队伍对于法治的重要意义不言而喻。无论是大陆法系国家，还是英美法系国家，一般都制定了《法官法》，确立了较为完善的法官遴选制度。作为英美法系重要代表的美国，在法治进程中，形成了一整套适合其国情的法官遴选制度。美国有联邦法院系统、州法院系统两个法院系统，有各自的法官遴选制度，包括法官任职资格和选任方式两方面。

1. 美国联邦法院系统的法官遴选制度

（1）美国联邦法院系统的法官任职资格。

美国法律没有明文规定法官任职资格，在长期的司法实践中，已经形成的惯例在法官遴选中发挥着极为重要的作用。联邦法院系统法官任职资格条件，有学者概括为："男性，50～55岁；白种人，通常是清教徒；具有盎格鲁—撒克逊血统（目前为止仅有5个例外）；属中上到上等社会阶层；在非农村环境中长大；属经济小康、公民意识强、政治上积极的家庭；有文学本科学位、法律本科学位或法学博士学位（三分之一来自'长青藤联合会'院校），有某些国家机关或民间组织工作经验。"上述法官任职资格不具有绝对属性，女性和非白种人也可以被选为法官，美国最高法院大法官一般有一位女性和一位黑人，这几乎成了美国遴选最高法院大法官的惯例。

除了上述任职资格外，美国联邦法院遴选法官一般须遵守三个原则：一是必须是美国公民；二是在美国大学法学院毕业并获得学位；三是经过严格的考试，取得律师资格，并从事律师工作若干年。担任联邦系统的法官必须是美国公民，其理由不言而喻；必须是美国大学法学院毕业并获得学位的人，是为了确保法官队伍的精英化；必须从事律师工作若干年，显示了长期的司法工作经验对于成为一名合格法官的重要性。

此外，总统在提名联邦法官前，除特殊因素外，主要考虑如下几点：①客观的职业业绩（包括司法经验）；②政治上的"可用性"（availability）；③理念上的"适宜性"（appropriateness）；④被提名人的个人魅力；⑤地理、信仰、种族、性别及其他社会和政治背景。

（2）联邦法院系统的法官选任方式。

美国联邦法院由地区法院、上诉法院和最高法院三级组成，所有的联邦法官都是行政任命的，即美国联邦法院系统采取任命制的方式遴选法官。美国有权提名法官候选人的是总统，任命则须参议院批准。具体说，总统通过司法部长提名法官候选人。1977年，卡特总统成立了美国上诉巡回法院法官提名委员会，负责挑选候选人工作。该委员会必须有有关州的律师参加，有律师和非律师代表，对每一个法官空缺提出几个候选人。

提出法官候选人后，总统须把法官候选人名单提交美国律师协会的"联邦法官评审常委会"审评。该常委会就法官候选人是否符合法官任职资格进行审查，评价分为极为合格、很合格、合格、不合格和年龄不合格五种。评议结果交美国司法部长。该常委会对候选人的评价对总统没有强制约束力，但却是法官遴选工作中极为重要的一环。该常委会评审后，总统须把法官候选人的名单提交参议院。参议院设有专门的司法委员会，负责主持召开是否同意总统提名的法官候选人的听证会，会上须就各法官候选人向美国律师协会的"联邦法官评审常委会"进行咨询。参议院同意总统的提名后，候选人才能被最终任命为法官。

2. 美国州法院的法官遴选制度

（1）州法院的法官任职资格。

相对于联邦法院系统，美国州法院系统的法官在任职资格方面较为宽松，但也须遵守上述三项原则。三项原则中除第一项原则外的两项原则也不是绝对的，美国许多州采用选举制选任法官，导致一些乡镇法院的有些法官没有法律背景，更没有当过律师。据美国律师协会统计，2013 年度全美州法院系统的法官 3.0万人，有 1.7~1.9 万人原来不是律师。

当然，无论是遴选联邦法院法官，还是遴选州法院法官，候选人都应该具备以下几个条件：①候选人品行正直；②候选人具有渊博的法律知识，以及解释和运用法律的能力；③候选人应具有丰富的法律实践经验；④候选人应具备基本的司法品行，包括基于常识的判断力、同情心、机智和理解力等；⑤候选人勤勉守时，并具有良好的身体和精神状态；⑥候选人应廉洁奉公，并热心公共事业。

（2）州法院的法官选任方式。

美国各州都有自己的法律，州法院遴选法官的方式既有任命方式，也有选举方式。实践中还产生了吸收两者优势的"密苏里方案"。

①任命制。在实行任命制的州，当法官名额出现空缺时，有志成为法官的人将主动向州长的法律顾问室提交正式的应聘书，法官遴选程序启动。应聘书提交后，由当地律师协会的相关律师进行第一道筛选，审查候选人提交的履历表。入选候选人将接受包括实务经验、社会经验等长达 25 页的问卷。问卷调查结束后，工作人员面试候选人。最终，一个法官职位确定 4 到 5 名候选人。正式候选人名单确立后，当地律师协会将逐个评价。州长将获得律师协会肯定性意见的候选人名单提交州上议院的司法委员会审查。司法委员会通过听证方式对候选人进行审查。候选人得到司法委员会确认后，州上议院投票决定。得到州上议院承认后，候选人将最终被州长任命为法官。

②选举制。选举制分为普选制和州议会选举制。普选制指通过选民投票的方式遴选法官的制度。实行普选制的州，法官候选人必须直接面对选民，获得一定的票数才能当选。普选制中，法

官受政党的影响十分明显，要成为法官候选人必须获得某一政党提名。实行议会选举的州，候选人能否成为法官须经过议会选举，只有在议会选举中获胜的人才能当选为法官。

③密苏里方案。密苏里方案是美国司法实践中产生的遴选法官的方式。这种方式避免了任命制中法官提名权完全把持在州长手里的弊端，也避免了选举制中候选人受政党影响的弊端。根据密苏里方案，由密苏里州最高法院前任首席大法官、州律师公会选举的3名律师（3个上诉法院各一位）、州长任命的来自3个上诉管辖区的3名居民组成法官提请委员会，由该委员会掌握法官的提名权。当法官出现空缺时，该委员会将就每一个空缺的法官职位提出3名候选人。州长在大选之前从3名候选人中任命一位为法官。下一次大选，选民决定该法官的去留。

（四）大陆法系国家法官遴选程序

法官任职资格规定法官人选须具备基本专业水准，法官遴选程序从达到这一基本水准的人员中挑选具备更高业务素质和经验，并具有更高道德水准的人选。严格、科学、合理的遴选程序是选出高素质法官的保障。当代世界上大多数国家为了选拔合格的法官，非常严格地选任法官，并把法官选拔和培养结合起来。

大陆法系国家选任法官，要求先进行大学法学本科教育，后进行司法实践训练。此过程中，运用考试方法，选拔优秀人才进入下一阶段，经过多次筛选，最后确定法官人选。在德国，不管法律从业者打算成为法官、州检察官、私人开业律师、受雇于州的文职官员，还是企业中人事或法律部门的法律专家，都要经过相同的法律培训。培训分为完全不同的两部分：一部分主要是理论培养，另一部分侧重实务训练。要取得司法部门任职资格，必须通过两次州考试。第一次考试至少要在完成了七个半学期的法律学习之后，第二次考试必须完成了30个月实习或见习服务之后。参加第一次州考试前，考生必须接受了七个半学期，即三年半的法学教育。很多情况下，参加这种考试的人都经过五年以上的学习。考试由各州司法部根据本州的法律组织。

通过了第一次州考试，就可以参加见习服务。这一阶段的培训持续两年。受训者在此期间被称为"见习法官"。见习法官作为助理工作人员，在严格的指导监督下工作。见习法官先在初级法院或者州法院的民事庭或刑事庭，后在检察官办公室，再在某行政机关，最后在律师事务所。见习法官还必须参加由法官或文职官员主持的讲座，讲座主要是对实务中出现的疑难案例进行分析。见习服务结束后，即可准备参加第二次州考试。第二次州考试仍由各州司法部主持，内容与第一次州考试差不多，但更偏重解决实际问题，考官全部由法官和高级文职官员担任。

日本对法曹（即法官、检察官、律师、法学学者的统称）的培养非常重视，有严格的考试、录用、培养制度。根据日本新宪法的规定，法学本科毕业生无论志向当法官、检察官或律师，都必须经过统一的司法考试。国家司法考试是各类考试中最难的。据统计，（日本大学法学本科招生人数不会有太大的变化）日本各大学法学部毕业生总人数约 4 万人，每年参加司法考试的大约 2.4 万人（包括应、往届毕业生），考试及格率极低。除早期的两次（1949 年至 1951 年）曾有 7％以上的及格率记录外，一直到 1964 年都只有 4％至 5.3％。1965 年至 1973 年间降至 2.1％～3.9％。1974 年以后一段时间更跌至 2％以下。直到 1985 年又恢复至 2％以上。经过 1987 年设置的"法曹基本问题恳谈会"和众多关系者的竭诚努力，通过实行"法曹培养制度等改革协议会"意见书和二次的法律改正，1999 年秋季日本司法考试合格者终于达到了 1000 人。

按照日本现行司法制度，司法考试合格者，还要到司法研修所、检察厅、律师事务所参加实习，实习期间是 2 年（1999 年开始改为 1 年 6 个月），然后再经过最后一次考试，合格者（一般为最初参考人员的 3%）便可被授予法曹资格。有法曹资格的人可自由选择法曹职业。他们进入裁判所，从判事补起，做够 10 年左右，才能升任裁判官成为判事。

在大陆法国家，法官的选任方式，采取选举制还是任命制，曾经存在着争论。一种观点认为，法官由任命产生，难以摆脱政党和行政部门干涉；由选民选举产生，有助于司法独立。另一种观点认为，选举过程本身也受政党操纵，选举产生的法官也难以摆脱政党的影响。当代社会法律日趋复杂，法官应具有高深的法律知识，法官由选举产生，选民对法官的内在素质很难有足够的认识，法官为迎合选民好恶，极易在当选后做出不公正裁判，反而会损害司法独立。

只有极个别如瑞士等国家主要采取选举制，法官必须经选举才能当选，经过一定时期还必须经过再次选举才能留任。大多数国家均采取由行政机关任命的办法，但为防止行政机关利用任命的权限干涉司法独立，各国对于行政机关的任命，又设有种种限制。如规定行政机关任命的法官必须符合法定的任职资格，要求法官必须通过司法考试才能被任命。尤其是行政机关任命法官，必须由其他机构提出人选或征得其他机构同意。

不管采取何种方式产生法官，许多国家都规定法官最后的任命，应由国家元首、总统、国王或政府首脑以国事行为的方式进行。例如，日本最高裁判所所长由内阁提名，天皇任命。最高裁判所大法官由内阁任命，天皇认证。高等裁判所所长、法官、助理法官、简易裁判所法官均由内阁根据最高裁判所指定册任命。高等裁判所所长的任免，由天皇认证。以上任命，均须交付国民审查通过。《德意志联邦共和国基本法》规定，除法律另有规定外，联邦总统任免联邦法官。联邦各个最高法院法官的任用，由主管各该领域的联邦部长同法官选任委员共同决定。各州可以规定各州法官的任用，由州司法部长同法官选任委员会共同决定。

联邦宪法法院的 16 名法官由众议院和参议院各选 8 名，且必须由议会三分之二通过。在奥地利，法官由联邦总统或者总统授权的联邦部长根据联邦政府的建议予以任命，联邦政府或者联邦部长应该听取根据司法法规设立的专门评议会的建议。韩国大法院首席大法官由国会提名，总统任命；其他大法官由首席大法官提名，经国会同意后，由总统任命。高等法院和地区法院的法官，经大法院法官委员会同意后，由首席大法官任命。宪法裁判所的 9 名大法官，其中 3 名由国会通过，3 名由大法院提名，3 名由总统指定。泰国任何一级法官，经法官委员会提名，均由国王任命。

五、司法权威的文化构造①

作为一种文化现象，司法权威取决于人们对司法主体的文化定位、司法过程的文化认同和司法结果的文化支持。司法主体权威的内涵、能量和界限取决于司法角色的文化定位、司法功能的文化期待和司法管辖范围的文化选择；司法活动是寻找事实和寻求法律的文化认识、文化评价和文化选择过程，其权威根源于文化认同，来自文化共识，立基文化解释。司法裁判的权威深受人们诉讼观念影响，尊重司法结果的文化意识是司法权威确立的前提，认同司法结果的文化取向是司法权威的基础，支持司法最终解决的文化理念是司法权威的支撑。只有给法官独立思考和判断的空间，以及对司法机关做出的事实判断、法律解释、司法结果给予足够的尊重、理解和支持，法官才能摆脱外在的各种压力，真正走向自治和自强，不断提升司法的权威性。

司法权威是司法过程及其结果所拥有的威力和威信。司法权

---

① 本部分内容主要来源于南京师范大学教授、博士生导师季金华先生的相关论文。

威主要通过司法主体权威、司法过程权威和司法结果权威体现。司法权威植根于特定的文化土壤，反映了人们对司法架构及其运行机制的文化认同和信任程度。文化作为一定共同体中人们的价值观念、思维方式和行为模式，深刻影响司法权威的形成与发展。司法权威的树立不是司法机关单方努力所能达成的，它是社会文化的建构过程。司法权威的建构过程实际上是对司法主体、司法过程、司法结果进行文化定位、文化认同和文化支持的活动。对司法的功能期待越多，对司法的要求越高，社会就更应该给予司法更多的尊重、理解和支持。虽然司法权威的形成与司法制度理性、法官的经验和理性分不开，但理性与经验的融合需要在一定的文化环境中通过文化沟通实现。

（一）司法主体权威的文化定位

司法能否在国家的政治、经济和文化生活中享有崇高的威望和至上的权威，很大程度上取决于人们对法院、法官和司法功能的文化定位。

1. 司法角色的文化定位决定了司法权威的内涵

公正审理与裁决纠纷是古往今来人类社会一致的文化取向。纠纷的解决不仅需要以公共权威为后盾，而且依赖司法者的个人威信。神话传说是人类精神文化的重要内容和形式，东方神兽裁判和西方正义女神形象集中反映了人类早期社会司法文化对司法者角色的历史定位。古代中国人认为独角兽具有明辨是非曲直的正义天性，在人们心目中成为公正平直的象征，承载着公正裁判的永恒愿望，成为中国司法文化的图腾。神兽裁判的司法信仰和司法理念不仅体现在当时的庭审仪式和方式上，而且深刻影响后世的官服图式，如汉代官帽上便冠有木制的独角兽，清代执法者还以獬豸为补服。

正义女神是古希腊神话中的权威司法者，她蒙着眼睛排除了一切外来干扰，用心中天平做出公正裁决，用手中宝剑铲除邪恶、惩罚犯罪。正义女神代表古希腊人对司法者角色的文化定位和文化选择，至今仍然是西方社会建构司法制度、实现社会正义的文化基因和价值评价标准。睁着眼睛的神兽与蒙着眼睛的女神，反映了东西方司法文化的差异，东方世界相信神兽有排除外来干预的内在判断能力；西方世界相信女神只有蒙着眼睛才能摒弃可以感知的外在干扰，做出公正判断。东西方两种神话文化都蕴含了司法者居中而断的司法中立理念，反映了人们对司法公正的价值追求，构成人类司法文化的本质要素，成为司法权威的价值基础。

这种文化定位在当下法院建筑外形设计、法庭布置、法官服饰、法庭仪式方面有所体现，其目的在于营造法庭的庄严氛围，体现诉讼程序的权威感，彰显法官中立的角色形象。从某种意义上看，现代社会解决纠纷的司法本质与机理，与传统社会由德高望重的长者裁断纠纷并无二致。"两个人从本性出发为财产而争执不休。为此进入僵局，接着为了寻求力量，转向第三方或者陌生人做出决定。法院是机构化的陌生人。"

司法中立以司法独立为前提，法院与法官没有独立的法律地位，不能有效地抵御和防止政府机关及个人的干涉，就没有真正的司法中立。虽然司法中立的文化理念在人们的法律意识和国家的司法制度、司法机制中多有体现，但司法独立的价值取向及其制度安排却经过了漫长的时间才变成现实。历史上，大多数国家的政治首领都是拥有至上权威的法官，中世纪欧洲王国、公国的教会、主教和世俗统治者拥有与等级秩序相适应的司法权限和司法权能，议会的议决程序也是某些重要案件的最终司法程序。司法不独立的时代，根本无法建构出平等保护当事人参与权、陈述权和辩论权的正当司法程序，只好把司法中立和公正的希望寄托于裁判者的个人品格和司法民主机制。这就不可能期望缺少程序保障的审判机制产生足够的制度预期效果和一定的预防性影响。

随着市场经济的发展，以自由、民主为核心的价值体系推动了私人领域与公共领域的分离，形成了分权制衡的国家权力结构，司法独立的文化意识变成了司法独立的制度安排。在司法制度转型过程中，人们基于宗教信仰认为社会等级高的人更能够接近事实真相、做出更好判决的司法期望深刻影响了现代司法系统的层级构造。享有司法权的民主集中传统，一直影响着瑞士的现代司法程序框架。由普通公民组成的陪审团确认法律事实和根据事实做出法律适用判决的制度安排，最终成为现代普通法系国家的司法职权架构。在司法独立的制度建构方面，法院在政治上独立，法官独立行使审判权，不受行政机关甚至立法机关限制。司法的独立性不仅依赖于法院享有的权利、管辖范围、判决的实现能力，以及法官的专业技能、经验和自身的态度，还取决于法院在社会生活中拥有的威信。司法独立原则不仅具有政治上的根源，而且植根于正义的观念。在司法独立的制度建构方面，除政治独立外，还必须考虑司法独立的社会文化条件，将司法独立置于不同的文化背景下审视。在人们的文化意识中，司法者和司法制度应该具有公正解决纠纷和防止争议产生的公信力和可信赖性。只有人们相信法律，只有强者服从司法裁判，才会有法律和公正维持的良好社会秩序。换言之，司法救济取代私力救济实质上是人们和平解决争端的文化选择，司法独立和中立乃是法治社会的文化要求。

政治上独立并不意味着法院不受理一定范围内的政治问题。如美国许多政治问题，通过司法程序转化为法律问题获得和平解决。联邦最高法院通过宪法解释和宪法判例对其受理案件中的政治问题做出政治选择。宪法法院用宪法判决发现和确认人民的宪法意志，反映国家主要政治力量的价值观和政治利益诉求，不可避免地参与了政治活动。尽管如此，国家的最高法院同一般法院一样，依然坚守司法中立的文化选择。德国联邦宪法法院是依据德国基本法建立的最高宪法法院，1951 年建立以来，设在卡尔斯鲁厄，有意识地远离柏林的其他联邦机构。这实质上是德国人民的文化选择。宪法法院不是一个政府机构，基本法是它审查立法行为和行政行为是否合宪的唯一判断依据，宪法法院的判决必然对公众的行为和观念产生政治影响。但是宪法法院只是为政治决定提供宪法框架，不允许有任何政治私利。

2. 司法功能的文化期待决定了司法权威的能量

在西方自由主义价值体系中，自由、民主和人权是西方政治文化的内核。权利本位被确定为法律制度的价值取向，法院被视为个人权利的保护神，权利意识为司法权威提供了源源不断的动力，权利保障成为司法制度设计与功能定位的核心。从司法系统整体上看，法院的纠纷解决功能、权利救济功能和发展法律功能密切联系在一起，彼此之间相辅相成。从司法系统的层级性看，不同层级法院功能有不同的价值定位，大多数国家基层法院主要定位于纠纷解决，中级法院主要功能是通过审理上诉案件对法律适用进行审查，高级法院和最高法院更多地发挥确定统一法律适用尺度、推动法律发展的功能。

在现实社会生活中，司法的体制、制度和机制决定了司法的功能，司法运行的文化环境也会深刻影响司法的能量。法院功能的扩展不能脱离司法过程的性质和司法权能的内在限制。最理想的状态是社会文化对司法的功能期待与法院的结构和职能相适应。法院的首要功能是解决纠纷，但法院并不能解决所有的纠纷。法院在处理边界清晰、相对简单的社会问题时，能够发挥最佳的纠纷解决功能，也能给当事人提供最好的权利救济和法律保护。在处理土地规划、城市建设中的土地征收补偿等问题时，法院没有改变现有权利和义务安排的政治权力，会表现出某种消极、被动的司法态度。集中在一起的少数派利益的过度代表，以及分散的公众利益的过度代表都会形成少数人的偏见和多数人的偏见，导致政治决策上的失灵。

面临复杂的社会问题和相互冲突的社会目标，有限的司法资源和法院的既有能力都会受到极大的挑战。特别是当政治失灵发生在人数众多、事件复杂性极高的情况下，法院面临着推动制度改革诉讼这种复杂司法问题。这是极富挑战性的司法决策任务。在人数和复杂性增加所引起的结构性力量没有其他途径可以消解的情况下，社会大众将热切期望法院给予这些重大的权利和利益配置问题做出权威的判断与裁决，这往往使法院处境最为艰难。

从某种意义上讲，司法解决纠纷的活动实质上是权利冲突的化解和协调、权能资源的调整和再分配，是法律的普遍正义与司法的个别正义有机结合的过程。法官阐述法律条文含义，阐释法律行为标准的活动内含着发展法律的契机，法官审理和裁判疑难案件的过程就是救济权利、弥补立法漏洞、推动法律发展的过程。法院发展法律的功能有限度，法院基本上是法律制度改革与发展的推动者，而不是法律制度的缔造者。在法治国度，法律的可预见性原则通过法院获得保障，预测未来借助法院的判决实现，法官的经验和理性主要根植于过去的纠纷，来自现有的社会结构框架。因此，不能把建立未来法律制度的政治任务交给法官，法官解决某一具体案件对具体规则的阐明和未来原则的阐释，不可能具有制定法那样的普遍适用性和持续权威性。立法不是法官要承担的主要任务。为保证法律体系的完整性和自治性，法官在制定法的边界，通过判例确定必要的规则、原则，修正和弥补法律制度的空隙。法院履行司法职责，应该依赖专门的法律渊源、法律原则和法律精神，考量社会交往模式中的公共道德观念与正义理想，从当时社会文化框架内获取必要的审判标准和原则。现实法律生活中，"法院不可避免地要面对融合了各种最为严重的政治失灵和自身司法资源最为紧张状况的艰难选择。任何一个宪法法院只要能够承担其中部分问题的判断任务，就是一个值得尊敬的法院。没有哪一个法院能够把所有的甚至大部分的问题都揽在自己手里。"

司法决策与政治决策既有各自不同的功能空间,也有相互替代彼此互动的作用领域。法院受理可以引发制度变革的诉讼案件,通过裁判把某些利益确立为司法保护的权利,其影响超越了当事人的利益范畴。法院通过诉讼反复确认这些利益,利益分配问题迟早会成为政治过程要解决的议题,成为制定法上的权利安排,法院成为法律改革与发展的推动者。

3. 司法管辖范围的文化选择决定了司法权威的界限

司法管辖案件范围表面上由法律规定,更深层面上是社会文化的选择,法院并不必然地垄断裁决的权力。在人类纠纷审理和裁决的历史长河中,司法权经历了由社会司法权向国家司法权的历史转化过程;司法权的性质随着法的渊源和性质的变化而变化;人类社会最初的司法权是社会司法权,是应用道德、习惯和宗教规范审理纠纷案件、做出权威裁决的社会管理权力。人类建立政治社会组织后,国家司法权和社会司法权仍然共存于纠纷解决体系中。中世纪教会法与世俗法分别调整着人们的精神世界与世俗世界,教会法庭与世俗法庭分别适用不同的规范,裁决不同领域的纠纷。

当时宗教意识与世俗文化是划分精神生活与世俗生活的标准,但精神生活与世俗生活有时难以截然分离,发生管辖权的冲突不可避免。尽管教会法庭与世俗法庭极力通过习惯和传统解决矛盾和分歧,管辖权的不确定还是导致了司法秩序混乱和效率低下,从而深刻影响了司法权威性。西欧绝对主义国家产生后,国家才逐渐垄断了司法权。西方社会在抛弃劳动力与土地相结合的生产方式后,选择了劳动力与资本相结合的生产方式,个人获得越来越多的选择自由,人们的交往空间和范围逐渐扩大,需要法律安排的社会行为日益增多,法律成为主要的社会关系调整手段。道德、习惯和宗教规范的社会行为越来越少，陌生社会的大多数交往活动和纠纷都属于法律规范的事项及法院司法管辖的范围。

在法治国家，由司法做出判断的案件范围比较宽泛。在西方国家，法院通常管辖存在资源分配显著不平等的案件、很难产生权威性合意的和解与调解案件、法院在判决后必须持续监督当事人履行义务的案件；涉及真正的社会利益，需要法官对法律做出权威性解释而确认真正公共利益的案件；一些行政案件和较严重的刑事案件，需要以国家强制力为后盾，司法机关修复和重构受到冲击的社会关系。根据法律的直接规定或当事人的协商，确立特定的纠纷由法院裁决，表征着法院获得了对纠纷进行审判的排他性管辖权。

司法不能管辖自身没有能力解决的案件，超越司法能量反而会失去应有的权威。法院无法管辖和有效解决社会生活中的友谊关系、一些高度隐私化的家庭生活问题和许多非常敏感的政治问题。司法管辖范围是动态变化的范畴，会随着自由主义价值观与共和主义价值观的博弈和合作发生相应的变化。现代社会是一个权利与权力平衡配置的结构共同体，资源配置和利益调整依赖于社会组织自我决策、政治决策和司法决策的有机结合。社区自我组织、自我管理和自我服务的社会整合机制，市场交换的社会调整机制，以政治决策为基础的行政监管机制和司法调整机制有各自不同的功能领域和作用空间，在不同层次和不同情形下发挥社会调整功能，包括财产体系和财产制度在内的权利体系和权利制度，在人数较少、社会关系简单时最能发挥作用。此时，非正式的合作型交往方式十分盛行，人们解决问题的能力和彼此信赖的程度较高，市场机制和政府制度十分融合，所有的利益相关者都会参与到决策过程中，道德规范、习俗简单易行且值得信赖，社会不太需要通过正式的司法渠道定分止争。

随着争议涉及的人数越来越多、事件本身变得越来越复杂，道德规范、习俗、简单的社会交往和社会结合形态都逐渐衰微，此时国家必须做出相应的回应，回应可能从法院运用简单的刚性规则将问题交给非正式制度解决，演化为法院运用更为复杂的标准，制造出与理想的市场和社区相同的结果，而不是将决策权交给真正的市场制度和社区制度。随着人数和复杂性增加，法院开始意识到自身资源和能力的局限性，司法能动主义让位于司法消极主义，管制和公共所有权逐渐发挥作用，政治过程开始取代司法裁判。针对政府权力滥用的司法保护随之弱化的危险，政府管制的司法审查必然随之强化。

并不是法律规定的司法管辖范围内的案件都能为法院审理。法院管辖权的实现取决于当事人的选择，当事人选择诉诸司法的纠纷，其动机更多地来自当时社会的文化价值观，是当事人的文化选择构成了司法管辖的实际范围。司法管辖要尊重当事人的自由意志和文化选择，司法权不能主动介入社会纠纷的解决活动。当事人出于对一定区域共同体的文化尊重，经过充分的文化交流和文化评价，出于维系一定社会关系的文化目的，有可能将法律规定可以提交法院审理的案件转为求助于和解或调解程序解决。世界范围内，调解、仲裁等非诉讼解决机制方兴未艾，与司法解决机制形成了有效的互补关系格局，构成了多元化的社会纠纷解决体系。

（二）司法过程权威的文化认同

司法过程是寻找事实和法律的过程。按照普通法系的诉讼程序架构，当事人在发现案件事实的审理活动中具有主导地位，法官会认真听取双方陈述、辩论，最后根据陪审团的意见或在证据的支持下结合自由心证将案件事实确认为法律事实。在大陆法系司法程序中，除了当事人在证据事实形成中负有一定的责任外，法官也拥有调查案件事实的权力。从某种意义上说，寻求法律的过程也就是理解法律、说明法律、发现法律和建构法律的过程。法官应该洞察有关法律适用解释方面的所有争论，把握与案件事实相关的法律精神，合理吸收当事人和社会公众对这些法律规范的评价性意见，建构用于案件判决的适用规范。尽管两大法系的司法文化传统和诉讼意识存在一定的差异，但是都将司法过程看成是有关法律事实、审判规范的认识、评价和选择的文化建构过程，将司法视为司法理念与诉讼观念的冲突和融合过程，将司法界定为有关价值辩论与说服的共识达成过程。司法权威集中反映了当事人与社会公众对司法过程及其结果的文化认同程度和公信力在社会生活中的实现程度。司法权威实质上是法律事实、法律解释和审判规范的文化沟通、文化辩论、文化认同的产物。

1. 司法过程是事实和法律的文化认识过程，其权威根源于文化认同

社会交往难免发生侵权和违约现象，当事人一般情况下总是依照法律规定自行主张权利，并要求过错方或侵权人履行赔偿等义务。当事人之间若不能形成解决方案，可能通过调解解决纠纷甚至进入诉讼程序。很多情况下，当事人不仅依据法律规则的规定认识各自行为的性质、责任和权利，而且依据法律原则、精神和社会公平正义原则主张权利和确认义务，通过自己建构的行为标准推定权利、确认义务。体现社会公平正义观念的社会公共道德更多属于社会文化的范畴，人们通过对法律规则的文化理解主张社会生活的具体权利、履行相应的义务。诉讼当事人通常也是依据对相关权益的文化认识，基于事实和理由提出具体的诉讼请求。

由于社会生活和利益关系的复杂性，各方当事人基于自身的利益考量、社会经验、思维习惯和法律认知水平，对引发纠纷的事实有不同的感受和评判，对某个事实因素的法律意义有着完全不同的理解。有的当事人依据社会共同体的道德规范主张权利，

要求法院保护权利背后的利益；有的当事人根据社会生活中的习惯规范主张权利，要求法院用司法判决确认权利承载的利益；当事人还会通过对法律的道德理解主张权利，要求法院给予司法保护。为了实现自身利益的最大化，当事人会有意识地夸大有利的事实，回避不利的事实，导致发现事实的过程变得更加复杂和困难。此时，法官和其他程序参与者会清晰意识到，法律事件和法律行为的具体评价标准难以通过抽象的法律规则和原则加以确定，需要通过法律实施活动逐步建构起来，需要通过案件审理活动获得认可；价值判断和利益博弈渗透到事实认定全过程，文化认识成为事实与法律之间的联系纽带，法律事实及其权利主张在很大程度上是价值选择与文化建构。

法律适用方面，会因立场不同而引发不同的认识和理解。司法活动是将抽象复杂的法律规则适用于具体案件事实的过程，要跨越抽象与具体的鸿沟，实现事实与规范的有机结合需要借助对法律规则的具体解释。法律解释的结果决定着当事人的诉讼请求能否获得支持，直接影响当事人之间的权利和义务分配。法律解释就成为案件审判的关键。解释法律不仅是法官的职责，提出诉讼请求的原告和抗辩的被告，都会置身于法律解释活动中，当事人总是希望法律解释能与自己的认识、理解相一致，有利于自身利益。合理判断案件事实争议，建构法律事实是一项艰难的任务。对案件在法律适用的争议做出合理判断，确立适用案件事实的审判规范，也十分困难。

法官和当事人对有关纠纷的事实争议和法律争议有相对一致的认识，这种认识通常蕴含在社会的法律意识中。法律意识是文化的重要内容，集中反映了社会的价值取向和集体行为取向，对法律事实的建构和法律适用规范选择具有积极意义。当人们认为法律规定反映了社会道德的一般要求，体现了社会习惯的价值取向，就会自觉地按法律规定做，依照法律规定处理社会交往中的纠纷，将司法裁判看成是解决社会纠纷、救济权利、维护社会秩序的权威机制。法律意识不仅表征着法律在社会生活中的地位，也反映了社会文化传统的理性化水平。当人们认为法律确立的社会资源和利益分配原则与权利、义务安排是社会共同价值的制度化机制时，就会自觉地运用法律知识、法律思维来分析和处理社会纠纷，以法律为主要依据主张权利、履行义务。将纠纷提交法院时，人们也会推定法官能依靠正当司法程序、司法理性和司法经验，在对事实争议和法律适用争议做出公正认定和判定的基础上对纠纷做出公正裁判，并认同和接受法院做出的权利、义务分配方案，进而在法律认知和法官的判决理由之间产生共鸣，形成价值共识和文化认同。

2. 司法过程是事实和法律的文化评价过程，其权威来自文化共识

司法裁决合法化通过商议性沟通确立，无论是推动审理裁判活动深化，还是促进案情和争点的明晰，当事人之间的沟通不可或缺。由于当事人的家庭环境、成长经历、知识结构、生存手段和发展方式不同，对交往行为及其产生的社会关系的性质和权利、义务内容的法律理解有差别。人们既有可能基于法律的非专业化解读，也有可能基于社会主流道德观念和共同体的风俗习惯，还有可能从法律、道德和风俗习惯的融合提出各自的权利主张和诉讼请求。由于法律认知背景不同，法庭辩论总是多维度、多视角的价值评价活动，是用辩论方式建构法律意义的过程。当事人围绕权利和义务的辩论实质上是有关价值取向的文化评价过程，是通过辩论和商谈达成价值共识的过程，司法权威的存续决定于沟通过程的完整性和充分性。

在商议性沟通中，司法辩论不应局限于当事人，应向一般民众公开。民众的普遍看法代表了社会对涉案事实性质及其法律处理所持有的主流价值观念，是实质理性的源泉。实质理性体现法

官深思熟虑过程中目的精确性和精妙感，"司法权威是同实质理性联系在一起的。司法的独立性和它与公共对话的义务是司法权能的来源，也是它的权威来源。"法官的权威不是来自任何独特的道德与技能，而是来自与公众特殊形式的对话，来自公共理性的建构。判决的权威依赖法官在公众理性所接受的基础上证明判决的正当性。亚伯拉罕认为，具有良好逻辑推理和丰富法律思想的社会意见会对案件事实认定和法律解释施加构成性影响，是法官确立判例原则、推动法律体系发展的坚实基础。古希腊和古罗马的衡平司法观念为民众的司法意见进入司法过程提供了便利的沟通机制。在那个时代，法官在民众的风俗、习惯、信念基础上通过司法裁决建构了法学家法和法官法，为古代世界私法发展做出了巨大的历史贡献。当今西方社会，通过正当司法程序实现主流价值取向与司法理性、经验结合产生规范原则，仍然是西方社会法律发展的文化选择。

法律事实的建构和适用法律的解释，需要不同知识的综合和不同视角评判的融合。建立在辩论基础上的沟通理性不仅是寻找法律事实、探究审判规范的基础，而且是立法的普遍正义转化为司法个别正义的中介机制，是司法过程及其结果获得当事人和民众认同的必要条件。辩论程序不仅让当事人对相关事实和法律规定进行充分的价值判断，而且要向社会开放，让公众发表普遍性的评价意见，让当事人和公众对事实认定、法律解释和审判规范的建构有一定程度的认识和理解，为司法权威的确立营造必要的文化氛围。

3. 司法过程是事实与法律的文化选择过程，其权威立基于文化解释

作为判断、选择和说理的司法活动，不仅是当事人认识法律事实、理解法律规范的过程，也是法官建构法律事实和选择法律规范的过程。合理的选择必须建立在准确判断基础上。法官对证

据的选择和案件事实的判断，应该按照正当程序要求，认真听取和重视双方当事人及其代理人对案件事实和法律适用所表达的意见，以期从一系列具有法律意义的情境中发现当事人的真实意愿及其法律基础。"司法是法官对社会价值加以界定的社会过程。"法官在审理疑难案件时面临着多种可能的事实和法律选择，时常遇到事实定性和适用法律存在价值冲突，不可能通过机械化、公式化的逻辑演绎解决法律事实和法律适用的争议，需要法官对冲突的法律价值和不同利益做出判断和取舍。价值评判和利益衡量成为法官审理疑难复杂案件的重要方法。

一方面，法官的价值评判和利益衡量是法官判断和建构法律意义的过程，也是法官对相互矛盾的法律意义取舍或创造新的法律意义的过程，实质上是在当事人平等参与下的文化选择过程。价值衡量不可能完全避免法官的主观性、随意性和价值偏见，为了有效地防止法官滥用价值选择的权力，应该将价值衡量的适用对象限定为疑难案件，把价值选择的标准确定为社会主流价值观念，坚守由整体法律秩序和法律基本原则所划定的界限。

另一方面，法官的价值评判和利益衡量也是法律价值与社会价值博弈和结合的过程。司法过程实质上是价值观冲突与融合的过程，法律事实确认和法律规范适用在法官职业伦理与社会正义观念深刻影响下进行。法官职业伦理要求法官从现有的法律规定中发现事实、建构审判规范，社会正义观念要求法官在审理案件中更多地体现社会公共道德要求。法律体现社会公共道德要求，但只是最低限度的道德要求，相当一部分道德没有进入法律。当大众用法律之外的公共道德评判法官依法做出的裁决时，两者之间出现矛盾，法官不可避免地要对此做出选择或加以协调。法律的意义和社会正义观念都是文化沟通的产物，价值共识和公正观念是保证法院依据法律进行审判的文化基础。法官顺应进步的法律意识形态要求，深刻理解法律的道德蕴涵与社会公正的内在关联，在法律事实建构和审判规范形成中实现法律正义和社会正义的融合。

鉴于事实和法律选择直接关系当事人利益，影响社会公众评价，法官要公开说明相关证据的采信依据、法律推理基础、价值选择标准，给出支持或反驳当事人主张的理由，说明重新分配当事人实体权利和义务的权威性根据。法官通过判决理由的阐释，让当事人和民众理解法律事实的建构理路、审判规范形成的法律逻辑、个别正义实现的思维模式，进而让民众通过司法逻辑、司法经验形成法律感觉、法律思维和法律意识。

总之，法官确认法律事实、解释相关法律规定、选择法律适用规范的活动，本质上是一种法律意义的文化建构活动，是赢得当事人和公众认同、信任的说理过程，是在当事人平等参与下阐释法律公共理性、形成文化共识、树立司法权威的文化互动过程。

（三）司法结果权威的文化支持

司法制度是在人类的文化认同、文化评价和文化选择的历史进程中建构和发展起来的解决纠纷、救济权利和发展法律的程序机制，司法权威的形成需要社会各界对法院所做出的判断和裁决给予充分的尊重、认同和支持，需要获得诉讼心理、程序意识和诉讼价值观念的有力支撑。

1. 尊重司法结果的文化意识是司法权威确立的前提

尊重是社会交往的基本前提，是维系社会团结的重要因素；尊重既是组织、机构和个人尊重他人判断和选择的一种心理状态，也是采取不干涉别人选择和判断的行为方式。社会尊重意识是现代社会维持正常运转的"润滑剂"，对司法组织结构和司法制度的生长、发育都具有十分重要的现实意义。对司法的要求越高，社会就应给予司法更多的尊重。在足以保证司法公正和公信力的前提下，对法官运用司法自由裁量权做出的某些超越法律规则而符合法律原则和精神的决定，若能获得当事人、社会和法律界的普遍认可，应当予以理解。法院自身也要尊重生效司法判决，司法机关内部不应制定不合理的评价指标和惩戒规制，取消各种不适当的监督和考评指标，摒弃司法内部的行政性体制。

对法院充分尊重，最终表现为对裁判行为和生效法律文书的应有尊重。对裁判结果的认同和尊重就是维护司法裁判的权威性。立法机关、行政机关要对司法机关做出的事实判断、法律解释、判例原则与规则给予足够的尊重，对法院审查立法和行政行为合宪性与合法性的司法行为保持克制和采取支持态度。立法机关在修改和制定法律过程中，要充分尊重法院在审理典型案件活动中确立的司法判例原则和规则，尊重法官的司法经验和理性在法律体系建构、保证法律自治方面的作用，通过立法程序及时地将司法判决确认的利益转变成制定法上的权利。

行政机关的执法活动也要尊重法院的司法判例原则和规则，在制定法缺少规定或规定不明确的情况下，要参照司法判例做出公正的行政处理。普通法系国家，法院在涉及监禁行为的案件中实行人身保护令制度，法院拥有强制行政机关执行某些司法决定的权力，行政机关负有实施司法决定的法律义务。大陆法系国家，行政法院拥有对行政决定的普遍管辖权，可以撤销或废除行政机关行政处理决定。检察机关在诉讼程序中只是代表国家利益和社会公共利益的一方当事人，与被告处于同等诉讼地位。与其他当事人一样，检察机关也必须尊重法院的生效判决，不得基于自身对刑事案件和公益案件的预判影响法院的事实认定和法律适用，在没有新证据的情况下，不能对刑事被告提起新的刑事指控。

诉诸司法是当事人的理性选择，司法判决在各方当事人平等参与司法过程中形成，当事人和社会公众应该尊重和接受司法结果。理解和尊重司法判决是公民应有的态度，以机会主义态度看待和对待司法裁判，有利的判决就服从，不利的判决就规避、不服从，这是不可能有法律权威的。"只有在被社会公众所接受的司法结构中被解释和应用，法律才能得到尊重——即使短期内未必总是如此，时间久了则必然如此。"只要人们尊重法院的工作，对法律的尊敬就能使任何其他政府分支的缺陷得到谅解；对法院的工作失去敬意，对法律和秩序的尊敬就会消失不见，并且会对整个社会造成极大的损害。尊重司法体现在对法官个人的尊重，实际上是对国家法律的尊重。维护法律权威是确立社会信任机制的基础，社会利益实现途径可以选择，价值观也可以多元化，但至上权威只有法律，司法权威是法律权威的体现和延伸。没有尊重司法的文化意识，没有敬畏司法权威和自觉履行生效判决的道德观念，司法权威将永远远离大众。因此，社会各界应形成尊重司法的文化氛围，法院摆脱外在的各种压力，真正走向自治和自强，在社会生活中树立起足够的权威。

对司法结果的尊重最终体现在司法裁判的自动履行上。一般情况下，当事人充分参与了法律事实和法律规范的意义建构过程，切实感知了法官独立和中立裁判的态度，感受法律的威严和司法理性的公正力量，履行司法裁判确立的义务就会成为当事人的自觉文化意识。当法律真正享有崇高地位、司法裁判实现和扩展法律的权威，主动履行司法裁判会成为稳定的社会心理和共同的文化选择。西方社会也存在着当事人不履行司法裁判的情形，为了捍卫法律权威必须运用国家强制力，强制当事人执行生效裁判，形成震慑社会的心理力量，在社会生活中确立起司法的至上权威。

2. 认同司法结果的文化取向是司法权威的基础

如何看待司法结果，与人们的程序意识密切关联，当事人和公众只有具备一定程序意识，才会接受基于证据事实形成的司法结果。在权利意识充分发达的社会，人们以权利为中心建构社会交往制度，通过程序保证法律制定和法律实施的公正性。在人们心中，结果的公正性和实质正义是理想状态，现实中的公正结果只能通过公正程序实现，通过司法程序实现的公正是一种有限的制度正义。

一方面，"程序是制造权威的途径"。法官在当事人充分、平等参与下，通过辩论、质证和调查等程序环节，依据证据规则认定法律事实，基于法律事实做出的裁判结果推定为公正。"在纯粹程序正义中，不存在对正当结果的独立标准，而是存在一种正确的或公平的程序，这种程序若被人们恰当遵守，其结果也会是正确的或者公平的，无论它们可能会是一些什么样的结果。"

另一方面，由于事实信息的不充分性，人们认知能力的局限性、司法资源的有限性，法律事实可能不完全忠实于客观事实，只能表现为具有法律意义的证据事实。法律事实的程序建构实质上是人们对未知世界的一种妥协，也是人们对程序权威的推崇和信赖。既然证据事实不是客观事实，就有可能出现这样的司法裁判结果：基于客观事实形成的判决结果与基于证据事实形成的司法结果完全相反。这种情况该当事人必须接受和尊重司法判决，接受司法判决对权利、义务的安排与分配。接受与预期不一样的裁判结果的心理素质，不可能建立在不稳定的随机情绪上，必须建立在社会普遍尊重司法权威的文化意识上，必须将正当程序原则确立为公正解决纠纷的文化理念，形成通过正当司法程序实现结果公正的文化观念。当事人的程序权利获得了平等保护，主导了诉讼程序，有效地影响案件审判活动，当事人就应接受产生的判决结果。

如何看待司法结果，与人们对法律确定性认识相联系，当事人和公众理性地看待法律的确定性，接受适用审判规范形成的司法结果。法律的确定性是人们不懈的追求，但法律的发展历史表明法律的模糊性不可避免，法律的确定性在一定程度上是司法建构。有时法律规定从逻辑结构上看清晰明确，但适用于具体案件时，却有可能得出多种结论。就算法官尽可能地迎合人们追求确定性的愿望，应用形式逻辑论证判决理由，或者通过归纳得出处理方案，但在很多情况下，不是单纯地通过法律逻辑推理而是借助价值判断和利益衡量方法建立法律适用的确定性。由于法律模糊性导致权利之间存在冲突，需要法官权衡权利背后的立法根据的宗旨和价值的相对重要性，提出协调权利冲突的方案，给出权利选择的司法理由。

真正用来裁决案件的不是抽象的法律规范，而是相对具体的审判规范，适用于具体案件的审判规范通过法律解释形成，已经不同于原来的法律规范，其中渗透价值判断和利益衡量的成分。即使法律具有一定的确定性，缺少丰富法律知识的民众通常不可能直接从法律条文中获知权利存在的依据，而是直观地从法院的判例、案例中发现行为后果的确定性。普通法系国家，遵循先例原则给人们在私人领域和公共领域的交往带来了一定的确定性和可预见性，为人们计划社会生活提供了坚实的基础。人们把法律确定的希望寄托于司法判例，同样案件获得同样的审判结果，同样的行为得到法律相同的评价，也就成为法律意识的内在要素。人们不可能仅从法律制定程序中体验到法律的威严，在相当程度上是从法院审判案件的过程中感受法律的权威，"法律的意义和功能都取决于司法制度本身的能力"。司法实际上是一种法律意义的文化建构活动，是通过法律话语、道德话语和其他话语的沟通与博弈给所适用的法律以具体意义的阐释过程。司法中心主义的意识形态确实有助于人们形成敬畏法律、尊重司法判决的文化观念，有利于司法权威的形成与发展。

如何看待司法结果，取决于人们的诉讼价值追求。当事人和公众只有确立了理性的诉讼观念，才能认同法律效果主导的司法结果。司法是适用法律处理纠纷的活动，司法的主要功能和本质决定了法官依据法律审理案件，通过程序公正实现实体公正，以法律效果为基本目标，强调司法活动对法律系统的内在影响力，关注立法目的的实现效果。一般情况下，司法通过化解社会矛盾和维护基本社会秩序，能得到公众的信任和理解，也会取得一定的社会效果。但在一些典型的疑难案件审理过程中，由于公众受到自身价值观和生活方式的影响，有可能产生对司法结果公正的理解与应然意义上的法律公正的差异，进而引发司法社会评价与法律评价冲突。法官和当事人应理性看待这种差别，通过司法沟通理性建立文化共识，从司法的整体效果上实现法律效果和社会效果的有机统一。在个案的司法效果上应根据案件的具体性质和争议焦点所具有的法律意义和社会意义，以法律效果为底线兼顾社会效果。任何情况下，法官都不能为了追求司法的社会效果而忽视司法的法律效果，不能违背司法中立性和终局性的基本性质，不能动摇司法的公信力。这样才能有效地培育公众的理性诉讼观念，形成认同法律效果取向的诉讼目的意识。

3. 支持司法最终解决的文化理念是司法权威的支撑

司法最终解决原则指司法是权利的最终救济方式和法律争议的最终解决方式。现代法治社会的司法权威很大程度上建立在司法最终解决的宪法理念上。司法最终解决原则顺应了权利本位的文化需要，集中反映了权利文化的精神实质。凡是具有法律意义的纠纷都应具有可诉性，法院应具有处理一切法律纠纷的权力。法院不仅可以审理权利与权利之间的纠纷，而且可以处理权力与权利之间、权力与权力之间的冲突，法院还拥有审查行政裁决和社会组织裁决的权力。司法审判制度成为权利的终极性保障机制。

司法最终解决理念在司法的国际化、区域化方面有所体现，国际司法裁判机构的强制管辖权在一定程度上得到强化，越来越多的多边条约或双边条约规定了以司法或者准司法手段解决成员国之间争端的义务和程序。欧洲法院拥有一定的区域司法权限，其功能超越一般法院解决纠纷的作用，凡是能够改变个人权利和义务的欧盟规范性法律文件和行为都是欧洲法院司法审查的对象。欧洲人权法院与欧洲法院扮演着类似的角色，欧洲人权法院对成员国的人权纠纷拥有司法管辖权，主要审理违反《欧洲人权公约》的成员国政府行为的案件。欧洲人权法院奉行针对国家的个别诉讼救济原则，任何自然人和非政府组织只要认为其权利受到了成员国政府的侵犯，都可以向欧洲人权法院提出申诉。欧洲人权法院可以引用《欧洲人权公约》、已经公布的司法判例来裁决认定侵犯人权的行为，可以判决其成员国向受害人支付赔偿。

司法最终解决理念意味着司法不仅可以保障法律权利，而且还可以保护其他社会规范意义上的权利。按照司法最终解决原则，法院在法律没有规定的情况下也要受理和审判案件，意味着法院必须根据宪法和法律的原则与精神，通过司法判决将业已存在的利益确定为司法保护的权利，司法裁判由此成为权利推定的权威机制。在权利推定的司法过程中，法官必须找到宪法和法律原则与社会共同价值观的连接点，运用价值推理和法律推理相结合的程序沟通机制，发现成文法或先例中可适用的法律原则或者创立新的法律原则以弥补法律空缺，最大限度地保护个人利益。

司法最终解决理念还意味着法院一旦依法拥有案件的管辖权，其他政府机关和社会组织就失去了处理该案件的权力，一旦法官按照诉讼程序对利益纠纷涉及事实和法律适用的争议做出了生效判决，就意味着终结了当事人之间的利益纷争，当事人已经用完了法律救济手段，必须接受司法判决所做出的权利、义务安排，不得对此再行讼争，也不能对生效裁决所确定的权利与责任、利益与负担安排再行讼争。司法最终解决原则的法律效果在于，通过对纠纷的终局性裁判给类似案件提供了可预测性后果，帮助人们确立依赖司法裁判机制解决纠纷的司法理念和诉讼观念、司法信用，为确立司法公信力、树立司法权威提供观念基础。

司法最终解决理念有限度。法院通常是在政治过程、市场调节和社会组织自治很难解决一些法律纠纷时，才运用司法审判机制解决问题。此外，与政治制度和市场制度相比，司法制度是一个成长能力较弱、资源有限的制度体系，加之司法程序和形式上各种正式的要求，决定了司法过程的高成本。"由于法官们被赋予如此强大的权力而无收入和职位之忧，我们就用更多的形式要求和更多层次的审查和监督机制来约束他们的权力。形式要求意味着成本的增加，而等级性的审查则既增加了其成本，也限制了其规模。"有些政治问题可以通过最高层级的法院解决，但大多数重要的政治决策需要通过民主制度解决，法院只能发挥一定的推动作用。社会各界应该理解法院的这种制度选择，把普遍性的群体事件所涉及的利益衡量问题、权利保护问题留给政治途径去解决。

六、西方司法的文化符号

（一）假发

英国和其他的西方国家，法庭上的仪式非常发达。英国法官，以及从前英联邦国家和地区的法官，头上戴着披肩假发，律师戴着小假发（Cosplay），法官和律师通常都穿着黑色的法袍。这种装饰下的开庭，给人非常礼仪化的感觉。

关于假发的历史，古埃及和古罗马帝国的文献就有相关记载。假发在欧洲上层社会流行，一般认为是1620年前后，路易十三为了掩盖秃顶戴假发，引起经常出入宫廷的贵族效仿。随后风靡欧洲，以至于连妇女都戴着各式的假发出席社交场合。

英联邦法律人出庭或者参加重大典礼活动佩戴假发，完全是当时的时尚使然，并没有任何强制性的法律规定。现在，数百年过去了，那种夸张款式的假发不再时髦，却成了法律人遵循传统的形象。

假发的传统被现代文明影响。2008 年英国在进行调查问卷征求民意之后，出庭必须戴假发的规矩被取消了。

（二）法官袍

西方国家头戴假发、身披法官袍的法官形象，渲染着类似于神职人员的神圣色彩和"法权神授"的权威感。身披法官袍的法官给人超然于世俗的距离感和神秘感，这种必要的距离感和神秘感有助于强化司法审判权的独特性、权威性和神圣性。法官袍其实并不是单纯的司法符号，更像是内涵丰富的司法隐喻。一言以蔽之，庄重的法官袍完全符合司法审判这一特定领域独特的职业审美标准，能够充分衬托出职业法官公正司法的文明形象。法官开庭审判案件、出席法官任命或者授予法官等级仪式时，应当穿法官袍。

西方法官袍源于中世纪政教合一时期的僧侣服饰。法官袍堪称最形象、最独特、最直观和最具隐喻色彩的司法符号。法官庭审时穿着专门服饰是司法礼仪的重要内容。在美国公众心目中，法官身着黑色长袍，象征着公正威严、铁面无私，超然于政治之上。英国刑事法庭上的法官，头戴银白色假发，身披猩红色法官袍，正襟危坐，甚是威严。

1. 法官袍演变历程

中世纪早期，教会人士几乎垄断了当时的司法事务，教士僧袍理所当然地成为当时法律职业的标志性服装。教会服饰可以推溯至古罗马时期的长袍括加（Tof）。因为是上帝的使者，神学家穿黑色长袍，不仅有庄严肃穆的神学意义，同时有"公正"的社会意义。13 世纪末，伴随世俗王权兴起，司法人员开始世俗化，教会人士逐渐退出世俗法庭。西方世俗法律体系和司法制度在宗教神圣光环庇护下成长，教会法对包括法官服饰在内的后世司法制度产生了深远影响。

为了凸显法官职位的重要性和特殊性，国王恩赐法官穿着具有明显职业标志的特殊服饰。鉴于法律职业与教会的深厚渊源，法官服饰承袭了中世纪教士服饰，以长袍为其基本样式。当时长袍已不再是普通人的服饰，是特殊身份和地位的象征，长袍加身显示出对法律和法官的尊崇。

法官袍与僧袍外观样式相似，但风格迥异。僧侣解决人们精神层面的问题，被认为是与神最为接近的群体，其衣着朴素简单；法官依据国王的法律或先例解决现实纠纷，服饰体现更多的是世俗化元素，颜色和材质显得华贵艳丽。据考证，根据国王喜好，早期法官袍有红、黑、粉红、紫、蓝和绿等多种颜色，红色和黑色最为常见。除颜色多样外，法官袍材质也差别很大。有选择华贵的丝绸，有使用普通的布料。颜色和质地代表着法官的级别及地位差异。

客观地讲，国王的喜好确定法官服饰的款式和色彩，使得象征正义的法官袍刻上了人治印记。款式繁多的法官服饰，也不利于形成法官职业共同体。17世纪开始，欧洲各国开始以法令统一法官袍颜色、样式和穿着方式。1635年英国威斯敏斯特委员会颁布法令，对法官和法庭其他成员服装及其穿着样式做出统一规定。该法令规定英国法官袍分为正装法官袍和便装法官袍，正装法官袍为猩红色，便装法官袍有黑色和紫色两种。审理刑事案件及圣徒日、国王生日和其他重大礼仪场合，穿猩红色正装法官袍，并装饰白貂皮；审理民事案件，穿便装法官袍，紫色或黑色由法官自行选择。刑事诉讼中，法官作为主权代表审理国王的诉讼，着装最为庄重正式；当事人主义模式下的民事诉讼，律师才是诉讼的主导者，法官仅仅是居间裁判，穿着相对简易。

美国受杰斐逊倡导的民主政治影响，建国后很长时间，除联邦最高法院外，其他法院法官均不穿法官袍。这或许是对英国穿法官袍、戴假发的司法传统矫枉过正的结果。19 世纪末，美国的法官又逐渐穿上黑色法官袍。重穿法官袍审案并非法律的强制规定，而是法官职业共同体的自觉行为，是利弊权衡后的理性选择。

2. 简约化是发展趋势

21 世纪，简化法庭仪式成为各国司法改革的总趋势，普通法系法庭服饰有所变革。澳大利亚《家事法》规定，1975 年成立的家事法院，禁止法官穿法官袍、戴假发。1988 年因一名家事法院法官被当事人杀害，家事法院才恢复了穿法官袍和戴假发。同年，澳大利亚高等法院法官开始只穿法官袍，不再佩戴假发，且对法官袍的样式进行了简化。

1992 年英国开始讨论法官服饰改革，先后两次通过调查问卷广泛征求民意。1992 年第一次调查报告指出，法官袍使人们对法律产生敬畏感，尤其在刑事案件中，被告人往往藐视法庭尊严，故而主张保留假发和法官袍。1999 年调查中，有 61% 的受访者赞成民事法官穿黑色法官袍。民意调查结果后来成了法庭服饰改革的基础，最终政府于 2008 年完成法官服饰改革。2008 年10 月 1 日后，英格兰和威尔士审理民事案件和家事案件的法官，将穿着由英国设计师杰克逊设计的新式法官袍。这款带有中式竖领的黑色长袍，不再保留传统的白色围领，取而代之的是在法官袍的领口下面，顺着衣襟左右各带一道彩色布条。上诉法院法官是两道金色布条，高等法院法官是两道红色布条，巡回法院法官是两道淡紫色布条，区法院法官则是两道蓝色布条。不同的颜色标记表示不同的法官等级，契合于以法官袍颜色区分法官等级的古老传统。

普通法系国家采取割舍假发、保留法官袍的措施，改革中的"变"与"不变"耐人寻味。变的是具体样式，国家根据民众的意见顺应时代需求，变革法官服饰，废弃价格昂贵、充满神秘色彩的假发。不变的是对司法传统的尊重和对司法核心价值的传承，象征法官崇高地位和司法独立性的法官袍依然予以保留。

3. 正义外衣的多重内涵

法官为何要穿一身与众不同的行头，具有何种功效，代表着怎样的含义？中世纪史专家坎特罗威茨曾评价，法官穿着长袍象征着穿戴者思想成熟和独立判断力，表示直接对自己的良心和上帝负责。英国作家狄更斯认为，法官戴假发、穿长袍是为了保护自己。因为判决可能引起部分当事人的不满，如此着装可以让法官装饰起来扮成角色，从而卸除个人责任，表明法官本人与被起诉者没有仇怨，法官裁判不过是行使职权。美国学者伯尔曼将法官袍作为象征法官职责的符号，司法是正式庄严的行为，类似宗教仪式。其目的是让包括法官在内的法庭上的所有参与人感受到，肩负审判重任者需摒除个人偏见，避免先入为主的判断。还有观点认为，宽大的法官袍穿上后不便于行动，显得消极和中立，有利于法官坐堂听案。

上述解释都有一定的道理，从不同角度解释了法官袍在不同历史阶段、不同国家所具有的文化层面的寓意。从法官袍演进角度看，追本溯源，现在看起来略显怪异的法官服饰，不是法官们刻意追求与众不同、故弄玄虚，而是"遵循先例"的必然结果，实际上是对古代教袍的传承。法官依法办案，遵循先例裁断，需要恪守成规，与日新月异的外界保持适度而必要的距离。从某种意义上看，审判的运作机制讲求在理性基础上的"因循"。此外，法律如同宗教一样，具有某种刻板的、循规蹈矩的特征，这也同样体现在法官服饰上。因此，可以认为经久传承的法官袍已超越了时代，经过历史的积淀承载着丰富的法文化内涵。法官袍不仅仅是件外衣，它已成为司法正义的重要器物，成为法官维系社会公正的人格载体，承载着法律的神圣和正义。

西方国家头戴假发、身披法官袍的法官形象明显渲染着一种类似于神职人员的神圣色彩和"法权神授"的权威感。诚然，身披法官袍的法官可以给人一种超然于世俗的距离感和神秘感，而这种必要的距离感和神秘感显然有助于强化司法审判权的独特性、权威性和神圣性。法官袍其实并不是一种单纯的司法符号，更像是一种内涵丰富的司法隐喻。

一言以蔽之，庄重的法官袍完全符合司法审判这一特定领域独特的职业审美标准，能够充分衬托出职业法官公正司法的文明形象。

（三）法槌

以击槌方式主持重要仪式活动是世界各国通行的做法，不仅在法庭上，还在重要会议与拍卖等商业活动中使用。

西方的法槌，源于英格兰的庄园法庭，主要材质是硬木，后来逐渐在法槌两头加了银。类似法槌的器物大多用于重要的仪式上。用在法庭上，实际是象征法院的权威、维持法庭秩序、提醒法律诉讼当事人注意的工具。

第四章　西方法院文化

> 法院是法律帝国的首都，法官是帝国的王侯。
>
> ——（美）德沃金

【核心提示】西方司法审判制度的起源可追溯到古希腊、古罗马。中世纪西方法院制度的发展有两个特点：一是司法独立，二是司法专业化。西方法治理念的确立可以追溯到古希腊、古罗马时期。西方市民社会的权利意识及为权利而斗争的意识已经深入人心。解决争端是法院最为重要的职能。现代社会，司法方式是最权威的纠纷解决方式。司法审查权是对法律适用起决定作用的司法职权合乎逻辑的产物，是现代司法权的精髓。

共和、正义来源于古希腊和古罗马。人格平等是现代法律的基础。在西方，英美法系司法风格偏于"司法能动"，大陆法系司法风格偏于"司法克制"。在判例法系国家，"法官是法律的主人"。西方司法正义的象征——正义女神最早见于古希腊神话。人们熟悉的司法女神（Justitia），是罗马帝国时代"创造"的神。在16世纪，蒙眼布开始成为正义女神的关键行头，具有司法中立和法律平等的正面含义。

法院文化（court culture）在西方并不像法律文化那样已经成为专有概念。法院文化的使用更多具有随意性。西方法院文化源远流长，含有丰富的文化基因。

一、西方法院制度历史进程

西方司法审判制度的起源往往追溯到古希腊、古罗马。古希腊城邦制度形成以前，司法的权力掌握于神职人员手中。雅典索伦执政前，每年选出九位执政长官，首席执政官专对本国人民行使司法权；其他执政官类似一种合议机关，处理各种行政事务，同时审理本国人与外国人之间发生的诉讼案件。索伦改革时，雅典建立了公民大会，公民大会兼具一切政治职能，确认一切立法、司法和行政权力。在案件审判中，审判人员或陪审团以及雄辩家的注意力和兴趣不在于分析和适用法律，而旨在发现案件的"正义"。雅典城邦的陪审法院有几千之众，然而对法律的贡献却十分有限。

相较于雅典司法审判的民主性，古罗马的司法由裁判官行使。裁判官设立于公元前 376 年，根据罗马统治的需要，从执政官职权中分离出来，地位仅次于执政官。当时的裁判官与现在意义的法官有所不同，裁判官可以受理案件，但不亲自审判，而是把案件交给审判员审理；审判员不是国家官吏，由裁判官在预定的审判员名单中选定并授权以处理特定案件的公断人。

中世纪，法院制度在封建制度、城市制度、资本主义萌芽等一系列历史进程中逐渐孕育和完善。中世纪西方法院制度的发展有两个特点：一是司法独立。中世纪欧洲法院制度在王权、教会、市民阶级三种力量互动作用下逐步形成，司法成为平衡这三种力量的有效社会机制。中世纪西方法院制度在日耳曼法、罗马法、教会法三种法律渊源的交汇中产生，使得法院的司法文化在多元文化交汇中成为一种独立的法治文化基底。二是司法专业化。法院独立和法官专业化是一个问题的两个方面，法院作为司法机关独立必然带动法官专业化，法律知识的专业化、法学的蓬勃发展同样也带来了法官职业的专业化，司法专业化在中世纪欧洲得到了空前发展。

中世纪，西欧法院制度还处于草创时期，一些基本制度刚刚形成。随着 17、18 世纪宪政发展，司法制度通过成文宪法得以确定，反过来法院制度进一步巩固了西方权力分立构架。在此基础上，19 世纪以后，西方法院制度的变革，在进一步完善的同时，通过司法促进法律本身的完善和丰富。首先，司法程序多元化发展。美国法院面对诉讼案件的急速上升，通过小额诉讼方式、简易程序、仲裁程序等方式有效分流案件，"其司法制度一方面专业化、职业化，另一方面设置简易、便民、却又不失规范的制度化解决纠纷的途径，两者并行不悖，既具有解决纠纷的能力，又不丧失司法的公信力。社会纠纷虽然在激增，法官数量却很少增加，而纠纷都能得到司法救济。"其次，司法机制与非诉讼纠纷解决机制（Alternative Dispute Resolution，ADR）相互结合，有效解决社会争议。司法程序与 ADR 程序结合，即调和式仲裁作为纯诉讼模式的一种可行的替代选择，近年来在一些国家和地区越来越呈现为明显的趋势。甚至在美国和欧洲，也有越来越多的人讨论"仲裁和调解的结合"问题，并称之为"调裁"（Med－Ard）。

二、西方法院的文化渊源

（一）古希腊、古罗马哲学传统

法治理念的确立可以追溯到古希腊、古罗马时期。柏拉图在《法律篇》中说："法律所施加的力量是极大的，每个人始终应该与它合作"，"不是为整个国家的利益而制定的法律是伪法律"。法治主义与形式理性主义一起，促使古希腊、古罗马哲学中自然主义转化为自然法观念，为司法文化、法律文化的发展提供了必要的源泉。从斯多葛学派到柏拉图、亚里士多德，自然法观念深深建立在对人的本性判定上，产生了人人生而平等、天赋人权等理念。在罗马帝国时期，罗马法学家运用自然法概念证成了"万民法"，改进和补充了"市民法"。在近现代西方法院文化中，自然法思想依然具有举足轻重的作用，尽管其有时未免显得有些脱离实际。

（二）基督教传统

西方宗教和法律有着天然联系。奥古斯丁在其所著的《上帝之城》中写道："从来就没有共和，因为从来没有真正的正义。……但是真正的正义只存在基督建立和统治的那个共和……"共和、正义来源于古希腊、古罗马，但在作为基督教神学家的奥古斯丁笔下，共和与正义成为上帝在尘世的显现。继奥古斯丁之后，托马斯·阿奎那又从宗教法的角度，将法律划分成永恒法、自然法、神法、人法。这样划分使得世俗法律只要与永恒法一致，就获得了神圣性。宗教对法律神圣性的赋予，使法律在适用过程中不仅依赖于法律的强制力，还使人在精神意识层面自觉地遵守法律，这就是所谓的"法律信仰"。

历史上教会法也是西方法律发达史上重要的组成部分，与世俗法律有着双向的补充作用。公元5—6世纪，从古代文献和罗马法汇编而成的《使徒法规》是基督教早期重要的教会法规。在漫长的教会发展中，教会法吸收世俗法律，通过罗马教廷和历届大公会议得以完善，并通过一系列教会法律著作形成法典。教会法也渗透进世俗法律，如查士丁尼是天主教徒，其在法典编纂中渗透了基督天主教精神，采纳、收集教会法条，直接在立法中体现天主教教义。教会法诉讼程序，在借鉴日耳曼习惯法的同时，还发展了诉讼法，如书面原则、允许当事人由代理人代表等，首倡法律代理的概念以及简易衡平诉讼程序，对后世产生了相当大的影响。

（三）商业文明传统

商品经济的发展对法律产生了重大影响。有学者将这种影响归结为四点：第一，推动了立法的广泛开展，为法学家的活动提供了广阔的视野领域；第二，提高了社会生产力，增加了社会财富，从而扩大了社会分工，导致了一个职业法学家阶层的诞生；第三，商品生产和商品交换的发展促进了当事人权利平等、当事人意思自治等观念的流行，为古代希腊诞生的自然法思想之传播奠定了基础，并推动了法理学和私法学的发展；第四，商品经济的发展、各种民事纠纷的产生、社会关系的复杂化，为法学的诞生和发展提供了丰富的素材，使法学家得到取之不竭的营养。雅典思想家色诺芬在《雅典的收入》中这样描述司法和经济的关系："如果我们对于商事法院的法官给予赞赏，奖励那些能最公正和最迅速裁决争端的法官，从而使愿意出航的人不致受阻，那么，就会有更多的人更愿意同我们贸易。"可见早在古希腊时期，当时的人们对司法与商业经济之间的关系就有了积极的认识。

商业文明所基于的法治基础有三个方面：一是对主体平等的追求。人格平等是现代法律的基础，这是从自然法中推导出来的，没有人格平等就不可能产生现代法律体系。二是尊重财产权利。罗马法之所以为后世所称道，并被普通法系和大陆法系国家继承和发扬，关键就在于其中所包含的基本法理十分完备，对于维护债的关系、保护物权等财产性权利而言，罗马法已经建立起基本的架构，这明显与当时繁荣的商品交往分不开。三是保护个人自由。商业往来如果脱离开人的行为自由显然不现实。

三、法院文化的变迁

（一）解决纠纷的范围和普适性程度不同

无论是传统还是现代法院，任何法院制度都以解决纠纷为直接功能，这一点可谓学者之共识。日本法学家棚濑孝雄曾经说过，审判制度的首要任务就是纠纷的解决。卢埃林更深刻地指出，解决争端是法院最为重要的职能，并始终为其他功能的实施创造条件。解决纠纷是法院制度的普遍特征，构成法院制度产生的基础，是其运作的主要内容和直接任务，亦是其他功能发挥的先决条件。

传统法院与现代法院在整个体系中的地位大不相同，表现在两个方面：

一是解决纠纷的范围不同。现代社会，法院可以受理与处理广泛发生的各种纠纷。一定意义上，现代社会发生的所有纠纷除少数外均可诉诸法院，由法院依司法方式解决。制度设计在建构纠纷处理体系时，明确或潜意识地允许法院受理所发生的各种纠纷，少有法院不能涉足的领域。美国除所谓政治问题（主要适用传统上属于总统或国会的领域如外交、国家安全、战争权力等），几乎都可诉诸法院。实际上，个人之间、组织之间、个人及组织与国家之间的纠纷都可纳入法院关注之视野。某些情况下，国家机构之间所发生的纠纷也在此列。具体而言，凡具备下列因素的纠纷都可成为法院受理对象：①存在真正相等或对抗的各方当事人，此即纠纷的主体性因素；②存在基于法定事实情形的合法权益，这是法院应否依法予以受理与保护的关键所在；③争议真实与具体，而非抽象或假设性争端，这决定了司法工作有无实际意义；④争议可运用司法方式解决，即可由法院以法律性知识加以判断并以独特处理方法予以解决。现实生活中，具备这些因素的纠纷占大多数。不具备这些因素的纠纷，或属于抽象、假想的问题，或属于传统上专属立法、行政领域的事项，不构成司法纠纷。

二是纠纷解决的普适性程度不同。现代社会，司法方式构成社会纠纷解决体系中最具普适性的方式，法院已成为最主要的纠纷解决主体，是社会或者主要采用或者采用最多的方式。这并不意味着排斥其他纠纷解决方式，不表明法院独占或基本占有纠纷处理权。解决纠纷付出的高昂成本，任何一个国家都视为沉重负担。在资源有限特别是财政有限的情况下，自主或不自主地推卸处理责任，控制纠纷受理范围与数量是长期而普遍的趋势。司法本身的过程性、正规性、对抗冲突性等因素，使其不可能成为时时俱佳的方式，家庭内部的矛盾大都不适宜诉诸法院。每一社会通过理性设计或渐进演化，形成庞大的纠纷处理系统。此系统中，纠纷者的自决、第三者的斡旋以及戈尔丁所谓包括仲裁、调解、治疗性整合的类法律解决方式与审判方式并行不悖。有时行政机关、立法机关也行使纠纷处理权。这些纠纷处置主体及相应的解纷方式的独特性仅仅在于，司法是最广泛、最经常运用的解纷方式。其他解纷方式适用领域相对狭小，单独任何一种方式都不具备司法方式那样宽广的领域。有些纠纷甚至根本拒绝其他方式的适用，如自行解决专属法院管辖的最古老也最典型的严重刑事案件如杀人，必须受到追究。

与制度设计赋予法院以广泛活动领域相一致，在实际应用中，现代法院制度的利用亦相当频繁。市民社会，权利意识及为权利而斗争的意识已经深入人心。以此为前提，利用法院意识相当普遍，官方也为此提供各种制度支持甚至予以鼓励。现代国家都以法院为实际上的解纷中心。法学家的论述可以间接论证。罗杰·科特威尔说，许多观点都已表明，法院和审判明显是法律制度的中心环节。以霍姆斯、格雷、卢埃林及弗兰克为代表的学者走得更远，他们甚至把法律看作是法官的判决。卢埃林指出："官员们关于争端的做出的就是法。"弗兰克认为法律全部都由法官的判决组成。有的国家如美国，好讼之风甚健，诉讼几乎可以说是纠纷者遇到问题时的本能选择。解决案件构成美国法院工作的基本任务，其他国家如德国、法国，不存在美国那样高的审判制度利用率，但相对于其他历史时期和其他方式，审判制度仍然是运用较多的方式。

传统社会中法院制度的地位，无论在制度预设还是实际利用方面都较低。在制度设计方面，尽管国家或其他公共权威组织本身因纠纷解决需要产生，但按罗伯特·诺齐克的理解，最弱意义的国家，仅有军队、警察和法庭，国家没有独占纠纷处理权。正如安东尼·吉登斯所说，无论何种类型的传统国家，其政治中心的行政控制职能都相当有限，统治集团没有垄断暴力的手段，缺乏左右国民日常生活的固定手段，大量的社会领域仍保有一定的独立性。在没有直接影响到国家安全或严重非难的情况下，正义的施行往往在不采取公共裁决程序时就直接实现。由法院解决纠纷很难说构成最主要的解纷方式。当事人之间的自决和民间组织的裁断盛行。国家通常使用军事手段或带有暴力性和压制性的行政方式，直接处理各种性质的冲突。甚至在称作法院的机构内，解纷方式也常带有强烈的压制性色彩。由1487年的一项法令予以认可的英国星座法院具有十分广泛的司法范围，它的工作程序适用法官专断、刑讯逼供的方式。在实际利用方面，纠纷者与社会大众都倾向于在可能的情况下，不通过国家介入直接解决纠纷。当事人发生纠纷后，可通过私了、斡旋、调解乃至暴力冲突方式消弭、平息各种纠纷。国家对此不仅不予反对，有时还认同乃至鼓励。由法院以诉讼方式解决争端，不仅不是最主要的解纷方式，甚至在某些国家仅具次要作用。德国学者 K. 茨威格特和 H. 克茨在考察远东国家的法制史时发现，尽管日本随着时间的推移建立了整合性的法院体系，但"私法的"纠纷还主要是通过机关社会团体的调解来解决。即便在当代，传统形式的调停与仲裁仍然占据重要位置。

现代社会，司法方式是最权威的纠纷解决方式。不仅相对于个人、非国家的各种组织的解纷活动而言，也与其他国家机关主要是行政机关的解纷活动相关。司法权威性表现在两个方面：一方面，司法方式具有优势地位，后者不能与之冲突、抵触，一旦冲突，前者可以司法救济方式予以纠正。20世纪美国大量涌现的各种独立委员会处理大量行政案件，但均受法院审查，法院有权予以纠正。另一方面，司法解决方式具有排他性。当事人一旦选择司法方式并据此产生处理结果，即不得再选择其他方式，甚至在处理过程中也不能轻易单方面做出放弃并选择其他处理方式。与此不同，传统社会中司法方式并不必然优于其他解纷方式，实际上司法机关还不能随意进入带有家庭性的各种纠纷的解决过程，也不必然具有较其他处理方式更权威的效力。当事人一旦做出其他选择，就不能适用司法方式获得救济。

（二）法院处理纠纷类型的不同

1. 主体方面

现代社会乃是一个结构高度分化、角色众多的社会，利益关系多元是现代社会的普遍现象，用昂格尔的话说，现代社会是多元集团普遍化的社会。相应地，社会冲突的数量与种类急剧增加。现代法院面临的纠纷主体形态复杂，既要处理发生于自然人之间的"一对一"式纠纷，还要解决涉及各种组织的纠纷，包括政府机构、企业法人和非营利机构。这些组织可能作为原告，如美国联邦司法部诉微软公司垄断案；也可能作为被告，如 20 世纪六七十年代在日本并非鲜见的控告大公司制造污染的公害案件。原被告都可能呈现复数形态，若干原告共同起诉一个被告，一个原告起诉若干被告，若干原告共同起诉若干被告或原告、被告、第三人并存的案件都可能发生。20 世纪下半叶，新兴的集团诉讼（Class action Suit）将诉讼参与者的数量大幅扩展。至少在美国，60 年代以后由于对有关集团诉讼程序规则的修正及法院的赞同性判例，集团诉讼被频繁提起。如代表某大学的全体学生，某医院的全体病人，或购买某型号汽车的消费者的诉讼大量涌现。如美国数十个州的消费者集体起诉大型烟草公司销售香烟影响健康并取得有利结果的案件。

传统社会，社会分化度低，角色比较单一，特别是缺乏有不同特性与功能的企业性集团组织，主体形态屈指可数，且冲突更多采用行政式方法处理。发生在同一阶段，具有相似性的主体间的冲突，更多采用法律方式解决。尽管欧洲中世纪后期（13世纪以后），有些国家现代意义上的企业法人已开始形成并在经济生活中发挥一定作用，但整体看，具有独立财产制和有限责任制两个特征的法人仍处于初步阶段。商事纠纷与解决机构——商事法院虽然存在，但总体上传统法院处理的典型纠纷是发生于自然人之间的"一对一"式冲突。

2. 纠纷种类、性质不同

传统法院更侧重于以刑事制裁方式处理犯罪行为，以民事方式解决民事纠纷不是重心。美国伯克利大学教授塞尔兹尼克和诺内特在分析古代国家和极权国家时指出，这些国家所倡行的法律模式是"压制性法"，它的首要目的是公共安宁，由此，刑法成为法律官员关注的中心和表现法律权威的典型方法。即或诉诸法院的民事纠纷，也基本属于关涉一般人身权与财产权的案件。伯尔曼在论述中世纪欧洲法院管辖权时，就指出欧洲传统法院管辖主要涉及婚姻、遗嘱、财产和契约等。现代法院管辖范围十分宽广，一方面，刑事审判不再扮演唯一或最主要的角色。从法院审判案件的数量、类别也能看出，民事案件数量大幅上升，审判民事案件已成为法院主要任务，甚至出现如海事法院、破产法院、劳工法院等专门类型的法院。另一方面，由于市场经济的发育与成熟、公民权利的尊重与保护，人身权利和财产权利体系中出现新型权利如隐私权、一般人格权、消费者权利等，权利增加带来民事纠纷种类扩展，也使案件的复杂程度加深。20世纪公害案件的形成与受理，就呈现高度技术化、复杂化的形态。

3. 干预的力度不同

由现代国家、社会呈现"监控"活动高度扩展与强化状态所决定，现代法院以司法判决和司法行为对个人、组织和社会施以深入而有力的影响，诸如直接命令当事人为与不为，如何为某一行动。詹姆斯·M. 伯恩斯等人就总结指出，法官通过司法权力，实际上充当了精神病院和大工商业的管理人，有时甚至还直接裁决这些机构管理中的细枝末节。反观传统法院，由于国家力量与资源的短缺，对涉案事件深刻干预的情况并不多见。在传统社会就缺乏长期监禁的场所与力量，以致长期羁押和采取监禁刑罚不可能普遍使用。传统法院对纠纷的解决方式大都采取一次性以牙还牙的惩罚式恢复原状式方法，如责令加害人对受害人或其家属、族人予以赔偿。

（三）控制功能不同

控制功能实质在于维护社会秩序的政治权威，用庞德的话说，作为社会控制的手段或方法的法律，通过对每个人所施加的压力迫使其维护文明社会，并阻止其从事反社会行为。控制功能是传统社会与现代社会的共有功能，但二者行使的具体状况存在重大差别。

1. 法院控制功能的发挥状况不同

在传统社会中，正如庞德所说，法律仅是诸种社会控制方式中的一种，道德与宗教发挥强大作用，如宗教法院在伊斯兰国家较盛行。现代社会中法律的功能更为强大，庞德指出，法律是近代社会的主要控制手段。传统法院与现代法院所起控制作用差别甚大。

2. 法院控制功能的指向形同实异

表面上，两者都是一种以制度维护为对象的客观性功能，也是一种以观念塑造与维持为指向的对既定社会秩序构成破坏，解决纠纷的实质就是对这种破坏的恢复与补救。后一层面的功能通过观念寓于审判过程得以发挥。在审判过程中，法官的一切行为都遵照一定的价值与行为准则。经由审判，这种特定的观念得以多种方式宣扬，且经过日常的反复性的司法活动得到强化，从而有可能外化于社会大众的内心之中，引导其行为循主流价值观而为。究其实质，传统法院控制功能是一种由占据社会统治地位的利益集团从维护自身利益出发赋予法院，基本是"对下"兼"对外"的功能，仅仅是上层社会对下层所实施的控制（此种情形在诸多传统国家包括古印度、古罗马帝国都相当普遍）。正如布莱克所言，向下指向的法律多于向上指向的法律，没有也不可能作为控制统治集团内部的工具。

现代法院同样发挥控制功能，也要维护秩序稳定。正如罗杰·科特威尔所说，把法律仅仅视作政府权力的一种工具的看法也普遍存在。但其着眼着点和实质内容与传统法院差别甚大。其基础在于法律地位平等的主体（包括个人、组织和政府）以法院制度为中介和载体进行利益表达与整合，从而协调关系，和平解决冲突，最终达到治理性整合效果的方式。现代法院通过司法制度的运作，力求达到对司法制度"合法性"的广泛认同，以及对整个社会主流价值与观念的整合性认同。现代社会的控制功能是一种社会整体控制，而非集团控制，是对内兼对外的控制，是一种强调和平解决的控制。在庞德看来，法律功能表达了社会共同体意志，法律与法院以社会共同价值观念为基础，担负着推动群体生活协调一致的任务。

（四）权力制约功能不同

现代法院与传统法院最为重要的功能不同在于权力制约功能。现代法院出于对人性恶的防范及对公民权利保障的考虑，都在一定程度上具备对其他国家权力的制衡功能，传统法院则不具备对立法、行政的强有力制约。尽管某些国家历史上曾有过不同国家机构之间的斗争，如法国王室与巴黎高等法院之间的斗争。但正如托克维尔在《旧制度与大革命》一书中发现的，敌对双方争夺的权力包括立法权，也有行政权。对立法权，双方都无权占有。他们之间只是一种权力争夺关系而非为了社会利益的制度性制约关系，大革命爆发后，双双被革命所抛弃。

现代法院的制约功能主要有以下两种形式：

一是违宪审查或称司法审查。法院通过司法程序审查和裁决立法和行政机关制定的法律、法令以及行为是否违反宪法的权力。从权利视角看，享有申请司法审查的机会是公民的一项基本权利，司法审查是公民借以防止国家权力未经法定正当程序，对其合法权利造成损害的有效手段。违宪审查理论依据，是现代社会与国家所推行的宪法。由民选代表组成的立法机关制定的宪法，是现代社会人们的精神图腾，具有最高法律效力，法律、法令和政府行为都不得同宪法相抵触。法院作为司法机关，是宪法精义的守护人，为了案件的公正裁判，有责任解释法律包括宪法。正如汉密尔顿所言："解释乃是法院的正当与特有的职责——对宪法以及立法机关制定的任何法律的解释权应属于法院。如果二者间出现不可调和的分歧，自以效力及作用较大之法为准。因此，法院必须有宣布违反宪法明文规定的立法为无效之权。"司法审查权是对法律适用起决定作用的司法职权合乎逻辑的产物，是现代司法权的精髓，以至于埃尔曼认为："司法上对法律的拒绝适用以及这种权威的程度和范围可视为司法独立程度的指示器。"中国学者徐显明教授把审查性作为司法权的基本构成之一，法院通过司法审查获取了权力制约的有效手段。他指出："司法权有权判断立法的不法与执法的不法。立法的不法在立法权内是难以得到纠正的，执法的不法又总是受到行政权的祖护，唯有司法的合宪性及合法性审查与判断才可克去这二痼疾。"

违宪审查有两种具体方式。一种是抽象审查，即脱离具体争议案件对法律、法令的事前审查，法国即属此类。法国宪法规定政府机构组织法和议会两院规章在施行前，应提交宪法委员会审查。另外，对一般法律条文可能违宪，可由总统、总理、两院议长、60人以上的国民议会议员或6人以上的参议员提请宪法委员会进行违宪审查，总统、两院议长亦可以将可能违宪的条约提请违宪审查。另一种审查方式是通过审理具体案件进行司法审查，这种附带性审查方式既为普通法院所运用，也为宪法法院所适用，当在宪法法院审判运用时，称为"宪法性控诉"。美国、加拿大等国家可归于此列。

违宪审查权交诸法院行使，法院的地位便大大提升。法院的传统地位仅是纠纷解决机关，违法审查功能便使法院上升为政治机构，且获得一种对行政、立法机关特别是立法机关的俯视地位，依据宪法来审查法律，使以司法为准则的法院获得一种在传统体制下难以想象的地位。普遍、经常运用这种权力，法院可能变为"超级立法机关"。实践中这种情况不可能出现，一旦有出现苗头，便会遭到立法部门和社会的反对。美国最高法院20世纪30年代频频否决国会通过的新政法案时，便是如此。

二是行政审判。行政审判是对因政府或非政府的行政管理人员、机构的行政行为违法、失职、越权、未遵守法定程序或有其他不当，从而造成公民、组织权益损害引发的各种案件的审判。现代社会，特别是国家功能从传统的"警察国家"向"福利国家"转型后，行政权力扩张日趋突出。相应地，侵犯公民权利的案件更易发生。加强包括司法制衡制约便理所当然。当发生行政主体和行政相对人之间的纠纷不能由双方自行解决或自行解决可能损害行政相对人权益时，行政审判应运而生。据学者考察，美国最高法院审查行政行为已成为一项最重要的活动。受理的全部案件中约有三分之一与这类问题有关，严格意义上的宪法问题判决只占必须受理案件的四分之一。法律制度的明显趋向，是打击对行政自由处置权专断任性的滥用。

现代法院的行政裁判以两种模式进行：一种是普通法院审判式，即由常设的对刑、民案件行使一般管辖权的普通法院从事行政审判。另一种是专门行政裁判机构审判式，即在普通法院外专设审判行政案件的司法机构。专设行政裁判机关行使行政裁判权的理由在于行政活动的独特性，这种独特性使普通法院法官难以完全正确理解与处理，有必要专设行政裁判机关，由熟悉行政情况者担任法官。历史上也有司法权侵犯行政权的渊源，这正是法国、德国设定行政法院的初旨。普通法院审判行政案件，既存在由于国家职能分立与分配过程中，司法取得较前优越位置的原因，也有强调法院充任政府与人民纠纷的仲裁者和政府权力监控者的思想。这两种模式最终都通向权力制约的共同目标，法国行政法院因此逐步独立于行政机关，成为实质上的行政行为的司法控制机构。

（五）公共政策制定功能不同

所谓公共决策，在本质上属于旨在解决或处理社会、经济或政治问题的政府行为，它表示在政治过程中形成的目标，反映决策联盟期望的社会结果，也反映决策者认为可以用来取得这些结果的手段。在政治学理论中，公共事务决策往往被视作特定政治实体的最高权威或权威机关的专有权力。现代社会，人们更多关注行政、立法部门的决策活动。法院是否决策，在什么程度上决策，在这个问题上，传统法院与现代法院的做法迥异。

传统法院制度下，法官主要依据既有规范与理念解决特定案件，定纷止争是法院固有职责。在整个国家权力体系中，法院角色定位于社会安全与秩序的维护者，公共决策权力独掌于最高权威者或权威机构。即使在国家机构有所分化的状态下，决策权力于不同的国家机关之间有所分配，也主要在中央与地方，各行政性、立法性机关之间分享。以解决纠纷为职责的法官，未能获得通过解纷参与宏观决策的权力。也有传统法院行使立法性、行政性权力，但很大程度上是由于称作"法院"的机构是该社会的中心机构。

现代法院制度下，法官获得了一定程度的决策参与权，通过审理案件的方式参与超出所审案件的宏观事务决策过程。埃尔曼就指出，法官的司法审查行为是对政策制定权的一种分享，这一点昭然若揭，以至于在行使此种权威时，他已经很难托称只是在适用法律了。

现代法院的决策功能，与其法律解释行为有机勾连在一起。现代社会容许法官自由裁量权存在，自然也就不排斥法院发挥政策制定功能。法官在法无明文规定时填补法律漏洞，或者在法律规定不明确或相冲突以及在旧法落后于社会现实时，根据社会正义、衡平理念、法律原则等创造性解释或创制新判例，其裁决早已超出某一具体案件的范畴，对该纠纷所涉及的社会问题的解决思路和解决方式产生了波及效应，影响到相关领域的政策制定和执行。法院的这种政策制定功能，随着与环境污染有关的公害诉讼、消费者诉讼、纳税人诉讼等现代型诉讼的出现而日益凸显。

所谓现代型诉讼，指在公共利益基础上产生的纠纷形成的诉讼。法院审理和判断时，往往缺乏可资适用的法律，必须基于法律精神和社会正义做出裁判。现代型诉讼与传统型诉讼的重大差别，主要表现在三方面：一是诉讼主体上，传统诉讼中，纠纷当事人主要是个人和一般的商业组织，力量对比关系差距不大；而现代型诉讼的纠纷当事人一方特别是被告方多为国家或在社会上具有重要影响的公共团体或大企业，原被告双方之间力量对比悬殊。公共事业涉及面较宽，原告往往也人数众多，形成有相当规模的集团诉讼。二是在请求救济内容上，传统诉讼中，原告请求主要是损害赔偿、恢复原状或是确认和恢复权利；现代诉讼已不局限于此，原告常常要求公共团体、企业及国家修改、变更有关政策和事业规模或采取有效的防范措施，避免损害的出现或扩大，甚至禁止被告再从事有关活动（即所谓的"禁止型诉讼"）。现代诉讼中的原告要求禁止的被告侵权的性质、形态已经从传统诉讼的特定且可视的程度向不确定且认识困难的方向发展，即从物体方面的侵权向精神侵权转变，如噪声污染诉讼等。三是涉及利益上，传统诉讼的基础及纠纷涉及的利益关系以个人利益为中心，影响范围主要涉及当事人及其周围有关系的人。现代型诉讼中，对立的利害关系具有公共性和集合性，其波及范围呈现广域化和规模化。鉴于现代型诉讼的特征，现代法院认定事实、做出裁判的工作就必须因诉讼争执焦点社会化的要求，从简单地适用法律向具有一定预测未来作用的政策制定扩展，以便在新形势下实现法院正统性维持策略的转变。

许多国家的法官，如印度最高法院首席法官 P. N. 伯格瓦蒂认为，司法能动主义是在民主制度中的司法程序的无可否认的特征，司法决策功能与现代民主制度具有契合性，问题的关键是允许一名法官拥有司法能动主义的程度和范围是什么。他认为，司法能动主义主要表现为三种形式：一是"技术性的能动主义"，即法官享有不受其先前判决的约束，而且可以背离对同类案件的判决的自由。二是"法学的能动主义"，这不仅涉及所增长的权力的适当性，而且还涉及创造新的概念，而不问其要服务的目的，也不关心这些新概念将为谁所用。普通法本身就是一个发展法学的能动主义的例子。三是"社会能动主义"，即以达到社会正义为目的的能动主义。现代司法机关不能躲在法律公正的语词后面无所作为，当社会正义问题提到面前时，不能推托说无能为力。通过上述三类司法能动主义特别是社会能动主义的活动，法院发挥了实质的、积极的政策导向作用，由此成为能够有效地促进政治、经济和社会变革的机构。

现代法院的公共政策制定功能通常以消极否定式与积极肯定式两种方式得以发挥。

消极否定式由来已久。法院通过宣布一项法律、法令、政策为违法无效干预公共政策。通过否定由其他机构制定的公共政策的方式，表明自己的政策观。1975 年联邦德国宪法法院关于人工流产的判决，即以消极方式影响到人工流产问题的处理。在此项判决中，法官认为 1974 年由社会自由主义政府通过法律允许在怀孕头三个月进行人工流产不妥当，法院裁定国家应当尽可能通过刑法保护胎儿生命。埃尔曼指出，如果仅从数字上看，德国宪法法院已宣布违宪的联邦和州法令的数量已使它被描述为"司法能动主义的放肆"。在为数不多的情况下，该法院曾实际上强迫行政机构或议会修改或改变了主要政策。在英国，1992 年 8 月梅杰领导下的保守党政府决定关闭煤矿减少至 10 个，但英国高等法院裁定政府的举措非法和不合理。以否定方式干预公共政策由来已久，也相当普遍。换个角度看，它不过是权力制约功能的另一种表述而已。

通过解释宪法或制定法等积极主动形式创立政策，虽不像消极方式运用得那样频繁，但也历史悠久。20 世纪之前的美国法院，通过对宪法的解释，以一系列判决发展了公共决策。早期美国联邦最高法院的判决，包括 1803 年马伯里诉麦迪逊（最高法院对国会的司法审查），1816 年马丁诉亨特承租人（最高法院对州法院的审查），1819 年麦库洛克诉马里兰州（联邦法的最高效力），以及 1824 年吉本诉奥格登（联邦对州际通商的管理），均为国家基本判例。法院帮助界定了联邦体制的特征、政府的权力以及推动了美国强调商业的趋势。这些领域由最高法院通过对宪法的解释创立的全新政策，对美国政府和社会的总体影响等同于甚至超出最高法院今天所做的有争议的判决。至于 20 世纪特别是 50 年代，厄尔·沃伦担任联邦最高法院首席大法官，最高法院所做出的一系列自由主义色彩浓厚的判决，主要在民权和刑事法领域，积极主动、广泛深入地参与甚至有时是主导了公共决策。在消除种族隔离尤其是教育领域的种族隔离方面，最高法院的作用更为突出。1954 年做出布朗案判决后，最高法院和下级法院还做出一系列判决确保种族融合。1970 年联邦地方法院法官麦克米伦下令用汽车接送学生。在这里，法院扮演的角色不止于规定政府不能做什么，更重要的是规定了政府应该干什么，采取何种方式去干。诚如美国政治学家安德森所言：法院闯入许多社会和政治活动领域。围绕于此，美国各界已经开始"司法克制主义"与"司法能动主义"孰对孰错的激烈争论。

美国的做法比较特殊，最高法院在一国政府体制中发挥如此重要的作用，举世无二。瑞典学者 K. A. 英戴尔指出，近年来欧洲一个有趣的政治现象是政治生活的"司法化"，决策和政治责任从国会向司法机构转移。但是，也必须同时看到，大多数西方国家法院都只有一定程度的消极否定式政策制定权，只有德国、法国等少数国家才具备一定的主动式决策权，但皆无法与美国最高法院相比。法国宪法委员会在 1971 年以后才逐步活跃，德国的宪法法院在第二次世界大战后才发挥作用，英国法院基本上缺乏对立法的否定权，只对行政有一定的制衡权，很难看到对宏观政策的参与。日本等有些国家，虽然在第二次世界大战后赋予最高法院司法审查权，但在 50 年来的司法实务中，最高法院长期奉行"司法克制主义"，对诉之门前的许多案件以属于政治问题为由回避，法院的公共政策功能不能高估。

三分政体是现代西方宪政的基本内核，考虑到法院自身的特性和条件，高度发挥法院的决策功能不可能，也得不到允许。法院即或参与决策，也与立法、行政机构的政策制定不同。其一，司法特性决定了法院只能是被动的、带有依赖性的决策者。法院不能主动寻找案件，只能"坐堂问案"。法官无法主动制定政策，只能等待当事人提交案件受邀参加，这与行政、立法部门主动决策、自由裁量的情况不同。其二，司法权的有限性决定了司法决策范围的有限性。法院审判范围仅限于当事人起诉的案件，与立法或行政决策相比，法院决策范围小得多。现代法院诉讼经常涉及的公立学校、社会福利问题，几乎都是狭隘领域。其三，司法权的先天弱小，要求法院审慎制定政策。原则上讲，法院只能在极其必要的情况下才发挥决策功能。无论立法机构还是行政机构，都不可能长期忍受法院裁判过度干涉其决策事务，只会以与法院介入政策制定领域的力度相同或更强的反弹侵入司法领地，损害审判的独立性。从历史角度看，这类冲突往往以弱小的法院在天生强大的立法或行政机关面前退却收场。20 世纪 30 年代罗斯福总统与美国联邦最高法院之间围绕"新政"立法展开的斗争，最后以最高法院让步于国会和总统略加修改的政策方案的妥协而告终，即为典型例证。其四，法院一般不对公众直接负责，尤其对那些被任命的且终身任职的法官更是如此。由他们根据自己的观念和对宪法的理解推翻民选代表依据多数决定原理制定的公共政策，在合理性上难免存在问题，有时还可能产生不良的社会影响。前述 20 世纪 30 年代美国联邦最高法院宣布大量的"新政"立法无效，就阻碍了进步的社会公共政策的出现及其实施，引发了不小的负面影响。法院决策功能的发挥应当是非常规的，不能把决策功能作为评定法院的主要指标。其五，面对广泛而复杂的社会问题，法官信息的有限性是其决策功能发挥的障碍。任何宏观决策都仰赖于决策信息的全面，而司法程序的独特性——法官必须中立被动，不得主动积极收集信息，只依靠当事人双方提供的材料。利益偏向与个人能力都可能导致当事人所提供的信息不充分甚至不真实，这当然影响决策的准确性、及时性。美国最高法院关于淫秽案件的判决即显示由于缺乏整体信息，最高法院不得不逐案审查判决，经过漫长时间后，对同一问题的判决差异颇大。其六，司法决策影响有限。司法判决不得不仰仗社会的自觉服从和行政配合。这在宏观决策型诉讼中却不一定都能做到。法院的开创性判决往往触犯一定利益集团，这些集团和受其影响的政府机关因而对判决执行往往不热心。美国国会曾明确指出，如果最高法院在 1952 年让哈里·S. 杜鲁门总统保持对私有钢铁厂的控制，则财政支持受阻。20 世纪六七十年代为消除种族隔离，决定用校车接送黑人和白人学生的判决，由于保守人士反对，长期举步维艰。

四、"司法能动"与"司法克制"

在西方，最有代表性的两大法系是英美法系与大陆法系。司法风格前者偏于"司法能动"，后者偏于"司法克制"。

按照克里斯托弗·沃尔夫的梳理，司法能动的定义主要有两种，第一种司法能动"主要围绕司法审查与宪法的关系而展开"，其基本内涵为"在何种程度上司法审查被恰当地认为是在执行宪法的意志，而没有掺入任何法官自己的政治信仰和政治倾向"。另一种司法能动则"更广为人们所接受"，它的基本宗旨为"法官应该审判案件，而不是回避案件，并且要广泛地利用他们的权力，尤其通过扩大平等和个人自由的手段去促进公平——即保护人的尊严"。同时"能动主义者并不那么顺从其他政治决策者，因为他们对法官自身的民主性质和能力有更深的感受，而对政府其他部门则表现出更多的怀疑"。

在判例法系国家，"法官是法律的主人"，允许"法官造法"，法官在法律发展中起着至关重要的作用。有学者指出："在无先例可循时，法官可以创造先例；在有先例的场合，法官可以通过区别的技术，对其进行扩大或限制性解释，从而发展先例中的规则。这一过程，实质上是创制和发展法律。此外，制定法的适用也要受到法官解释的限制。在普通法系国家，法律主要是法官司法活动的产物。在英美，普通法、衡平法的形成和发展主要由法官通过司法实践实现。美国宪法那样的制定法，其发展也与司法机关的活动密切相关。普通法往往被称为'法官法'。"

在判例法系国家，"法官造法"的司法传统形成了司法能动的风格，这与大陆法系司法克制的风格颇有区别。法官造法无疑体现了司法能动的精神，基于"公平正义"之类社会原则确立的衡平法成为司法依据，这一事实与我国儒家"情理法兼顾"的司法传统相似。在判例法系国家，司法的能动性在于法官可以释法、造法，在于法官可以适用社会规则作为审判依据，这与儒家情理法三结合的司法风格存在着形式上的近似性。

美国有所谓"司法能动主义"的思潮。它兴起于 20 世纪，成为当时支配美国司法实践的司法哲学。美国学者沃尔夫在其所著《司法能动主义》一书中说道："司法能动主义的基本宗旨是，法官应该审判案件，而不是逃避案件，并广泛地运用其权力，尤其是透过扩大平等和个人自由的手段，达致促进社会公平，以保护人的尊严。"又说："司法能动主义就是在宪法案件中由法院行使'立法'权。"司法能动主义与"司法能动"的传统一脉相承，行使司法权的法官也享有"立法权"。

与司法能动主义相对的是司法克制主义，后者强调严格遵循成文法和已有判例。司法克制要求法官在司法过程中严谨地执行法律的意志，尽可能地减少法官个人的信仰与倾向。按照沃尔夫的说法，法官在司法审查时主张执行宪法的意志而不掺入自己的政治信仰，就是奉行司法克制主义；反之则是奉行司法能动主义。法官倾向于否定立法或忽视先例，该法官就是奉行司法能动主义；法官在司法审查中创制新的判例，即行使一种准立法权，该法官就是奉行司法能动主义。

司法克制与司法能动是从不同角度审视司法权所呈现的属性，也是法官审理案件的两种不同的司法理念。在西方现代司法理念中，强调通过司法实现公正，注重司法的公正性，司法公正的核心内容主要包括司法独立、司法专业化、司法的统一性、司法程序的合理性、司法的权威性、司法的公开性等。

五、神圣身影上的司法文化

正义女神的神圣身影，彰显了西方的司法文化。

正义女神最早见于古希腊神话。古希腊神话中正义女神的名字叫忒弥斯（Themis），是天与地的女儿，名字原意为"大地"，转义为"创造""稳定""坚定"，从而和法律发生了关系，是法律、正常秩序女神，手中常持一架天平。后来这位正义女神与万神之神宙斯结合，生下了正义女神——狄凯，协助她共掌法律、秩序和正义。狄凯掌管着白昼和黑夜大门的钥匙，监视人间的生活，在灵魂转世时主持正义。她的造型是一位手执宝剑的美少女。古罗马兴起后，罗马人接受了希腊诸神，将忒弥斯与狄凯母女二人的形象合而为一，取名为朱斯蒂提亚（Justitia），她一手持天平，一手执宝剑，双眼用布蒙上。"正义"在拉丁语中写作"Justice"，来源于古罗马女神朱斯蒂提亚，她代表了正义、正直、无私、公平、公道，是正义的守护神。在英文中，"justice"就表示"正义、公正"，"justicer"表示法官。所以，法官伸张正义是理所当然的。

作为人造的规则符号，法律以其独特的旨意体系告诉人们：何者应为、何者禁为、何者可为。法律对人类行为的权威调整，根系于它是正义化身的文化传统。法律以正义为核心价值，但正义究竟是什么？这个让无数哲人头痛不已的问题，至今没有标准答案。但在法律人的脑海中，正义有一幅蒙眼闭目、手持宝剑和天平的女神标准像。源远流长的正义形象，如何一步步演化，有何法文化意蕴，西方正义形象的演变给人们以启迪。

公论认为，西方正义女神的最早原型是埃及神话中的玛特。她是太阳神的女儿，年轻妖媚，聪慧灵敏，眸子明亮，双手平衡，代表真理秩序，负责亡灵审判。她的面前摆放着巨大的天平，用以称量死者的灵魂。这一工作她不必亲为，由死亡之神阿努比斯具体负责。在埃及古文献记载的审判场景中，阿努比斯扮演着测量员的角色，是名副其实的"天平守护者"。通过比较心脏与羽毛孰重孰轻，女神最后裁决死者的来世命运。除了阿努比斯，玛特还有两位协助神：主管缉捕的鹰头神荷鲁兹和专司书记的文字神托特——整个司法流程体现了分工负责、权威裁判的正义要求。玛特成为司法真理和正义的最高象征，她的像章被誉为真理之像，由最珍贵的宝石雕刻而成，是埃及首席大法官金色衣领的专用配饰。戴上它，标志诉讼开始。取下它，标志诉讼完结。交给谁，谁就是判决的胜诉方。正义一开始就与正直和真理紧密关联。拥有最高权威的人，一定是掌握真理的正直之人。

埃及正义女神的基本要素，在古希腊得到了全面继承。从神族系谱看，希腊正义女神可分为"三代"。第一代以忒弥斯为代表，名门之后，位高权重。她头脑睿智，通过神谕的宣示，掌管着人类原初的习俗、法律和道德。忒弥斯坐在一个圆柱体的三脚凳上，左手拿着托盘，里面盛着圣水，右手拿着月桂枝，等着人们前来询问神谕。忒弥斯周围簇拥着诸多的协助神，负责传递决定和命令的女神使伊里斯坐在忒弥斯边上，犹如一头聚精会神的看家狗。她会一字一句地宣布神法的决定，完成任务后会立即飞回奥林匹斯山上。她即使在睡眠时也不松鞋带，从不揭去面纱，一旦接到命令，立即飞往指定的地点。忒弥斯与宙斯生下了代表自然秩序的时序三女神：象征优良秩序的欧诺弥亚、负责裁断争议的狄凯、寓意和平安宁的俄瑞涅。欧诺弥亚与忒弥斯距离最近，是神法秩序的高级代表。一旦秩序遭到破坏和危机，出现争议和纠纷，狄凯的职能就显得无比重要。只有司法恢复了神法秩序和正义平衡，和平与安宁才会最后实现。

在忒弥斯的众多女儿中，狄凯是至为关键的助手，她的出现，意味着忒弥斯的权能重心开始从法的制定（立法）转移到法的实施（司法）。忒弥斯本没有强制性的执行权，在自然正义的神法秩序中，事实上也无须这种权力。但在宙斯的新统治秩序下，因为众神失和、权威失落，法律开始需要借助强力推行。狄凯的诞生，满足了这种情势的需要。后世关于忒弥斯蒙眼裁判的传说，也可在这种独特的转型背景下解读。为了解决纷争，忒弥斯拿出方巾，蒙住明眸，才勉强取得了众神的信任。忒弥斯蒙眼，诚属无奈，是危急时刻的非常之举。在法有明文、律有定则的情况下，正义女神通常双目圆睁，唯恐遗漏了蛛丝马迹。

狄凯肩负的重要使命，让她获得了公正女神的美名。传说她裁判时，一手持"公平之秤"，一手握"正义大棒"，并学母亲蒙起双眼，以示不受任何干扰，一概以公正态度衡量。宙斯很欣赏女儿的公正之心，将她那座代表正义的天秤放在夜空，成为星象中的天秤座。

由于狄凯的退出，忒弥斯的正义面临终结。人背弃了神，使得神法秩序出现危机，报复正义开始大行其道，复仇三女神成为正义的第二代象征。传说她们是黑夜的女儿，任务是追捕并折磨犯罪者。复仇女神的形象起源于母系氏族时代的原始爱琴海文明，代表了简单暴力的法律类型。在复仇女神的思维中，只有非黑即白、有罪无罪的单项选择。希腊人对于复仇女神极为敬畏，认为直接说出她们的名字都会给自己带来厄运。

复仇女神代表的报复正义，最终让位于雅典娜女神主导的司法正义。恐怖彪悍的复仇女神屈从于美艳动人的雅典娜，根本原因在于雅典娜拥有更大的强力，她是著名的战神，包含着男性和女性、战争与和平、强力与服从的对立统一。正义女神越来越表面阴柔，内里阳刚。

与希腊不同，罗马人没有自己的神话传统，直到共和国末期才开始摹写诸神形象。人们熟悉的司法女神（Justitia），是罗马帝国时代"创造"的，带有浓厚的埃及与希腊特征。她右手持天平，左手拿束棒——罗马官方权威和刑罚的象征，活脱脱的狄凯女神翻版！司法女神并没有受到人们普遍的信奉。相比而言，罗马人更崇敬另一位女神，象征公平贸易的"Aeguitas"，她受到了罗马皇帝的大力追捧，她的正义品质被广为颂扬。

进入基督教律法时代，手持天平和宝剑的第三代正义标准女神形象得以最终成型。据考证，这样的正义女神像最早出现于1247年教皇克莱门斯二世的石棺上。在伟大的神学家托马斯博士生活的13世纪中叶，全欧洲随处可见手拿宝剑和天平的正义女神形象。敬仰正义女神，不是对基督教"除了上帝，不信他神"戒律的违反。必须明白，上帝的最高立法者和审判官地位不容动摇。作为法治精神的体现，中世纪的正义女神其实就是上帝的一部分。在基督教的象征系统中，正义女神的宝剑象征上帝的无所不能和他的代表在人世的权威。宝剑不仅代表着权力和惩罚，更重要的是还具有发现真实、驱除邪恶的法律和道德功能。宝剑是圣灵的造物，能看透人的心思意念，杀死自己的情欲，击退外界的魔鬼。《圣经》再三向执剑者保证：你是神的佣人，也是神的使者，惩罚犯罪，为的是伸张正义。残酷的宗教裁判，让人们对正义女神的宝剑畏惧万分。

在罗马法复兴的时代，基督教化的正义形象开始流行。就连莎士比亚戏剧中的夏洛克，也是一手拿刀，一手提天平。《亨利四世》中，国王赐予首席大法官的权柄，也是宝剑和天平。《愚人船》的作者布兰特，对腐败昏聩的法律人极尽揶揄和批判，正义女神被登徒子模样的恶魔蒙住双眼，这在文学和视觉艺术史上是第一次。蒙眼的最初寓意，本是对正义不敌邪恶的讥讽，未料后来竟被解释为不偏不倚的公道象征。

当法律治理成为世俗政权的主导意识形态，正义形象必须进一步理性化，从而符合新兴的利益和秩序要求。在16世纪，蒙眼布开始成为正义女神的关键行头，具有司法中立和法律平等的正面含义。利帕在1593年的《图像学》中，对正义形象进行了经典的重构:"其形象为一蒙眼女性,白袍,金冠。左手提一秤,置膝上,右手举一剑,倚束棒。束棒缠一条蛇,脚下坐一只狗,案头放权杖一支、书籍若干及骷髅一个。白袍,象征道德无瑕,刚直不阿;蒙眼,司法纯靠理智,不靠误人的感官印象;王冠,正义尊贵无比,荣耀第一;秤,比喻裁量公平,在正义面前人人皆得所值,不多不少;剑,表示制裁严厉,绝不姑息;一如插着斧子的束棒,那古罗马一切刑罚的化身。蛇与狗,分别代表仇恨与友情,两者都不许影响裁判。权杖申威,书籍载法,骷髅指人的生命脆弱,跟正义恰好相反:正义属于永恒。"

利帕的正义女神形象,存在不少可以探究的问题。除去蒙眼的疑问,正义女神一定身着白袍、头戴王冠?同时期的作品中,正义女神的穿着可谓五彩斑斓。正义女神戴上王冠,意味着王权司法,与当时的市民司法背道而驰。何况,正义女神从未为王,总是在王的荫庇下执掌律法。宝剑,也不是仅仅用作惩罚,不然,束棒就成了多余摆设。蛇和狗代表司法理性,与蒙眼一样都是牵强附会的解释。事实上,它们极可能源于蛇发、狗头的复仇女神形象,代表了恐怖的威慑。权杖、书籍和骷髅,都与宗教教义有关,反映出中世纪上帝正义观的强大。只有秤的解释,人们可以接受。但利帕并未对天平秤的具体细节加以描绘。作为公平诚信的商业理性象征,秤的品质和称量绝对是一门复杂的专业技艺。如果正义女神的天平空空,保持平衡,意味着秤没有被动过手脚,可以用来公平衡量。如果天平一直没有倾斜,正义女神如何得出裁判结果?秤的状态取决于司法的具体过程,需要更多微观细节的支撑。

也许有太多诠释学上的漏病,加上构图过于繁杂,难以满足普通大众对正义的直观想象,利帕的正义女神并没有大规模"应用转化"。特别是蒙眼的造型,在文艺复兴及以后的正义女神作品中,仍然极为罕见。拉斐尔、潘茨、索恩希尔、朱维奈、普鲁东、图维埃、德拉克洛瓦等人的画作，都不约而同地对正义女神的眼睛浓墨重彩，目光或居高俯瞰、或坚毅凝定、或游移慵懒——也许只有这般，才能显示出司法的日常状态。

随着现代法治大行其道，蒙眼正义女神代表的司法中立遭到越来越多的戏谑和嘲弄。奥地利作家卡尔·克劳斯笔下的正义女神，扯去蒙眼布，偷窥别人的隐私，最后竟然用蒙眼布遮住自己的私处。卡夫卡在《审判》中刻画的正义女神，蒙着双眼奔跑，脚后跟还长出了巨大的翅膀——到底是正义女神，还是胜利女神，抑或狩猎女神？1907 年，德意志帝国的公共工程部长和司法部长联合下令，此后所有公共建筑上的正义女神像一律去掉蒙眼布。此令一出，群情愤然。人们对法律正义的认识愈发模糊不清了。

回到博登海默的名言："正义有着一张普洛透斯似的脸，变幻无常，随时可呈不同形状并具有极不相同的面貌。"普洛透斯没有海神的强力，却能预知未来，他的神奇在于掌握了真理。正义必须不断变脸，不断逃亡，否则真理会被强力俘获，自然合理的秩序就会遭到权力的破坏。对于法律实践而言，正义女神的真实性别或具体形象都不重要，关键在于她的母性蕴含包容、谦抑、发展的司法本性。在后现代思想浪潮中，相对主义法律观对传统的正义形象不断解构，强大的民族国家力量又不断重构，形成了诸多吊诡斑驳的艺术光影。一位年轻的德国艺术家在 20 世纪末推出了《正义女神》三联画：两侧是黑底白色的正义女神，中间是白底黑色的正义女神，三位女神都拿着宝剑和天平，都像玛特、忒弥斯、雅典娜般明眸善睐，注视着眼前的每个观众，画下方的题词是"你们只有一次稍纵即逝的再次表演的机会"。

第五章　西方律师文化

法律不保护权利上的睡眠者。自由和正义是人类终极的价值取向。

——西方法谚

【核心提示】律师制度的前身出现在古希腊的雅典。古希腊的"雄辩家"是律师的萌芽。罗马是世界法制史上最早有律师制度的国家。罗马律师制度的正式确立，是在公元前一世纪。古罗马的诉讼形式是辩论式，当事人在诉讼中具有平等地位，法官处于第三者地位。

12—13世纪，英国开始出现职业律师。13世纪末，英国产生了辩护律师职业集团，这是"专门律师"的雏形。爱德华一世时期，英国还出现了"代办人"，这是"初级律师"的雏形。16世纪，英国律师开始划分为大律师和小律师，形成了延续至今的英国律师等级制度。早期法律辩护人和法律代理人是后来英国出庭律师和事务律师的最初萌芽。18世纪英国近代二元律师结构框架形成。

在美国，律师的社会地位很高，是人们所向往和崇敬的职业。美国律师分为政府机关雇用的律师、企业公司雇用的律师和开办律师事务所的律师（"挂牌律师"）三种。

一、西方律师文化起源

律师制度，是一种特定的社会历史现象。人类进入阶级社会，产生国家与法以后的一段长时期内，并没有律师和律师制度这种东西，只是当国家法制对审判实践有了诉讼代理和辩护需要时，作为国家的统治文明和民主形式出现的这种制度才有了理论和实际的意义。

古希腊的雅典已出现了"雄辩家"。当时雅典的诉讼分为侦查和庭审两个阶段。庭审时允许双方当事人发言并进行辩论，也允许当事人委托他人撰写发言稿，并由受托人在法庭上宣读。法官听取双方的辩论并检验双方提交的证据后做出判决。受托为当事人撰写发言稿并在法庭上为其辩论的人被称为"雄辩家"。这些人在发生纠纷的场合能起到律师的作用，因此被认为是律师制度的前身。但由于这些"雄辩家"的活动没有形成一种职业，更没有这方面的专门立法，最终没能形成一种制度。因此，只能将古希腊的"雄辩家"看作律师的萌芽。

律师制度肇端于两千年前的罗马共和国时期，由罗马律师制度衍变、发展而来。罗马是世界法制史上最早有律师制度的国家。律师制度的雏形，最早出现在罗马奴隶制时期。古罗马的"保护人"制度被认为是世界各国律师制度的起源。罗马实行"保护人制度"，即保护人为被保护人进行诉讼代理的法律制度。在罗马共和国时期的审判实践中，虽然立法没有明确规定实行所谓诉讼代理制度，但在拉丁文里"律师"（Advocate）这个名词已经出现，其含义指保护人（Patronus）代表被保护人（Cliehtes）所进行的诉讼行为。换句话说，就是由被告人的亲戚朋友陪同被告出席法庭，在法庭审理时为被告提供具体意见和帮助。当时这种近似于后世诉讼代理制度的行为，具有鲜明的特权性质，真正能以保护人身份出现的只是少数显赫公民。直到共和国末期，律师基于特权而非专职业务的诉讼行为才渐次扩大适用范围，凡罗马公民只要权利能力不受法律限制都享有出席法庭为诉讼当事人利益进行辩护的资格。甚至法律明文规定，请求律师给予必要的法律帮助是每个公民的正当权益。这样，律师参与诉讼活动的行为便不再是"特权"，而是一种"自由职业"，从而为律师制度的确立开拓了良好的起点。古罗马的诉讼形式是辩论式，当事人在诉讼中具有平等地位，法官处于第三者地位。当事人之间就各自掌握的证据自由辩论，法官根据双方辩论的结果做出裁判。这种诉讼结构，相比纠问式诉讼，更有利于律师的出现。随着社会经济发展，诉讼日益增多，有些诉讼当事人出于各种考虑，委托亲属或朋友代其诉讼。这种情况日渐增多，相沿成习。古罗马律师制度被认为是世界各国律师制度的初级形式。现代各国的律师制度几乎都源于罗马。

　　西方律师制度的最早萌芽，出现在公元前的古罗马奴隶制时期。公元前4—6世纪，古罗马共和国时期，由于交通便利和民主共和等自然因素与政治因素影响，古罗马商品经济十分繁荣，贸易往来频繁，贸易程式繁杂，加上古罗马法律纷杂琐碎，一般人不熟悉，因此"代理人""代言人"在古罗马共和国开始出现，并逐渐发展。随着古罗马法律的演进，职业法学家兴起，辩护制度逐渐为法律所承认。《十二铜表法》正式规定了法庭上辩护人进行辩护的条文。

　　公元前3世纪，古罗马皇帝以诏令的形式确定了"大教侣"从事"以供平民咨询法律事项"的职业。同时还允许委托他人代理诉讼行为，于是，"职业律师"正式出现了。

　　罗马律师制度的正式确立，是在公元前一世纪罗马国家由共和进入帝国时期。帝国初期，罗马国家适应法制建设特别是加强皇权的需要，废除以往的保护制度，正式采用"律师"这个名称，把律师当作社会上的一个特殊阶层看待。随着法学家派别的逐渐形成，律师的社会影响日益扩大，法学家作为法律顾问、职业律师和法学研究人员三位一体的崇高社会地位得以正式确立，罗马皇帝又进一步用诏令形式承认了诉讼代理制度。据此，律师可为平民咨询法律事项，法律也允许他人委托和聘请律师从事诉讼代理行为，国家还通过考试制度遴选知法懂法的善辩之士担任诉讼代理人，规定代理诉讼可以获得相当费用的报酬。这样，早在罗马共和国时期萌芽的律师制度，经过四五百年的缓慢发展开始具备初级形态。

罗马律师制度作为现代律师制度的发展起点和初级形态，虽然还很不完备，但在历史上毕竟向着法制与文明迈出了一大步。以后，各国在效法古罗马律师制度的基础上，建立了各自的律师制度。

从古罗马共和国末期开始，律师和法学家身份合一，律师的主要职责并不限于参与诉讼代理和辩护，同时还兼及咨询各种法律事项，如解答罗马公民和司法官吏提出的各种法律问题，指导辩护人进行法庭辩论，以及为诉讼当事人代写法律文书和为订约双方撰写合同等。此外，律师还从事法律科学研究，著书立说。在古罗马，法学家的职业被认为是"最高尚"的职业。罗马人最爱倾听法庭上的演说和政府议会里的演说，担任律师的法学家以具有雄辩才能的演说家著称，受到整个社会的倍加推崇，地位愈加显贵。

罗马国家选择律师的标准极其严格，规定凡欲从事律师职业，起码应具备这样几个条件：

（1）必须依法享有完全的行为能力。罗马法中的权利主体即法律意义上的人，以享有权利能力为前提条件。权利能力以抽象的"人格"或"人格权"表示，只有完全具有"人格"的人才可享有完全的权利能力，也就是享受权利和承担义务的能力。至于人格权，由三种身份权即自由权、市民权和家属权构成，任何具有人格的人这三种身份权缺一不可。有人格才有权利能力，有权利能力才有行为能力，有行为能力才能以自己的行为行使权利和承担义务，从而取得发生、变更或消灭法律关系的资格。依据这条标准，真正有资格当选律师的，说到底是同时具有三种身份权的罗马公民。

（2）必须是罗马男性公民。本来，"罗马人作为世界的未来征服者，具有虽不比希腊人细致但比他们远大的见识，在罗马人中间，妇女享有更多的自由和尊敬。"（《马克思恩格斯选集》第4卷，第64页）从罗马律师制度看，最初国家立法允许妇女担任律师，只是后来有的女律师在法庭辩论时同法官意见分歧，曾在大庭广众面前对最高裁判官有过轻蔑和侮辱行为，因此触怒了奴隶主统治集团，他们便以保护司法长官和国家法制的"威严"作口实，一改过去的做法，转而对律师性别做出修正规定，取消了女性公民担任律师的权利。

（3）必须具备相当的法律知识。律师必须受过专门法律教育，这是律师业务本身所固有的要求，也是达到这项要求所必须采取的一项重要措施。至罗马帝国时期，特别是查士丁尼时期，国家通过立法进一步做出明确规定，凡是申请执行律师业务的人，必须受过五年以上的专门法律教育，否则无权提出申请。根据上述限制条件，罗马公民中在职的法官是不能申请的，剩下的就唯独法学家有中选律师的资格，律师职业几乎为法学家所独占。

罗马的律师分为在业律师与预备律师两类。具体分布原则按行政区划，法律关于每个行政管辖区内的律师数额都大致有规定，尤其在业律师不能超过法定数额。所谓预备律师，是与在业律师相对称，指在业律师缺额时，给予递补的律师。一般说来，预备律师只能在下级法院即省以下的基层法院办案，社会地位要比在业律师低得多。

基于罗马的传统观念，律师参与诉讼代理和辩护案件，最初被看作单纯是"执行公务"，直到律师制度形成和辩护业务普遍开展以后，律师职业才丧失国家公职意义，才从单纯执行公务过渡到专职收费。然则律师收费标准如何，初期法无明文规定，执行情况混乱，弊端丛生。公元二世纪初，以国家立法具体规定收费办法，只许收取事先约定的诉讼的费用，禁止巧立名目另索费用。凡违反法定收费限额的，取消律师资格。

二、西方封建时期律师文化

（一）西方封建早期律师文化

公元 476 年，日耳曼人侵入西罗马，西罗马帝国灭亡，欧洲大陆进入封建社会。由于封建政治割据，自给自足的农庄大量涌现，古罗马时代原始的商品经济衰败。与封建的政治统治相适应，诉讼结构一改罗马时代的控辩式，采用纠问式，诉讼当事人的诉讼权利被剥夺。民事诉讼中，当事人的诉讼权利受到很大限制，不能聘请诉讼代理人提供法律帮助或参加诉讼。刑事诉讼中，刑讯逼供盛行，不准当事人抗辩。当事人成为被审讯、拷问的对象，没有任何诉讼权利。法官主动询问当事人和证人，审判一般不公开进行，实行书面审理或者间接审理。宗教势力的膨胀，使得诉讼制度具有浓厚的神秘主义色彩。在这种条件下，律师制度失去了赖以生存的政治、经济、法律条件，传统的律师业务无法开展。

法国虽然保留了律师制度，但在 12 世纪前，其诉讼活动带有浓厚的封建色彩。当时的统治势力国王与教会平分秋色，反映在司法制度上，审判机关分为宗教法院和世俗法院。这一时期，有资格担任律师的是僧侣，"僧侣律师"主要在教会法院执行职务。在世俗法院，法律规定"严重刑事案件不允许进行辩护"，其他案件虽然允许辩护和代理，有资格出庭的是"僧侣律师"，由其统一行使"代理人""辩护人"职能。"僧侣律师"参加诉讼的目的，不是维护当事人的合法权益，而是向当事人灌输宗教思想，促使当事人认罪服判。"僧侣律师"实际上是封建制度和宗教势力的附庸，律师制度名存实亡。

（二）西方中世纪律师文化

法国"12世纪的文艺复兴运动"（"中世纪文艺复兴"），使罗马法的研究得到恢复，欧洲大陆部分大学设立了法律专业，培养了一批世俗律师。12世纪以后，法国逐渐限制并禁止僧侣参与世俗法院的诉讼活动，代之以那些受过封建法律教育，经过宣誓、注册登记的世俗律师。这些律师一般通过封建统治者的严格挑选，并受到国会的严密监视，其作用受到很大限制。

1066年，英国诺曼底的威廉公爵创建诺曼王朝前，任何公民只要申请到专门的"国王许可证"并到法庭上证明其有代理权，都可以作为代理人参加诉讼。13世纪末，英国产生了辩护律师职业集团，这是"专门律师"的雏形。爱德华一世时期，英国还出现了"代办人"，这是"初级律师"的雏形。到了15世纪中期，英国为了培养律师人才，在伦敦先后设立四所教授法律知识和律师业务的学院。自16世纪开始，英国律师被划分为高级律师和初级律师，形成了英国律师的等级制度，这一特点一直延续至今。

德国的律师制度于15世纪至16世纪时期形成。在德国各领邦的宫廷法院、帝国的王室法院以及后来的帝室法院中形成了一个掌握了罗马法知识的新职业阶层，即律师和代诉人，并构成了德国的"二元律师制"。这一时期，帝室法院的代诉人和律师都是具有学识的法律家，两者的社会地位相同，担负的职能也相同。但在下级法院，两者的社会地位和职能有所差异。下级法院的代诉人是在实践中锻炼出来的精通实际业务之人，大多缺乏法律知识，在社会地位评价上低于律师。

三、西方资本主义时期律师文化

封建社会末期，资本主义经济萌芽开始迅速发展，资产阶级同封建专制的等级制度、宗教特权和司法专横之间的矛盾异常尖锐。当时的资产阶级启蒙学者，如英国的李尔本、洛克，法国的伏尔泰、孟德斯鸠、狄德罗、卢梭等无情地抨击封建社会的政治制度和法律制度，提出"天赋人权""主权在民""民主""自由""平等""博爱"等口号，主张建立资本主义政治制度和法律制度。洋溢着资本主义精神的法律理论广泛传播，洛克的《政府论》、孟德斯鸠的《论法的精神》、贝卡利亚的《论犯罪与刑法》成为人们争相传阅的作品。17世纪中期，英国发生资产阶级革命。随着欧美资产阶级相继掌握国家统治权，资产阶级开始建立起律师制度。1679年，英国国王查理二世签署公布了《人身保护法》，明文规定诉讼中实行辩论原则，承认被告人有权获得辩护。这是资产阶级的第一个带有律师法色彩的法律文件。1695年，英王威廉四世颁布的法令开始建立起律师制度。1791年，美国颁布的《美利坚合众宪法》修正案即《权利法案》，第6条规定，刑事案件被告人享有受法庭律师辩护协助的权利。1789年，法国《雅各宾宪法》规定，国家要有"公社辩护人"，1808年，拿破仑《刑事诉讼法典》系统地规定了律师制度。日本明治维新以后，1876年颁布实行的《代言人规则》，在其历史上第一次规定了律师制度的基本内容。德国在16世纪末17世纪初引进了罗马的律师制度，于1878年颁布了《国家律师法》，奠定了近现代律师制度的基础。

资产阶级革命成功后，各国都用宪法和法律肯定了律师制度。西方国家的律师制度一经确认，便以空前的速度向前发展。现在，它已成为各国法律制度的重要组成部分。律师在社会中的地位越来越高，活动范围越来越广泛，从主要在法院参加刑事、民事诉讼，发展到在社会生活各个领域，包括从对外战争到家庭纠纷，为政府、企业、社会团体和个人提供各种各样的法律服务。律师队伍不断扩大，人数急剧增加。有关律师的法规越来越多，日趋复杂完善，由原来单纯调整律师在诉讼、管理中的权利和义务关系的法律，发展为大量出台有关职业道德和执业纪律、行为标准、法律援助、责任赔偿等方面的法律、法规。现在，西方国家的律师制度出现了新的发展趋势：①律师事务所开始向公司化、大型化发展；②律师业务中非诉业务比重大幅上升；③专业化色彩日益突出；④律师的跨国服务逐渐增多。

罗马律师制度几经演变，其间经过了封建社会专制统治的严酷考验，在资产阶级革命时期又被重新发现，终于由初级形态发展成为现代西方各国律师制度的完整形式。

四、英国的律师文化

英国律师制度的突出特点是二元制，即律师队伍划分为出庭律师和事务律师两类，在组织上和业务上彼此分立，互不统属。这种制度已在英国实行了数百年之久，尽管自 19 世纪以来不时有人提出批评，要求将两类律师合而为一，但始终没有成功。最近十几年，要求改革的呼声日渐高涨，迫使英国政府出台了几项立法，对两类律师的相互隔绝状态做了部分调整，但二元并立的总体格局仍然保持未变。

（一）两类律师的最初萌芽

13 世纪中叶，英国羊毛生产、加工、贸易十分活跃，商品经济逐步成为社会经济的主要成分。国王地位上升，教会地位下降。英国的诉讼结构主要是辩论式。英国的诉讼中采取直接言词原则。12—13 世纪，英国开始出现职业律师。从一开始，英国就存在着法律辩护人（narratores）和法律代理人（attorneys）两种不同的法律职业者。法律辩护人指协助当事人进行法庭陈述和辩论的法律职业者。辩护人在法庭上的所言所行，当事人可以承认代表自己，也可加以纠正或补充，甚至予以否认。法律代理人是代表当事人完成整个诉讼过程的全权法律"代表"，代理人在法庭上所说所做的一切，均代表着当事人的意志，具有充分的法律效力。代理人在诉讼中出现失误导致败诉，辩护人出现失误时当事人还有补救机会，所以辩护人受到当事人的普遍欢迎，由此推动辩护人职业更早、更快地发展。与此同时，辩护人与代理人职业间的距离也一步步拉大。

14世纪时，随着法庭辩护权越来越集中于辩护人，一套专门培养法庭辩护人才的法律教育制度开始成型。此后，律师行业开始兴旺起来。14世纪初，英国成立了格雷、林肯、内殿、中甸四大学院和其他一些较小的法学院，专门负责培训律师。伦敦建立了四大律师会馆。会馆学员称作"法律学徒"（apprentices of the law)，由称作主管委员（benchers）的开业资深律师负责管理和教学。至少学习7年后，经主管委员批准，学徒才能获得出庭辩护资格，成为出庭律师（barrister)。普通出庭律师只能代表普通当事人在巡回法庭、各郡季会法庭或城市法庭提起诉讼和出庭辩护。三大中央法庭的出庭辩护权垄断在御用状师（serjeant-at-law）手中。御用状师是律师界的精英和法官的后备力量，人数极少，常年保持在10人左右。由国王从执业满10年以上的优秀出庭律师中封授，大约10年左右封授一次，每次约封授6~8人，以补充因死亡或有人晋升为法官造成的空缺。

16世纪，英国律师开始划分为大律师和小律师，形成了延续至今的英国律师等级制度。

相对而言，代理人发展较为缓慢。随着各级各类法庭的出庭辩护权逐渐被辩护人垄断，代理人只能从事庭审之外的某些事务性工作，如申请司法令状、收集证据、制作法律文件等。这种工作性质决定了他们经常与法庭职员打交道，与法庭的关系较为密切。此外，代理人必须在某一特定法庭上经法官认可后，遵照规定的程序和仪式由当事人正式任命，而且只能在授予其代理权资格的法庭上开业。从很早起，普通诉讼法庭和王座法庭就各有一批固定的代理人。代理人不受律师会馆管辖，由法庭直接负责管理。中世纪后期，三大中央法庭不时发布命令，规范代理人的资格申请条件和职业行为。代理人对法庭和法官的依附性较大，有学者认为代理人是一种"准法庭官职"。由于工作性质差异，代理人和辩护人的教育内容和方式也有所不同。代理人主要就学于大法官庭法律学校（Inns of Chancery），重点学习实用性技术和诉讼操作技能，如各种诉讼的程序步骤、法律文书的不同样式和制作方法、收费标准等。

早期法律辩护人和法律代理人是后来英国出庭律师和事务律师的最初萌芽。

（二）二元制律师结构的形成

从16世纪起，英国开始从中世纪向近代过渡，社会经济出现划时代变化。封建制度急剧衰落，资本主义长足发展，新的利益冲突和矛盾不断涌现。在社会关系上，该时期正处于梅因所说的"从身份到契约"的转型时期，人口流动和社会两极分化空前加剧。这一切导致诉讼争端大幅度上升，促使律师职业进入一个大分化、大改组、大发展的历史时期。

1. 出庭律师突飞猛进

中世纪时，普通出庭律师的数量一直十分有限，每年被授予出庭权的法律学徒寥寥无几。林肯会馆在1510—1559年间平均每年只有2名学徒获得出庭律师资格。自16世纪60年代起，林肯会馆每年授予出庭律师资格的人数持续增长，60—70年代每年为6人左右，进入80年代后每年达到10~12人。据普莱斯特统计，从1590年到1640年的半个世纪内，四大律师会馆共授予2293人以出庭律师资格，其中格雷会馆590人，内殿学院522

人，中殿会馆 553 人，林肯会馆 628 人。在人数急剧扩大的同时，出庭律师打破了御用状师对高级法庭辩护权的垄断，取得了出席中央法庭辩护的权利。这样，一个在人数上百倍于御用状师的新兴出庭律师群体出现于英国法律界。很长时期内，出庭律师分别隶属于四大律师会馆管理，直到 1895 年，四大律师会馆联合成立出庭律师总会（The Bar Council），才建立起统一的职业组织。

2. 御用状师迅速衰落

随着普通出庭律师获得中央法庭的出庭辩护权，御用状师丧失了在司法诉讼中的垄断性权威。他们作为律师界最高领导层的地位也为新兴起的总检察长（Attorney-General）、副总检察长（Solicitor-General）和国王法律顾问（King's Counsel）所取代。总检察长出现于 15 世纪，其前身是 14 世纪时专门为国王提供法律事务的"王室代理人"（attornati regis）。最初，王室代理人不止一个，分别承担不同的法律职责。后来，王室法律代理权逐渐集中于一个享有广泛权力的综合代理人手中，总检察长一职由此产生。1461 年 8 月，爱德华四世颁发特许状，任命约翰·哈伯特为王室综合代理人，"在英格兰和威尔士所有法庭中享有全部法律代理权"。学术界普遍认为，哈伯特是英国历史上的第一任总检察长。从一开始，总检察长就有一位副总检察长作为事务律师助理，他们身边还有一组"皇家法律顾问"，协助完成繁重的王室法律工作。开始时，总检察长、副总检察长和国王法律顾问全都是普通的出庭律师，其资历、声望和在法律界的实际地位都比御用状师略逊一筹。但在 16—17 世纪期间，他们的法律地位迅速上升，垄断了国王法律咨询权和王室诉讼启动权，成为律师界公认的最高权威和领导核心。几百年来高高在上、傲气十足的御用状师失去了往日风采，降为律师界的二流角色，只能秉承总检察长的指示行事，实际上已降格为一般的出庭律师。

御用状师的衰落是时代变化的必然结果。16—17 世纪是英国政治法律制度的转型时期，议会和王权之间的斗争一浪高过一浪，普通法庭和特权法庭之间的冲突接连不断，政治、法律、宗教等各种各样的矛盾错综复杂地交织在一起。在这种形势下，国王迫切需要的是既熟谙法律又精通政治的复合型人才，御用状师显然不能满足国王的需要，他们都是在准修道院式的律师会馆中，用封闭式的教育模式培养出来的普通法专家，知识结构单一，视野狭窄，除了普通法之外，对其他知识了解甚少，故有"无知的博学阶层"之称。对于政治事务，他们或者因一窍不通不敢涉足，或者因自视清高不屑一顾。这些特点决定了他们不可能继续像中世纪那样受到国王政府的重用。加之他们是法律界的佼佼者，素来以"绅士职业""荣耀阶级"受到社会各界的普遍尊崇，事业成功、地位优越使他们养成了一种志得意满、孤傲不群而又迂腐僵化、古板保守的文化心态。在继往开来的历史大变革时代，这种心态显然阻碍他们与时俱进、重新自我定位。16—17 世纪，许多御用状师在价值观念和行为方式上仍然停留在中世纪，不能适时应变，就只能沦为历史的落伍者。1873 年，御用状师称号被正式废除，这个曾经风光数百年之久的高级律师等级最终退出了历史舞台。

3. 代理人与出庭律师分道扬镳

中世纪时，出庭律师和代理人一样，可以直接与当事人联系。到 16—17 世纪，只有代理人可以直接接触当事人。这时英国已采用书面诉讼形式，与当事人直接交谈、了解案情、收集证据、起草起诉状或辩护状，以及其他庭审前的一切准备工作，都由代理人负责，出庭律师只是到开庭时根据书面诉状进行法庭辩论，无须直接接触当事人。通常的做法是，代理人接受某件诉讼并准备好必要的文件后，再代表当事人聘请出庭律师出庭辩护。他们的报酬分别用两个不同的英文词表达，出庭律师的报酬称作

"酬金"（honorarium），代理人的报酬称作"讼费"（fee），前者不能直接向当事人收取，由代理人代为收取和支付。霍兹沃斯说："出庭律师的委托人与其说是当事人，不如说是代理人。"这种新式的出庭律师、代理人和当事人"三角"关系在伊丽莎白一世时期基本成型。17世纪初，出庭律师不得直接起诉案件和收取讼费，不得接触当事人，作为一条律师法规固定下来。两类律师的区别越来越明显，四大律师会馆不再接受开业代理人为会馆成员，也禁止授予代理人以出庭律师资格。这种排挤政策得到法官和政府的支持。17世纪上半期，法庭和枢密院多次发布这类命令。到17世纪末，代理人普遍被排斥于律师会馆和法庭辩护席之外。

4. 事务律师异军突起

事务律师在中世纪的英国就已出现，但那时他们不属于法律职业者范畴。"Solicitor"一词在英语中的最初含义指的是鼓动别人去干某件事的怂恿者、教唆者，原本与法律无关。到15世纪时，该词才专指那些既不是出庭律师又不是代理人，而只是协助当事人或代理人完成某些辅助性诉讼工作的低级法律职业者，是当事人或代理人的助手、仆人。1452年约克郡的一份遗嘱曾责成遗嘱执行人在给予代理人必要报酬之外，还应支付给事务律师部分服务费，这意味着事务律师开始被人们视为正式的法律职业者。到16世纪中叶，事务律师队伍日益壮大，发展为堪与代理人相提并论的新兴律师集团，尽管其法律地位低于代理人。只有从业5年以上的事务律师才能取得法律代理人资格。1557年内殿会馆的一项命令规定，"代理人和事务律师"不得成为该学院的成员。1574年法官和枢密院发布同样内容的命令，要求将"开业事务律师和开业代理人"排除于律师会馆之外。

促使事务律师集团发展的原因主要有三：第一，打赢官司是当事人和代理人的根本目的。为此，除了要充分准备好有利的各种证据、资料外，还要了解诉讼对手的主张、打算及其与陪审团、证人的关系等信息，以便能及时发现和利用对方的漏洞和失误，以求做到"知己知彼"，确保胜诉。按照法律规定，了解诉讼对手的有关信息不属于代理人的合法业务范围，如果代理人亲自从事这类调查，有可能受到"非法助讼罪"的指控。当事人或代理人往往雇用某个粗通法律者完成这一工作。于是，一个专门提供这种服务的律师分支产生了。有资料证明，自12世纪起，英国就有少数人专门提供此类法律服务。后来，随着社会进步、法律发展和诉讼复杂性增长，对这种专门服务的需求有增无减，是为事务律师发展的内在原因。

第二，法律代理人的业务范围受到太多的限制，以至于在社会大变革时代无法适应诉讼迅速增长的现实需要，是为事务律师发展的技术性原因。代理人类似于一种法庭官职，只能在授予其资格的普通法庭上代理诉讼。这种封闭性规则无疑是束缚代理人扩展业务、增加收入的障碍。于是，不同法庭的代理人通过互聘为助手的形式摆脱上述规则的束缚。普通诉讼法庭的代理人往往聘用王座法庭的代理人为自己的事务律师助手，反之亦然。这样，法庭界限被打破，代理人的诉讼业务扩大，收入增加，事务律师职业随之发展。

第三，15—16世纪大法官法庭和星室法庭、恳请法庭等特权法庭的建立为事务律师提供了新的发展机遇。由于代理人只能在普通法法庭开业，投诉于大法官法庭或特权法庭的当事人最初只能从这些法庭的职员中聘请诉讼代理人完成必要的事务性工作。大法官法庭有6名职员、星室法庭有4名职员、恳请法庭有3名职员先后获得诉讼代理人资格。随着大法官法庭和特权法庭诉讼量迅猛增长，单纯依靠法庭职员兼任代理人已不能满足实际需要，这为事务律师提供了新的发展机遇。16世纪时，有大量事务律师活跃在大法官法庭和特权法庭上。数量增多和作用加强，令社会不可能继续漠视其存在，不得不承认他们是法律职业者的一部分。事务律师虽然最初萌芽于普通法庭，发展为一个新的律师集团却在 16 世纪的大法官法庭和特权法庭中完成。

5. 代理人与事务律师融为一体

早期的法律代理人和事务律师尽管在法律地位上略有差别，但都被排斥于律师会馆之外，都是以事务性工作为业的低级法律职业者。从 17 世纪起，国家法律和社会民众都把他们作为同一类律师看待。1605 年的一项议会法规，要求"事务律师和代理人应遵守同样的职业纪律"。进入 18 世纪后，二者之间的差异越来越小，融合过程进一步加快。1729 年的一个议会法案规定，代理人或事务律师的资格认定权均属于法官，但业务范围不受所属法庭的局限。也就是说，他们可以在任何法庭从事法律实务工作。该法案还统一了代理人和事务律师的任职条件、资格认定程序、讼费收取标准、对冒名顶替擅自开业者的惩罚办法等。1750 年的一项议会法案透露，事务律师资格和代理人资格可以相互通用，已不分彼此。二者彻底融为一体，构成了英国现代律师的第二大分支即事务律师，俗称"沙律师"。

很长一段时间内，代理人与事务律师没有自己的职业组织，无组织状态既不利于自身利益的保护，也不利于同行间的联系和职业纪律的维持，从而为少数自私之徒欺骗当事人和"黑羊"非法从业提供了方便。为此，1739 年他们建立了职业组织，即"在普通法庭和衡平法庭开业绅士协会"（Society of Gentlemen Practisers in the Court of Law and Eguity）。协会每两年召开一次会员大会，平时工作由 24 人组成的执行委员会负责。18 世纪时会员人数从未超过 200 人，他们都是最优秀的事务律师，出庭律师、法官和议会对他们的意见都十分尊重。该组织的建立是英国近代二元律师结构框架形成的主要标志之一。

1823 年，以布赖恩·霍姆为首的一批普通事务律师另成立了"伦敦法律协会"（London Law Institution），并迅速从会员中募集到一笔捐款，在查色里街区购得一块地皮，建起协会办公大楼。1831年，新协会通过皇家特许状获得法人资格。第二年，新、旧两个协会合并，旧协会名称保留下来，简称"事务律师协会"（The Law Society）。

通过两个世纪的分化与改组，一种独特的二元律师制度在英国形成。出庭律师和事务律师在知识结构、教育方式、任职条件、资格授予和业务范围上各不相同，组织上彼此分立，二者之间不能自由流动，更不能兼而为之。比较而言，出庭律师的资质条件和社会地位相对较高，组织性较强，可以在任何法院出庭辩护，有资格出任法官，但不能与当事人直接接触。事务律师无权在中央法庭出庭辩护，只能从事诉讼前的一般性法律事务，如提供法律咨询、制作法律文书、准备诉讼材料等。有关材料准备完毕后，便交由出庭律师完成以后的庭审辩护。从一定意义上说，事务律师是出庭律师与当事人之间的桥梁和纽带。

（三）律师合并融合及其失败

19世纪时，事务律师为提高自身地位，在三个方面强化了内部管理：一是加强了职业教育。1833年，事务律师协会开办了培训学校，为低级事务律师讲授普通法、衡平法和财产转让法等。二是规范了资格授予条件。1843年，议会通过法案，规定事务律师必须具有5年"受雇秘书"（articled clerk）经验和通过资格考试后方能开业。考官由法官任命，共5人，每年更换一次。三是严格了纪律管理。1843年议会法案规定，由法庭任命专人定期对事务律师的职业行为进行调查，提出报告，对违规违纪者法庭有权给予必要的惩罚。1868年，调查惩戒权转交事务律师协会下属的一个专门委员会。

通过以上措施，事务律师的教育程度和专业素质大为改善，业务范围随之扩大。先后把财产转让公证和罗马民法监护人业务纳进业务范围。从 1848 年到 1859 年，先后取得在季会法庭、遗嘱和离婚法庭、海事法庭和教会法庭的开业权。1871 年，又获得担任治安法官的资格。

以上发展使事务律师的社会声望有所提高，但仍没有根本改变其"低级律师"的地位。特别是在出庭律师心目中，事务律师总是被视为"下等人"（inferior men）。1846 年，事务律师乔治·斯提芬抱怨说，尽管他和许多出庭律师是亲朋好友，但因职业偏见造成的无形隔阂使他丧失了许多与出庭律师聚会交流的机会。他透露，在其从业的 32 年中，只有一位出庭律师邀请他吃过饭。对于这种不平等地位，他自然心存不满。从 19 世纪中叶起，不时有人建议改革二元体制，将两类律师合而为一。1846 年，法律改革家费尔德呼吁效法美国，取消对事务律师的歧视性限制规则，给予和出庭律师平等的出庭辩护权，以便更合理地配置法律人才资源，让诉讼当事人享有更大的自由选择空间。这个建议得到广大事务律师的积极支持。由于以出庭律师为主体的反改革势力的阻挠，费尔德等人的改革努力最后以失败告终。

许多人对这次合并改革的失败深感惋惜，但英国法律史专家霍兹沃斯却不以为然。他认为，二元律师制度虽有弊端，但也有优越性，合并后的益处未必能弥补由此带来的损失。首先，在二元制下，出庭律师通过律师会馆实行行业自治，除蔑视法庭罪法官可以惩罚外，其他一切均不受法庭和法官管辖，从而保证了出庭律师在法律活动中享有较大的独立性，这种独立性无疑有利于英国自由与法治的发展。其次，在二元制下，出庭律师不直接接触当事人，可以避免辩护律师过分"当事人化"，防止个人感情因素影响司法过程，保证出庭律师以相对超脱的态度陈述和分析案情，这有利于法庭准确认定事实和正确适用法律，做出合理公正的判决。最后，在二元制下，两类律师分工合作，各司其职，出庭律师只管法庭辩论，事务律师负责一般性事务，这种分工有助于提高律师的专业化水准，并进而提高司法审判质量。霍氏认为，几个世纪以来，英国的司法一直以其高质量和公正性而受到人们的赞扬，毫无疑问，与律师的专业分工及其高素质分不开。

五、美国的律师文化

美国是律师最多的国家。美国现有 100 多万律师，平均每270 人当中，就有一名律师。目前，平均每年有数万名新律师取得执照，也有 15000 名律师因各种原因离开这一行业。

从 1870 年开始，美国规定必须通过正规的律师考试后，才能做律师。1900 年开始，美国大学开始有正规的律师法学教育。1929 年到 1949 年，美国各州规定，在律师考试前，必须取得正规的法学教育文凭。目前美国有 175 所法学院，并且每年都有律师考试。只要通过三年法学教育，取得学位，就可以参加律师考试。有些州可以例外，如通过一年的法学硕士学位以后，可在纽约等州参加律师考试。

美国的法律制度是"双轨制"，即联邦法和州法共存，美国又是判例法国家，所以美国没有统一的律师法。有关律师制度的法规，散见于宪法、判例法以及律师协会制定的《律师守则》中。

根据律师的任职情况，有人将美国律师分为三种：政府机关雇用的律师、企业公司雇用的律师和开办律师事务所的律师（"挂牌律师"）。前两种律师是政府或企业公司的雇员，仅仅处理本政府机关、本公司企业的法律事务，并不接受社会上当事人的委托。后者在社会上执行律师职务，为社会上不特定多数人服务，领取营业执照，又称"挂牌律师"。

由于法律专业越分越细，近几十年来，美国出现了一些专门研究某门法律、专门办理某类案件的律师，律师分工的倾向越来越明显。目前，美国已出现了一批专利律师、合同律师、税法律师等专业律师。

美国律师的活动范围和业务很广泛。在社会的各个领域，都有律师活动。律师的业务从早期的刑事辩护发展到担任法律顾问、提供咨询、代理诉讼、办理非诉讼法律事务等。

美国律师享有一定的业务垄断权和保守职业秘密等权利，同时美国法律规定美国律师具有以下义务。

（1）律师对委托人的义务：①律师不得拒绝对被指定为贫困罪犯案件的辩护；②不得同时对一个案件担任双方或多方当事人的代理人；③律师应将案件的有利情况和不利情况一并告诉委托人；④律师不得乘机获取诉讼案件上的权益；⑤律师不得滥用委托人的信托财产。

（2）律师对法院的义务：①应尊重法院；②不得利用与法官的私人关系，影响法院的公正判决；③应准时出席法庭，协助法官审判。

（3）律师对同行的义务：①不许以不正当方法招揽业务；②在法庭辩护时，不得对对方当事人的律师进行人身攻击；③不得直接或间接谋取其他律师承办的案件。

在美国，律师的社会地位很高，是人们所向往和崇敬的职业。这种崇高的社会地位取决于以下几点原因：第一，美国是遵守判例法的国家，法律非常复杂，人们要处理政治生活、经济生活和社会生活的各种问题，就要得到律师的帮助，否则寸步难行。除个人外，一些政府机关、企业、社会团体做出重大决策，即使不是由律师亲自做出，也往往要在慎重地考虑他们的意见后做出决策。第二，律师的经济收入较高。第三，律师资格是向上晋升的阶梯。迄今为止，美国有 23 位总统出身于律师，国会中 60％以上的议员曾担任过律师职务，法官、检察官一般都由具有律师资格的人担任。

由于律师的社会地位较高，取得律师资格的条件很严格，虽然各州的具体规定不同，但大致应具备以下几个条件：第一，必须是成年人；第二，经过品行调查证明没有劣迹者；第三，必须通过州的律师资格考试。在美国，律师资格考试由各州最高法院任命的主考人组成的考试委员会负责主持，主考人一般是本州具有权威的法官或律师，应考者必须是美国法学院毕业，具有法学学士学位。考试内容包括联邦法律和州法律。考试通过后，由考试委员会发给律师资格证书。在一个州取得律师资格，并不等于可以在其他州从事律师职业。如要在另一州从事律师工作，还需要通过另一州的律师资格考试。

美国律师开业有三种形式。其一是个人开业。其二是联合经营律师事务所。其三是合伙经营律师事务所。

美国的律师组织是律师协会，联邦有联邦的律师协会，州有州的律师协会，县有县的律师协会。联邦和州的律师协会没有隶属关系。律师协会的任务：一是制定《律师守则》，对律师进行道德和纪律教育；二是组织律师进修和研究法律；三是对社会进行法治宣传教育。此外，还监督律师执行《律师守则》，受理公民对律师的控告。律师协会没有权力对律师直接做出惩戒、停止执业或开除律师资格的处分，这些权力由州法院行使。

第六章　中国法律文化总述

法律需要被信仰，否则它形同虚设。

——（美）道格拉斯

【核心提示】尧舜禹时代是我国法律文化的发祥期。最早实行封建"法治"在春秋战国时期。中华法系以各式各样的法律、条令为表现形式。由秦至清，"律统"绵延了两千余年。"引礼入法，礼法结合"，汉初是引礼入法的起点，也是礼法结合的起源。礼教制度与礼教思想是中国封建思想文化的主轴。中华法系以儒家思想为理论基础，外儒内法，强调义务本位、家族本位和伦理本位。传统中国法的根本精神是人治。

法的观念是被塑造出来的，不能超出它所置身其中的文化界限。重家族、重血缘、重伦理，是中国文化的固有特征。中国的法律流传甚广，被借鉴最广的是唐代的法律，对邻近许多国家产生了深远影响。

中国法律文化即中国传统法律文化。中国传统法律文化作为传统文化的重要组成部分，包含了诸多有关法律的因素。狭义上理解，指那些在中国传统文化中与古代法律相关的内容。广义上理解，不仅包含与法律相关的因素，也包含那些与法律无关的其他因素。

中国传统法律文化既包括中国千百年来法律实践活动及其结

果，又包括内涵丰富、博大精深的中国古代法律思想，更包括在法律发展过程中人们逐渐形成的法律意识，以及在历史的沧海桑田中形成的以法律意识为基础的其他法律因素。

中国法律文化源远流长，博大精深，是世界上最古老、最悠久的法律文化之一。对世界法律文化尤其是对东南亚各国的法律文化产生了深远影响。我国传统法律文化不仅影响着中华民族的发展，更深深地影响了世界法律文化的发展。

一、中国法律文化的源流及其演变

尧舜禹时代是我国法律文化的发祥时期，贯穿了"明刑弼教"精神，夏、商、周确定了"明德慎罚"原则，注重"礼治"，使礼学文化得以充分发展，成为"制治之源"。到唐朝已完成了礼法融合，礼的许多内容被直接定为法律，"七弃三法""八议"以及服表制度等，确定了我国古代法律文化的伦理特质。中国封建时代的法律文化，形成于战国、秦汉，成熟于魏晋、隋唐，发展演变于宋、元、明、清，具有完整的发展脉络与清晰的沿革线索。

中国最早的法律都称为"刑"，夏朝称"禹刑"，商朝称"汤刑"，周朝称"九刑""吕刑"。中国最早实行封建"法治"在春秋战国时期。当时宗法家族衰落，个体意识萌芽，超血缘的新式国家出现，使国家和个人建立了简洁的权利义务关系，"纵的法"取代了"横的法"。其主要表现是专制主义法律对社会生活的全面控制和支配，以及审判中的"罪刑法定"、刑讯等。

诸侯铸刑鼎之举，揭开了中国法制文化史上制定和公布成文法的具有划时代意义的序幕。新兴的封建性质的经济关系和政治关系在法律上得到了反映，法律名称由"刑"改为"法"。"法治"理论由春秋时期法家的先驱者管仲率先提出。他说："尺寸也，绳墨也，规矩也，斗斛也，角量也，谓之法。"明法对于人，就像度量衡对于物，是唯一的标准，并最早指出了"君臣上下贵贱皆以法"的原则。其后，战国时期的商鞅、韩非等人对"法治"思想进行了发展和实践，使得"法治"理论即古代"以法治国"理论逐步系统化。当时许多法家提出"法治"，反对儒家的"人治""礼治""德治"。《管子·明法》中说："以法治国则举措而已。"《韩非子·心度》中也说："治民无常，唯一法治。"

公元前 221 年封建专制集权的秦国建立，中国开始步入强国行列。汉帝国经历了大约四个世纪的发展，成功地赶上了欧亚大陆的其他文明体系。从隋唐到明清，中国成为世界上人口最多、最富饶的国家。不仅在生产技术领域，在法律文化机制等许多方面都处于世界领先地位。"在近代以前时期的所有文明中。没有一个国家的文明比中国更发达、更先进"。国家的强大使得中国有能力迎接外来挑战和威胁，甚至同化外来文化，对外域法律文化体系产生很大影响。以唐律为代表的中国法律就不仅控制了东亚诸国的法律文化发展走向，而且形成了以中国为核心包括日本、朝鲜、越南等东亚国家在内的中华法系，成为世界封建制法律的典范。当时提出的"法治"不论从法治主体、客体还是从其内涵、目的来看，是为了"治民""治吏"："夫生法者，君也。宗法者，臣也。法于法者，民也"。"法"与"术""势"一起"皆为帝王之具也"。即"法治"的主体是皇帝，客体是民众和官吏，"法治"的内涵是以严刑酷法威慑百姓，实行法治的目的是要"定纷止争"，使百姓服服帖帖地屈从于专制统治。这就背离了人性、压抑了人性、践踏了人性，必然使民众对法律没有认同感、亲近感，不能形成自觉依法和守法的传统。

中华法系以各式各样的法律、条令为表现形式。从商鞅在秦国"改法为律"，法律的名称开始叫"律"，由秦至清的各代立法，"律统"绵延了两千余年，创制了中国法律文化史上占重要地位的数十部法律，使中国古代法律文化蔚为壮观，中华法系由此久经延续、长盛不衰。

从最早的封建成文法——《法经》，中间经过《秦律》《九章律》《唐律》等，到最后一部封建法典《大清律》，一脉相承，富有民族特色。在各朝各代的律令中，《唐律》被认为是汇唐前立法之精华、集唐前立法之大成，又是唐代以后各封建朝代订立法律的蓝本及中国法律的代表，被看作是与奴隶制时期罗马法和资本主义时期拿破仑法典并列为世界法制史上的三大法典之一。

二、中华法系

中华法系是中国法律文化的结晶。

学者通常把世界法律划分为五大法系：印度法系、伊斯兰法系、罗马法系、海洋法系（英美法系）、中华法系。中华法系是世界五大法系之一。印度法系和中华法系都已经解体，现存三大法系。

中国有几千年的历史，有文字记载的至少也有三千多年历史，历史长河里的中华法律文化，在世界法史舞台上称之为中华法系。中华法系在历史上影响了中国古代社会，对古代日本、朝鲜和越南的法制也产生了重要影响。

（一）中华法系的发展脉络

中华法系形成于秦朝（公元前 221 年—公元前 206 年），到隋唐时期（公元 581 年—公元 618 年）成熟。中国最初的国家与法产生于夏朝，经商朝到西周时期逐渐完备。春秋战国时期法律制度大变革，成文法在各国颁布，到秦时中华法系有了雏形。秦朝的法律制度从湖北云梦出土的秦简看，已经很完备，初步确立了中国古代各项法律原则。

经过西汉和东汉，以及三国两晋南北朝长达八百多年的发展，到隋唐时，法律思想和法律制度都很成熟，自成体系。代表性的法典就是保存至今的《唐律疏议》，这是中华法系完备的标志。唐朝以后，宋、元、明、清各朝都以此为蓝本创制法律制度。日本所学的是隋唐的法制，至今日本还沿用的省（相当于中国的部）、地方的县（相当于中国的省）、府、道都是学习隋唐法制的结果。

清朝末年，在修律过程中中华法系宣告解体，中国近代法制的雏形同时建立。

（二）中华法系的基本特征

1. 崇尚"天人合一"

在哲学层面，中国古代崇尚"天人合一"，天不是宗教色彩的天，而是指宇宙自然，"天人合一"指人间的社会秩序要跟自然秩序相感应，人文社会的一切作为不可违逆自然规律。

传统中国执行死刑，都在秋分以后。按照《唐律》规定，死刑通常都要在秋分到明年的立春之间执行，这就是秋刑。秋天草木凋零之时执行死刑，就是天道和人道相呼应。《唐律500条》序言中说"天垂象、圣人则知"，贤明的为政者要遵循天道，大地有雷电，人间有严厉的刑法，"睹秋霜"之时人间才开始刑杀，都是天人合一的机制。西洋法、基督教文化把神的世界跟人的世界一分为二，与中国古代天人合一的观念截然不同。

中国封建法律摆脱了宗教神学的束缚，以传统的法家思想为理论基础。维护三纲五常封建伦理是封建法典的核心内容。由汉至隋盛行的引经决狱，以突出的形式表现了儒家思想对于封建法制的强烈影响。中国封建法律与西方不同，西方中世纪法律体系中，有神灵色彩的宗教法规是其重要的组成部分，起过维护"封建"统治的特殊作用。但在中国，早在奴隶制末期神权法思想已经发生动摇。在中国封建法律体系中，不存在中世纪西方国家那种宗教法规，儒家的纲常名教代替了以神为偶像的宗教。

2. 礼教是法律的最高原则

中华法系以儒家思想为理论基础。先秦儒家以孔子、孟子和荀子为代表。孔子提出了"为国以礼"的礼治论，"为政以德"的德治论，"为政在人"的人治论；孟子在此基础上提出了"仁政"思想；荀子进一步提出礼法统一观。这些法律观点并没有成为当时法制的理论基础。汉代汉武帝采纳董仲舒提出的"罢黜百家、独尊儒术"建议。董仲舒提出的儒家思想基本内容为"君权神授、德主刑辅、三纲五常"三个方面。统治者为实现法律儒家化，采取了三项措施：一是直接确立一些体现儒家思想的法律制度，如"亲亲得相首匿"制度、恤刑制度；二是春秋决狱；三是引经注律。通过这些措施，儒家思想开始成为中国古代法的理论基础。后来各封建王朝都坚持把儒家思想作为构建法制的理论基础和指导思想。中华法系的代表《唐律疏议》更是以儒家的德主刑辅为核心指导思想。

礼教，即以礼为教。古代也称之为名教，即以名为教。它不同于宗教的形式，起到了与宗教同样的作用。礼教主要是伦理学抑或是道德哲学，不同于纯哲学。伦理与政治二者紧密整合，而不是将伦理与政治分离。儒家以礼教代宗教，以礼教为宗教。礼教制度与礼教思想是中国封建思想文化的主轴。中国封建礼教思想文化，作为法律的最高原则，深深地融入封建法律制度之中。

3. 法律以君主意志为意志

在封建社会，一切都以君主意志为主，法律作为统治的有力工具，自然不能例外。皇帝始终是立法与司法的枢纽。皇帝是最高的立法者，所发诏、令、敕、谕是最权威的法律形式，可以一言立法、一言废法。皇帝又是最大的审判官，或者亲自主持庭审，或者以"诏狱"形式敕令大臣代为审判，一切重案会审的裁决与死刑的复核均须上奏皇帝，他可以法外施恩，也可以法外加刑。同期西方国家中世纪在相当长时间里，各级封建领主都享有独立的立法权和司法权。

4. 刑法发达，民法薄弱

就法系的编纂体系看，中国古代也有法典，不过大部分都是刑法典，主要的国家法律以刑法的形式出现，通常带有其他的规范。"诸法合体，民刑不分"是中国古代立法的显著特点。从战国李悝著《法经》起，直到最后一部封建法典《大清律例》，都以刑法为主，兼有民事、行政和诉讼等方面内容。诸法合体的混合编纂形式，贯穿整个中国封建时代，直到 20 世纪初清末修律才得以改变。中国历朝历代都重视刑事立法和实行，在民法上却不甚用心。中国古代有一种观念，即耻讼、厌讼，国家不支持打官司。民事纠纷不提倡通过官府解决，主要依靠封建宗法制度。有的朝代规定小事不得惊扰官府，否则要接受处罚。

中国传统法律的优势和长项是刑法和行政法。其法制"宏纲巨目"、立法统一、分工细密、规范完备、体系严密、执法划一，受到中外法制史学者的高度评价。不仅世界各文明国家同时代的法制水平不及，而且许多内容达到现代法律水准。"中华法系"最大的缺憾和弱项是民商法律。中国的政治文化传统，既没有独立完备的民法体系，也没有理论化的民法学。这和欧洲民商法律和民法理论极为发达的历史传统，形成鲜明对照、巨大差异。和世界近代法律相比，中国主要的差距在于此。直到大清帝国国门洞开，中国的统治精英——那些对中国传统文化的"经史子集"学养精深、满腹经纶的儒家学者，对世界近代民法的立法和理论体系，基本上一无所知。

5. 行政司法合一

在漫长的封建时代，中央虽设有专门的司法机关，但其活动或为皇帝所左右，或受宰相及其他中央行政机关所牵制，很少有可能独立地行使职权。行政机关兼理司法。地方由行政长官兼理司法事务，二者直接合一。地方官员的主要职能是审理案件。宋、明、清的路省一级虽专设司法官，实际是同级行政机关的附庸。整个封建时代，中央司法机关权限不断分散，地方司法权限不断缩小，这是封建专制主义不断强化的结果。

中华法系偏重于父母官型的诉讼，轻微的民事纠纷大部分由父母官进行调解。在诉讼结构上，中国奉行的是"父母官型"的诉讼，西方是"竞技型"的诉讼。在西方，法官作为公正的第三人对原被告双方的权利和义务、责任进行梳理。

6. 义务本位、家族本位和伦理本位

传统中国法强调义务本位、家族本位和伦理本位。中国民法不发达跟义务本位有很大关系。西方罗马法特别偏重民法尤其是合同，这与东方偏重刑法形成了鲜明的对比。

中国传统法律文化伦理色彩浓郁，维护封建伦理，确认家族（宗族）法规。中国封建社会以家族为本位，宗法的伦理精神和原则渗入并影响着整个社会。封建法律以法律的强制力，确认父权、夫权，维护尊卑伦常关系，允许家法族规发生法律效力。由宋迄清，形形色色的家内成文法是对国法的重要补充，在封建法律体系中占有特殊地位。

7. 官僚贵族享有法定特权

中国古代法始终渗透等级观念，封建法律从维护等级制度出发，赋予贵族官僚以各种特权。从曹魏时起，便仿《周礼》八辟形成"八议"制度。至隋唐已确立了"议""请""减""赎""官当"等一系列按品级减免罪行的法律制度。另外，在法律上划分良贱，名列贱籍者在法律上受到种种歧视，同样的犯罪，以"良"犯"贱"，处刑较常人相犯为轻；以"贱"犯"良"，处罚较常人为重。中国封建法律，同世界上其他国家的封建法律一样，以公开的不平等为标志。

（三）中华法系的历史地位

中华法系的形成有独特的条件，康乾盛世以前的历史，是中华民族盛极一时的历史，是中华民族极尽辉煌的时期。在历史长河中，中国的发展经历动荡、分裂，总体上不断进步。我们有造纸术、印刷术、指南针、火药这四大领先于世界的发明，有庞大的军事力量，有伟大的思想家、发明家，有繁荣的经济，是中华法系形成的肥沃土壤、优良的条件。当时中国的法律，流传甚广，对许多国家产生了深远影响。

中国法律被借鉴最广的是唐代的法律，以《唐律疏议》为最。唐代是开放的朝代，对外经济文化交流比较频繁，社会较开化。作为中华法系的代表作，唐律超越国界，对亚洲诸国产生了重大影响。对东南亚、南亚一些国家有很大影响。有资料证明，朝鲜《高丽律》篇章内容都取法于唐律。中国的法律流传到日本，成为日本立法的指导。日本文武天皇制定《大宝律令》，以唐律为蓝本。越南李太尊时期颁布的《刑书》，大都参用唐律。

这样辉煌的法律、影响深远的法律、备受推崇的中华法系，最后走上了解体的道路，摆脱不了解体的命运。中国传统法律制度"中华法系"到了近代，和世界近代法律无法衔接，惨遭淘汰。中华法系延续了4000多年，最后在沈家本主持的变法修律运动后完全解体，中国开始了法律现代化的进程。

三、中国法律文化的价值取向

（一）集体本位的总体精神

1. 集团本位法形成：氏族到宗族

中国最初的法主要通过部族战争形成，自然以氏族为本位。夏禹以后，氏族向宗族发展，氏族首领逐渐转化为奴隶主贵族，氏族统治转化为国家统治，最显赫家族的家长就是国王。西周初年，虽然划分居民的标准由血缘转换为地域，但以血缘关系为基础的氏族统治却以家族形式保留下来，发展为宗法制度，以宗族谱系集中政治权力。宗法制度与国家制度紧密结合，成为最基本的政治法律制度。

2. 集团本位法发展：宗族到国家

（1）西周法律中的宗族本位。

西周是姬姓家族政权，最大特色是宗法制度。宗法制度以血缘为纽带，调整家族内部关系，维护家长权威和世袭特权的行为规范。特点是大宗率小宗，小宗率群弟，分节宗族制。主支向分支分化，权力逐层集中于大宗。宗法制在西周以前已经存在。西周时期，实现了宗法制与国家政治制度相结合，政治关系与宗族关系合而为一。

西周法律制度的宗族本位体现于国家政权组织形式中，统治者的地位安排，依血缘关系而定：周天子是全族宗主，是大宗，同时也是最高统治者，由嫡长子继承。天子的弟弟们分封为诸侯王，对天子是小宗，王位由嫡长子继承，其他儿子分封为卿大夫，下一层是士。即嫡长子继承父位，为大宗，庶子实行分封，为小宗，实质是血缘宗族统治。法律以维护这种统治为目的。

（2）战国至清代：宗族与国家本位法并行。

战国时期政治大变革，家国一体被打破。孔子通过对宗法制度的基本原则"忠""孝"的沟通解释重新弥合家国关系：孝是忠的基础，忠是孝的延伸，家是国的细胞，为新的非同姓血缘的君父一体制奠定理论基础。孟子论证了正心、修身、齐家、治国、平天下的相互关联和一致。在孔孟思想中，国家的地位不够突出，难以得到统治者的青睐。

西汉时期，儒家吸收法家的国家本位思想，创立家族本位加国家本位理论，成为中国占统治地位的政治法律思想，直到清末。法家是典型的国家本位论，在春秋至秦盛行一时，因与家族社会特性相悖而衰落。但其国家主义思想为儒家吸收，与儒家的宗族主义相结合，形成了外儒内法的中国正统法律思想。在中国正统法律思想中，家族本位是社会性的基础，国家本位是政治性的核心，国家本位优于家族本位，实质是皇权本位。这在法律制度中多有表现，如"十恶"大罪：谋反、谋大逆、谋叛、恶逆、不道、大不敬、不孝、不睦、不义、内乱，前三种维护以皇帝为代表的王朝利益，后七种维护宗族社会伦理，对前者的处罚重于后者。汉代确立"容隐"原则，但有明确限制，一是限于五服之内。宗族法本身也体现集团本位，五服制罪。二是不能危害王朝根本利益，对私人复仇行为的容忍与制裁。

清末修律，宗族法丧失原有地位，但残余仍存。

（3）近代以来国家本位法发展。

近代以来，中华民族陷入生存危机，救亡图存成为当务之急，国家本位随着民族观念的兴起得到强化，国家主义盛行，成为法律唯一的本位。国家主义可以表述为权力主义或集体主义，是以国家权力为核心、权力至上为价值基础的一种普遍存在于社会意识形态内的观念体系。

3．影响及评价

（1）重国家，轻社会。国家凌驾于社会之上，忽略社会本身的自我调节作用，主要以国家强制力解决社会冲突。传统法律高度伦理化，个体权利严重受限制，社会本身的导向功能受到国家权力抑制。

（2）重权力，轻权利。权力是指挥和支配他人的力量。权利是特定主体为实现某种利益，依法直接拥有或与他人约定，做一定行为或不做一定行为的可能性，表现为独立主体间的平等关系。权利与权力的合理配置是现代法治的基础。国家主义片面强调国家权力对个体权利的支配，侵害个体权利。

（3）重集权，轻分权。权力滥用，权力高度集中易生政治腐败。

（4）重集体，轻个体。作为伦理要求，集体主义有其合理性，是对极端个人主义的制约。个体安全和利益永远是集体主义存在的价值基础。国家主义往往以集体主义的名义侵犯个人利益，歪曲集体和个体的应有关系。

（5）重国家意志，轻个人意志。强调息讼，个体无独立人格。司法审判方面，采用家长制的审判模式，实行有罪推定，当官者先知先觉观念盛行。古代行政司法合一，不断强化国家在诉讼中的地位，认为国家权力的公正性不容置疑。行政权行使具有明显的随意性，缺乏必要的程序制约。

（6）对法学理论的影响。以民族主义、爱国主义的形式宣扬主权，对法的性质、功能的认识上，突出法律的阶级性、国家意志性，公法高于私法，实体法高于程序法，刑事高于民事。就法律体系看，强制性规范多，授权性规范少。

集团（家族、国家）本位之所以能在中国封建社会长期存在，是因为它适应中国社会结构的需要，适应小农经济，有利于社会秩序的维持，但却限制法律和社会发展。

（二）无讼息争的心理倾向

在法律心理文化上，息事宁人、平争止讼的法律心理普遍存在。一方面，"天人合一"的哲学基础造就了中国传统法律文化追求秩序和谐，带来无讼的法律心理。另一方面，以家庭为本位的中国传统社会，注重人的社会义务，重视集体、大局的利益，忽视个人的权利，使得个体成员的诉求必然受到社会、家族和家庭观念的抑制。

（三）德主刑辅的理论学说

在法律观念文化上，强调"礼法合一""德主刑辅"。"礼"作为一种差别性的规则体系，被奉为治国之道。古代中国过分地强调刑法与刑罚的作用，忽视了法的预防功能。中国古代的礼无所不包，涵盖了衣食住行各方面规矩礼节，不遵从即为"失礼"。严重违背礼，"出礼则入刑"。刑律作为维护封建统治的最后也是最严厉的工具，成为凝聚民心的有力武器。

中国古代社会，儒家法律思想一直占据统治地位。"自汉武帝独尊儒术以来，儒家法律思想在'德主刑辅''明刑弼教'和'出礼入刑'等原则下实行儒法合流。"强调道德教化作用为主，法律强制为辅，主张"礼治""德治""人治"，轻视法律的作用。正是这种法律思想，使中国古代社会长期处于专制状态。

（四）视法律为工具的价值判断

在中国古代社会，人们一直把法律看成是镇压老百姓的工具。"法即刑"这一思想是促成这种观念形成与加强的重要原因。人们对法律有一种畏惧感，厌恶它，排斥它。遇到纠纷与冲突时，古代百姓也不愿用法律武器维护权益。从社会整体看，"无讼即德"，"无讼"成了一种最佳的社会状态。这使民众不愿或不敢用法律维护自身权益，进而导致中国古代社会权利意识的普遍淡薄。

（五）"重义轻利"的人格价值

义与利何为重的问题，是中国古代思想史中长期争论的问题。虽然法家主张"重利轻义"，但儒家主张"重义轻利"，毕竟儒家在中国古代社会漫长的历史发展中，一直占据着统治地位，对后世影响深远。中国古代是农业社会，经济极为落后，以农为本是社会成员生存的必要条件。儒家和古代统治者推行重农抑商政策，打击和限制商业部门和商人阶层。"逐利"思想受到唾弃，"轻利"的价值观逐渐形成。儒家"德主刑辅"的法律思想，也促成了"重义"价值观的形成。"重义轻利"成了中国传统法律文化的一部分。

（六）放大人情的伦理因素

在司法审判中，民众与司法权行使者，皆强调天理、人情、国法的有机结合，在更多情况下将人情因素放大。孔子言"父为子隐，子为父隐，直在其中矣"，中国人讲究人情因素，将之视为高于法律规定。古代"皇帝开恩",表明了法律在中国古代从来都不是解决纠纷与矛盾的最后防线,而须求助于人情和权威。这也并非不良因素,是历史环境和文化传统使然。自西汉"罢黜百家,独尊儒术"使儒学成为显学之后,统治阶级要求人人克己,已然抬高了人的亲情伦理因素。中国人习惯了以伦理与礼教约己约人,彼此权利和义务不对称。

（七）独特的公法品格

在法律制度文化上,强调国家权力本位（实质上是家族权力本位）,皇权至上,权大于法,法律受权力的支配与制约。其表现为:立法上法自君出,君主为最高法权渊源;在司法上行政长官兼有司法职权,司法与行政合一;在法律结构体系上,公法与私法不分,诉讼法与实体法不分,形成了以刑法为核心的单一的、封闭的中华法系。

四、中国法律文化的鲜明特点

中华法系是五大法系中延续时间最长、特点最鲜明的法系。

中国传统法律文化早于中华法系即已出现。根据马克思和恩格斯关于国家形成产生的理论,中国自夏朝开始进入国家时代,最初的国家与法产生于夏朝,经商朝到西周逐渐完备。经过春秋战国法律制度的巨大变革,成文法自子产公布于郑国开始,以后各国逐渐颁布成文法,到秦朝出现了中华法系的雏形。

中国传统法律最开始有个显著特点——神权法思想是立法的指导思想。从文献记载看,夏代的立法思想是"恭行天罚"。夏代统治者利用宗教进行统治,将掌握的国家权力说成是神授,而法律自然就成了神的体现,法律的实施是替天行罚、"恭行天罚"。到了商朝,"天罚"的神权法思想发展到了巅峰。举凡国家大事,都要通过占卜向上天请示。到后来,甚至连定罪量刑都要诉诸鬼神。通过"天罚审判"使人民"畏法令"。在商朝达到顶峰的神权法思想，在西周被继承发展，并且发生了重大变化。西周奴隶主贵族吸取了夏、商灭亡的教训，提出了君权神授说——"以德配天"。商纣失德，周武王为有德者，至德者上天选择至圣者统治人民。神权法思想是统治者最初巩固统治地位的方法，利用人们的敬畏之心规范其行为。在治国方略的法制方面提出了"明德慎罚"，强调道德教化的作用，兼顾人事，重视民心，弱化了神权维护统治的力量，这是神权的第一次动摇。强调"民本"思想，奠定了中国古代法律思想中"重民、重德、仁政"的传统。

"引礼入法，礼法结合"，是中国传统法律区别于其他国家的最基本特点。"引礼入法，礼法结合"指在中华传统法律中，伦理道德与法律规范完全融为一体，法律评判标准与道德评判标准完全一致。礼是一种程序和仪式，产生于远古时期人们在祭祀过程中的程序和意识，是古老中国的一种社会现象。在表达敬畏心时，程序和意识至关重要，从而具有约束力的天然属性。破坏程序和意识必受惩罚，从而又具有惩罚性。西周之前的礼称为古礼，古礼的约束力有很大的局限性，主要规范君臣、血统、婚姻关系。周初，周公姬旦"制礼作乐"，将礼系统化、规范化，将古礼发展成一套以维护宗法等级制为核心的行为规范以及相应的典章制度、礼节仪式。在周人看来，"礼"是治理国家的唯一准绳。

将礼的规范形式与道德联系在一起，是道德的规范化，周公所制的礼是最初意义上的法律。周礼的规范中始终贯穿着"亲亲""尊尊""长长""男女有别"四个原则。尤其以"亲亲"维护家长制的宗法原则和"尊尊"维护君主制的等级原则为基本原则。政治与伦理统一，周礼的历史意义非常重要。

礼由体现原始社会习俗的带有宗教性质的礼仪，发展成以国家权力为后盾、由法律保障强制执行的行为规范，是原始社会氏族民主制解体、阶级社会形成的产物。随着礼的政治作用不断强化，礼的原始含义已经湮灭，礼的作用已体现为明贵贱、序尊卑，为等级制度和统治阶级服务。

"礼治"存在着很明显的特权主义。"礼不下庶人，刑不上大夫。""大夫之刑，不著刑书。"礼治的出发点是为了规范奴隶主贵族的行为，刑治的出发点是针对奴隶以及平民。礼和法本是各自独立的，但礼具有规范人们行为、调整社会秩序的道德层次上的功能，引礼入法就非常自然。

汉初是引礼入法的起点，也是礼法结合的起源。儒家学说在汉武帝时期受到真正重视。为适应汉武帝建立统一的专制主义王朝的政治抱负，董仲舒提出"春秋大一统"论，主张"罢黜百家，独尊儒术"。他强调阴阳学说："天道之大者在阴阳。阳为德，阴为刑；刑主杀而德主生。是故阳常居大夏，而以生育养长为事；阴常居大冬，而积于空虚不用之处。以此见天之任德不任刑也。"同时，"阳不得阴之助，亦不能独成岁。"主张"德主刑辅、重德远刑"，并以春秋决狱匡正律令严峻的弊病。德主刑辅观念的提出，终结儒法之争，自此儒法合流。汉武帝治国更重法家那一套，所倚重的大臣也是法家，其时并没有真正实现"独尊儒术"。

法律的儒家化实际上是儒家思想的法律化。汉代法律儒家化过程中，起作用最大的当属董仲舒的"春秋决狱"。"春秋决狱"指在遇到义关伦常而现行法律无明文规定或虽有明文规定但却有碍伦常时，使用儒家经典《春秋》所载有关事例及其体现的道德原则作为司法审判的依据。

两汉开辟的引礼入法的多种渠道，为礼法结合创造了有利的条件。魏晋至唐沿着这条路线，终于完成历史性的礼法结合。

三国时期，为维护贵族官僚特权，魏明帝制定《新律》时，首次正式将"八议"写入法律中，使封建官僚贵族的司法特权得到公开、明确而严格的保护。"八议"制度源于西周的"八辟"，是"刑不上大夫"的"礼治"原则在刑罚适用上的具体体现。从此直至明清，"八议"相沿不改，成为后世历代封建法典中的一项重要制度。

晋朝时《晋律》的起草者和解释者杜预、张斐都是兼通经法的大家，强调"远遵古礼，近因时制"。还强调"准五服以制罪"，即根据服制明血缘亲疏，定罪轻重。刑法使用原则：亲属相犯，以卑犯尊，重于常人，服制愈近，处罚愈重；以尊犯卑，轻于常人，服制愈近，处罚愈轻。"五服制罪"制度鲜明地体现了礼法结合的精神。

中国传统法律还有一个明显特征——民刑不分，重刑轻民。原始社会末期的频繁战争推动了法律的起源，也就是"刑起于兵"。中国古代的主要法律内容为刑法。可见早期法律的重刑轻民现象。同时对民法也做出了一些相关规定，违反民法的行为会受到刑罚的制裁。夏朝《禹刑》、商朝《汤刑》是最早出现的刑事法律。大变革的西周，主要的法律形式是礼和刑两种。

春秋战国时期，"礼崩乐坏"，奴隶制度开始瓦解，封建制度逐渐兴起，奠定了法律制度变革的基础。公元前536年，郑国子产"铸刑鼎"开启了轰轰烈烈的成文法运动。作为中国古代第一部比较系统的封建法典，李悝所著被誉为成文法运动丰碑的《法经》，从整体上看，是一部以刑为主的法典。即使到了封建法时代，中国法律仍旧是重刑轻民的。

秦始皇统一六国，更是将法家的重刑主义作为秦代的法制指导思想。重刑主义理论无论对统一前的秦国还是统一后的秦朝，都有深刻的影响。汉对秦的刑法有继承与发展。汉朝庞杂的罪名，不像秦朝的刑罚恐怖，但也显现出对刑法的重视。到了三国两晋南北朝，出现了著名的"重罪十条"。隋朝创刑部，并将重罪十条发展为"十恶"。

虽然后来的统治者对民事法律的关注度越来越大，但总的来说中国古代法律制度主要为刑事，同时对民事法律制度也做出了某些相关规定。从违反民事法律要接受刑罚来看，中国古代刑法与民法之间的区分不是很大，反映出中国古代法律重刑轻民的特点。

五、中国法律文化的借鉴意义

一个国家或民族的法律文化，一般指这个国家或民族在一定历史时期内积淀下来的法律价值观，以及将这种价值观予以社会化的方法。所谓传统法律文化，是指那些能够穿越历史时空，超脱于经济基础，至今仍对社会法制产生重大影响的那部分法律文化。在当前我国大力开展"依法治国"的大背景下，运用历史的研究方法，通过对历史上主流的法律观念和法律文化的解读，寻求对我国法治建设的启示。还原历史，尊重历史，传统法律文化对我国的现代法制建设具有借鉴意义。

美国法学家弗里德曼有句名言："法典背后有强大的思想运动"。这句话非常精辟地道出了思想对法律制度创制及实现所具有的重要价值。"法律问题从一开始就明显不仅是法律问题，同时也是……文化问题"。实行法治必须营造相应的法律文化，进行法治转型也必须有相应的法律文化背景作为思想保障。

中国是有几千年文明史的泱泱古国，中国人民在长期的法律实践中积淀下来的法律价值观、法律设施、法律规范，从夏、商、西周时起直至清末，承前启后，不绝于缕，形成了独具特色的传统法律文化。古人留下的承载着几千年智慧的传统法律文化，是应该充分吸收和借鉴的宝贵财富。当然，作为自然经济附属品，传统法律文化优劣并存，在借鉴的同时，应坚持批判地继承。

（一）礼法结合，用道德准则统率法律

重家族、重血缘、重伦理，是中国文化的固有特征。几千年的农耕社会，塑造了中国传统法律"依伦理而轻重其刑"的特征。古代社会君臣、父子、兄弟、夫妇、长幼、尊卑、贵贱、上下，存在着巨大的社会差别。在法律上，同样一种行为，由不同的主体实行，施加于不同的对象，其法律后果截然不同。西周确立的以血缘关系为基础的宗法制度，经儒家发挥，"亲属相容隐"成为法律上的基本原则。历代统治者基于统治需要，提倡"德主刑辅""以德去刑"。道德附加了刑罚具有法律性质，其内容强调人心而非行为。统治者自觉或不自觉地用刑罚手段强迫人们行善。正如黑格尔所说："在中国人心目中，他们的道德法律简直是自然法律——外界的、积极的命令——强迫规定的要求——相互间礼貌上的强迫的义务或者规则。……在中国道德是一桩政治的事务，而它的若干法则都由政府官吏和法律机关来主持。"正是这样强烈地重视道德，使道德变得跟法律一样权威，一样不可侵犯，甚至用法律执行道德，其结果使人们逃避法律的他律，忽视道德的自律。

道德法律化，或是法律道德化，使法律的调整范围模糊不清，给现实执法带来了困难，也给了执法者任刑枉法的空隙。法律过多介入道德领域，是对人们自由的侵犯。立法时我们应该引以为戒。当然，也要充分注意到伦理道德在我国现实社会中的巨大力量，在立法时适当考虑道德因素，借助道德力量使群众自觉守法。依法治国与以德治国有机结合，两手都要抓，两手都要硬。

（二）泛刑罚的终极目的是"无讼"

礼法诞生，由于统治者的极力推崇，礼的观念就像血液一样渗入每个中国人的灵魂深处。礼是建立在血亲关系之上的无所不

包的行为规则和行为仪节的体系。礼中注定没有"个人"的概念。没有个人，也就没有个人权利。现代人很难设想一个完全不讲权利的社会，但是这样的社会不仅在历史上真实存在过，而且不乏文化上的合理依据。它强调绝对的和谐，强调人与人、人与自然乃至整个宇宙之间的恰和无间。李约瑟博士也发现古代中国人在整个自然界寻求秩序与和谐，并将此视为一切人类关系的理想。在这样的理念指导下，人与人之间发生纠纷，甚至诉诸法律争讼，被认为是绝对的坏事。在古人眼里，争讼本身就缺乏道德的正当性，法律不是为人们满足私利提供合法渠道，而是尽可能地抑制私欲，最终达到使民不争的目的。法律是实现德化的手段，是"必要的邪恶"。"邪恶"是相对于理想而言，"必要"则纯由现实立论。提倡"礼治""德治"的儒家认为法律实施的最高境界是无讼，连提倡"法治"的法家，也主张"以法去刑"，借助刑的手段实现和谐的无讼世界。

这样的传统观念，使公民的民主法治意识淡漠，遇到纷争一般也不愿主动寻求法律帮助，更多地倾向于自力救济。古人为了追求和谐，对教化、调解格外重视。通过教化，把纠纷熄灭于萌芽状态；通过调解，将解决纠纷的成本降到最低。今天的法治建设也应当意识到，法律并不是解决问题的唯一手段，甚至有时也不是最有效的手段。解决社会问题，尤其是民事纠纷时，应多角度寻求解决问题的办法，考虑人们普遍存在的疏远诉讼的消极法律心态，运用必要的调解手段，达到利益最大化，实现最佳的社会效果。

（三）"有治人，无治法"的人治主义思想

纵观中国的法制传统，除了秦朝时法家的"法治"思想处于主导地位，大多数朝代都是法律化的儒家"人治"思想居于主导地位。儒家认为国家治乱，全系于当权者是否贤明，而不在于法律制度的好坏与有无。孔子提倡"为政在人"，这里的人绝不是

一般的人，而是像尧、舜、禹、汤、文、武之类的圣人、贤人。由这样的圣贤君主制礼作乐，可以"胜残去杀"，社会才会太平，才能使"近者悦，远者来"。这种观点贬低法律的作用，片面夸大当权者的个人作用，当权者凌驾于法律之上。封建君主口含天宪，出言为法，并且法效高于制定法。封建社会后期，敕、例能代律、破律，王言成为最高法律。统治者之所以能滥用职权、独断专行，"人治"是其理论依据。

今天要依法治国，要建设法治社会，当然不能依领导人的好恶处理问题，领导人更不能有凌驾法律之上、言大于法的特殊权利。"人治"理论中把国家治乱、政事兴衰全部维系在是否有明君圣主的思想，是目前法治建设中绝对要摒弃的。但"贤人治国"的理论告诉我们，"徒法不足以自行"，好的法律必须有高素质的人去执行，才能充分发挥效力，达到理想的效果。"其身正，不令而行；其身不正，虽令不从。"孔子一再强调当权者应该"修己以安百姓"，这些见解，至今仍令人深思。应该认识到，拥有一支高素质的干部队伍，在今天的法治建设中是多么至关重要。历代统治者注重吏治，很值得借鉴。

反思历史，那些与民族习惯相连，并且建立在民众普遍观念上的法律才是真正有效的。法的观念是被塑造出来的，不能超出它所置身其中的文化界限。我国的传统法律文化，目的和结构本身与今天的法治建设完全不同，但其中的合理成分值得甄别并借鉴吸收。在法治现代化建设中，应取传统之精华，而去其糟粕。

六、中国法律文化的现代转型

中国传统法律文化在市场经济观念、经济全球化浪潮和人们对权利的重视与积极追求的共同作用下，在制度层面和价值层面都在发生转型。

（一）制度层面

1. 从以刑为中心（重刑轻民）到以民为中心（民刑并重）

古代中国，法即是刑，法律就意味着刑法与刑罚，同时刑也就是法。刑事性的法律规范存在于应当由刑法予以调整的社会关系领域，许多民事经济领域，刑法与刑罚也涉及其中，本来由民事法律调整的社会关系被烙上"刑"的印迹。从古代的立法实践看，基本上是刑事类法律。整个社会以刑为中心，重刑轻民是其突出表现。重刑轻民倾向的基础是经济上的重农抑商。对民事事务的刑事化，使民事活动受到极大打击，必然导致商品经济不发达。法律的高度刑事性，使得法律是镇压人民的工具，而不是保护人民的利器。

现代社会市场经济体制的建立，经济全球化带来的全球化思潮，使得权利观念日益深入人心。基本理念和制度的变迁，使得法不再以刑为中心，而要以民为中心，民刑并重，刑法与刑罚为民事领域的经济活动服务。民刑并重也得到了立法上的认可，中国已经制定了大量的民事经济类法律。中国刑事案件比重日益下降，民事类案件比重逐年上升，也验证了这一点。

2. 从程序工具主义（低程序化）到程序正义

程序工具主义或低程序化是中国传统法律文化的重要特征。只重视判决的实体而轻视判决的形成过程，即使有程序存在，也不过是为实体服务的工具，程序本身没有独立存在的价值。具体表现在：①实体与程序不分，立法重点历来在实体方面，成文法典相当发达，却没有出现一部程序法典；②民刑不分，司法上没有刑事诉讼与民事诉讼的严格区分，民事案件的审判适用刑事诉讼的程序，采取刑事手段等；③案件审理，没有一套固定的应予严格遵守的规则，司法者可以随意启动和终止审判程序，庭审调查由司法者选择；④即使有程序性规定，也残缺不全，没有一套完整、封闭、有序的程序。

目前程序性立法日益完善，突出表现是有三部诉讼法，还有一些其他形式的程序性法律颁布并实施。实体性法律也有相当多的程序性规范。《行政处罚法》对程序作了较为详细的规定，《仲裁法》本身就是关于程序性规范的立法成果。现在，程序正义理论对中国影响巨大，程序正义得到了空前的重视，程序正义的价值得到了广泛的认同。

程序正义逐渐具有独立性价值，为公正审判发挥了积极作用。程序正义的观念和做法保证了司法结果公正的实现，即使被认为公正的实体结果，如果没有遵循严格的程序，也会使人难以认同；实体上不是非常公正，但遵循了严格的程序，当事人也可以接受。程序的独立性价值日益深入人们的基本观念之中，程序绝不是可有可无，而是不可或缺的法治因子。

3. 从法律属性的公法化到私法化

中国传统法律文化的公法属性，表现为法律的刑事性、刑法化和国家化，具有强烈的国家和社会的公的属性。具体表现：一是法典的刑法化与刑事化。国家法律基本上表现为刑法典。二是刑法的刑罚性与刑罚化。法律具有高度的惩罚性色彩，官僚体制组织及行政执法等被刑法化。三是民事法律的刑法化色彩。民事法律刑法化，进而呈现出非民事化倾向。

中国传统法律文化刑事性的社会原因中，既不是商品经济不发达，也不是社会古老，最重要的社会原因是国家权力观念发达。这并不表明中国法律文化的落后性，只是透视出这种法律文化的公法性和国家政治性。

公法属性向私法属性转型，是中国法律发展的必然要求。目前，中国法律更加趋向于私法化，谢怀栻先生说："法国民法典是19世纪初世界有影响的法典，德国民法典是20世纪初世界有影响的法典，我希望中国民法能成为21世纪初世界有影响的法典。"民法典的起草与制定，表明中国法律的走向正在向私法化发展。人民法院审理的民事类案件，有增加的趋势，其比重越来越大。中国法律文化对外所体现的私法性更多。

4. 从法律体系的封闭性到开放性

中国传统法律体系非常封闭，突出表现为法律的高度法典化。法典化体系造成与外界交流与联系减少，加剧了其封闭性倾向。究其原因：①经济上中国以自然经济为基础，能够实现自给自足，与外界的交流与联系不多，体现在法律体系上是与外界的联系较少。小农经济属性也造就了法律体系的封闭。②政治上的高度专制，这种环境下的法律与法律体系必然与之相适应。③中国幅员辽阔，为生存和繁衍生息提供了基本环境。④中国特有的宗法制度与宗法组织的封闭性，特别是家国一体（家国同构）化加剧了封闭性。⑤儒家思想成为古代中国唯一的思想渊源，思想上的封闭性必然导致法律体系的封闭性。

改革开放以来，中国法律体系的开放性趋势越来越强。主要表现为：①经济上非自然经济，小农性色彩趋于消灭，取而代之的是市场经济，市场经济本身就是开放型的经济，为法律体系的开放性提供了经济基础；②政治上趋于民主，形成民主的基本条件是开放，也与法律体系的开放性相契合；③全面与全方位的开放与交流，不仅在经济上，而且在法律文化上，促成了法律体系的开放性；④封建专制体制与封建宗法制度和宗法组织基本上消失；⑤法律思想多方位发展，摆脱了单纯的儒家伦理化思想束缚，代之以法律思想多元化，导致法律体系的开放性。

5. 从司法行政一体化到司法独立

中国古代司法与行政合一，司法行政一体化，即司法行政化。"每一个官员不论中央行政机关还是地方行政机关的首脑，都拥有司法职权，官僚政治体制中的每一个机构都负有天生的职责来处理案件"。①组织机构上，传统中国意义上的司法与行政难以区分，中央虽有司法专门机构，但要受行政的限制和制约；

②司法主体上，没有专门司法人员，司法只是行政人员的职权之一；③司法权不由特定部门行使，很多部门都有司法权。

司法行政一体化到司法独立，是历史的必然趋势。中国现行宪法规定司法机关依法独立行使审判权，其中《人民法院组织法》做出了较为详细的规定。中国也从制度、物质保证、职业资格等方面做出了司法独立特别是法官独立的具体规定。

（二）价值层面

1. 从集团本位（义务本位）到个人本位（权利本位）

从本位的角度说，中国古代社会是"集团本位（家族本位）"，这在古代中国有着深厚的基础，它对个人权利进行干预和干涉，甚至淹没个人权利。从一定意义上说，集团本位主义的实质就是义务本位和权力本位，与法律属性的公的性质密切相关。义务本位扩展，最大的后果就是对个人权利的无视甚至毫无顾忌地侵犯。这不利于人们对权利的进取，于社会于个人都是十分不利的。

德国学者耶林曾说过，为权利而斗争。这句话深深地印证了权利本位的合理性。中国开始重视个人权利，正向权利本位扩展，无论是从主体抽象人格及财产权的绝对保护，还是对个人隐私权和精神利益在制度上的确认，在立法和司法实践上都得到充分体现。权利本位观念的提出和推广，其本身是对人的尊重，对人们积极地创造财富起着不可估量的作用。中国现在的立法基本上是权利性立法，确认和保护各种权利及各种权利的行使。物权法的起草、制定与颁布，就是确认权利归属，以及对权利特别是对私权利的保护。司法上，越来越多的民事诉讼案件要求对权利的确认和保护。总之，权利本位呈现出"权利化"倾向，并且日益强烈。

2. 从伦理化到理性化

中国传统法律文化的伦理化，并非指中国传统法律的全部内容是伦理性规范，或者说所有的伦理规范都是法，只是表明儒家伦理支配和规范法的发展，成为立法与司法的指导思想，法的具体内容渗透了儒家伦理精神。中国法律伦理化的产生绝非偶然，有一定的原因，主要有四个方面：①占统治地位的自然经济结构是其产生的经济原因；②宗法制度具有深厚的土壤和悠久的历史；③儒家思想为其提供了牢固的理论基础；④封建统治者对家长权、父权、族权特殊作用的经验总结。

法律伦理化的思想在司法领域表现为司法人情化。其主要表现为三个方面：①审判案件时，按"君臣之义，父子之亲"的道德原则衡量，而不是查清事实，分清是非；②司法判决不是寻找法律依据，而是考虑是否符合人情化的道德；③司法者经常受当事人的情感、生活状况等因素影响。

中国目前正处在伦理化向理性化转型的过程中。人们处理各种事务基本上根据法律规定。伦理化的道德虽然不能完全被消除，但一定程度上得以减少。制定法律本身就是对伦理化道德的否定，中国社会法治因素与理性化的因子增多，全社会呈现出一种理性化的良好态势。人们思维中更多的是理性，而不是非理性和伦理化的道德。

3. 从人治化到法治化

法的精神指构成法的各种关系的综合与抽象，也就是法的质的规定性，这种规定性直接决定法的意志，意志具有专制性，也具有民主性。前者表现为人治，后者表现为法治。人治本质上体现的是拥有极权的个人或极少数人的意志，蕴含这种意志的法既是极权的一部分，又是维护极权的工具，政治上构成一种专制的模式。其主要表现为四个方面：①人治在政治上的表现不是民主，而是专制；②人治并不是没有法律，法律只不过是实行专制的工具而已，通过法律进行专制统治；③人治通过法律对社会进行控制，但法律并不是社会的权力基础，是国家机器的工具，表现为权大于法；④古代中国的人治表现出高度的极权。

改革开放以来，中国向法治化转型很明显，这种趋势得到了较大的发展。依法治国，建设社会主义法治国家，被载入中国宪法。法治观念与方法被提高到了宪法层面，在其他的一些法律中得到了具体体现。司法实践中，法官的基本观念也正在向着法治化方面发展。运用法治思维审理案件，得出的判决结论必然是法治化的结论。中国现在的法治既包括硬件性质的法治，也包括软件性质的法治，前者是依据法治精神而被奉为法制原则，以及由这些原则所决定形成为制度的法律内容和表现方法；后者是法治精神，即对法律至上、权利平等观念的认可和应用。

4. 从"无讼"到正义

古代中国人"无讼""贱讼"，并不是真正地对诉讼本身的鄙视，而是害怕诉讼、厌恶诉讼。其原因主要为：①不体面的诉讼和有辱人格的诉讼程序；②官司（不管输赢）会导致"结仇怨""乖名分"等不良后果；③诉讼中易受讼师敲诈摆布，需要低声下气屈己求人。以利害为出发点，并非对诉讼本身的道德或者价值评价。从宏观层面看，"无讼"的原因有：①地理环境的封闭性与农耕文明；②小农经济和重农抑商的经济因素；③宗法文化与宗族组织制度；④思想文化渊源是中国文明的法自然；⑤社会根源是家国一体的政治体制；⑥政治根源是和谐与稳定。

公平与正义的观念和精神正在中国广泛地传播，逐渐渗透到广大人民的日常思维中。现在，中国的法律价值取向已向正义与公平的方向发展。立法要遵循法定的立法程序，这是保证立法正义的必然性措施，通过立法程序制定的法律才是正义与公平的法律。从价值层面说，立法过程是对立法正义永恒追求的过程。司法实践中，具有正义观念的法官，其法律思维具有正义因素，对个案的审理与判决本身，是对正义与公平追求的过程，是在动态过程中实现法律的个别正义。通过正义化的程序得到的结果也应该具有正义性，法官对每个案件正义的不断实现，在整个社会范围看，最终能够达到全社会对一般正义的实现。通过法律实现正义是人们的一般经验，法律的制定和运用，是不断地实现一般正义与个别正义，在共同的协调中实现最大化的正义与公平。

中国传统法律文化在制度层面和价值层面发生的现代化转型，为市场经济的发展提供了法律文化上的精神支持。

第七章　中国法学文化

以公正的逻辑代替武力的逻辑是法律本质的全部所在。

——（斯洛文尼亚）卜思天·儒佩基奇

【核心提示】律学是中国古代的法学。律学滥觞于秦国商鞅变法，兴起于汉，繁荣于魏晋，隋唐集其大成，至宋元而趋向衰落，明清复兴。魏晋律学摆脱经学束缚，成为一门独立的学科，具有玄学特色。孙奭的《律音义》被视为宋代代表性的律学著作。古代谳学是中国传统法律文化的重要成果之一。秦代谳学已发展到相当高的程度。与西方不同，中国历史上确切意义上的法学家和纯粹法学著作较为罕见。

中国封建地主阶级法律思想的核心是"三纲五常"学说。近代的儒学早已不是古代的儒学，有些是披着儒学外衣的西方资产阶级政治法律学说。近代中国面临内忧外患，甲午战争引发的民族危机促使思想界产生了理论危机。中国近代资产阶级的法律思想，是仁人志士挽救民族危机、国家危机寻找到的有力理论武器。新中国成立后，马克思主义法学登上了学术舞台。改革开放以来，法学研究呈现出欣欣向荣的景象。

一、中国古代律学文化

作为古代中国特有的一门学问，律学主要从文字、逻辑和技术上对明文规定的法律条文作详细解释，是中国古代的法学。律学滥觞于秦国商鞅变法，兴起于汉，繁荣于魏晋，隋唐集其大成，至宋元而趋向衰落，明清复兴。

（一）萌芽于秦汉

商鞅变法为律学产生创造了机会。律学一经诞生就以官方解释为形式，打上了文化专制的烙印，成为"法令之所谓"的学问，依附于官府。何勤华教授认为："在秦汉时期的文献中，事实上并无关于律学研究状况的记载，也无'律学'之用语，对律学研究活动明确做出记述以及'律学'一词的使用，是魏晋之后的事情。"魏晋以前，虽无律学之名，却有律学之实。《秦简·法律答问》是一篇系统完整的律学作品，多采用问答形式，解释法律 187 条，涉及商鞅变法和秦王政时的法令、廷行事等。

秦时权制独断于君，国家统一立法，"非秦记皆烧之，非博士官所职，天下敢有藏诗、书、百家语者，悉诣守尉以烧之"，"欲有学法令者，以吏为师"，私人不得解释法律，否则坐以"妄议朝政"。春秋战国时期百家争鸣的学术氛围到此戛然而止。"法令之书藏于官府，天下之大陷于见闻，斯时朝廷之上方以法为上，而四海之内必有不屑以吏为师，而此学遂衰"。秦代郡县都设有"法吏"，职责是向百姓宣讲法令，其他官吏也需精通法令，良吏与恶吏的区别以是否明法令为标准。

汉承秦制，萧何整理《九章律》，叔孙通增《傍章律》，张汤增《越宫律》，赵禹增《朝律》。汉代律学深受经学影响，与秦代截然不同。武帝之后儒学独尊，经学大兴，改法家之律为儒家之律，是律学的历史使命，律学呈现引经注律的鲜明特色。董仲舒是研究《春秋》的经学大师，首创采用"引经决狱"的方式解释法律和审理案件，达到用儒家思想注解、改造法家法律的目的。

西汉时引经注律主要依据儒家经典的原则处理案件。经指儒家经典，包括《诗》《书》《礼》《易》《春秋》等。东汉经学研究的方法被称为章句之学，用训诂的方法逐字、逐词、逐句解释儒家经典，阐释其包含的文意。郑玄解释《周礼·秋官司寇·士师》："士师之职，掌国之五禁之法，以左右刑罚。一曰宫禁，二曰关禁，三曰国禁。"阐释道："左右，助也。助刑罚者，助其禁民为非也。宫，王宫也。官，官府也。国，城中也。古之禁尽亡也"。郑玄等人也用注经的方法注律，形成"律令章句"，蔚为壮观。《晋书·刑法志》说："后人生意，各为章句。叔孙宣、郭令卿、马融、郑玄诸儒章句十有余家，家数十万言。凡断罪所当用者，合二万六千二百七十二条，七百七十三万三千二百余言。"此时，律学依附于经学。

（二）发展于魏晋

魏晋律学具有玄学特色。曹魏崇尚刑名法术，曹操以严格执法闻名于史。"魏之初霸，术兼名法，傅嘏王粲，校练名理。"玄学本质上是哲学，以老庄注易，而魏晋易学尽废象数之学，偏于义理研究，讲求内在逻辑。从学派渊源上看主要承继老庄哲学。此外还上承法家、名家。"王弼、何晏之文，清峻简约，文质兼备，虽发道家之绪，实与法家言为近者也"。玄学兼宗儒道，采用辩名析理的形名之法。玄学对经学的反对表现在思维上以逻辑思辨取代连事比附，表现在方法上以辩名析理代替文字考证和训诂。魏晋律学摆脱经学束缚，成为一门独立的学科，重视概念，讲求逻辑，辩名析理，受到玄学影响，其代表人物是张斐、杜预。

张斐以《周易》的哲学思想作为律学理论的基础，"立法皆拟《周易》变通之体焉"，"夫理者，精玄之妙，不可以一方行焉；律者，幽理之奥，不可以一体守也"，"夫律者，当慎其变，审其理"，"夫刑者，司理之官；理者，求情之机；情者，心神之使"。从理的层次探讨法律的内在精神，理指事物的运动规律。理与律的关系是"形而上者谓之道，形而下者谓之器"。张斐注重律的整体结构，在《律注表》中针对汉魏律中具律篇章次序混乱的情况，运用整体与部分的逻辑关系，提出"律始于刑名，所以定罪制也……经略罪法之轻重，正加减之等差，明发各篇之多义，补其章条之不足，较一举上下之纲领"。刑名篇"自始至终，往而不穷，变化无常，周流四极，上下无方，不离于法律之中也"。这些论述注重逻辑关系，充满玄学韵味。

张斐使用玄学辩名析理的方法分析律学概念。"夫不能辩名，则不可与言理也；不能定名，则不可与言实也。""名"即概念，"辩名"即概念分析，张斐《律注表》中对"故""失""过失""谩""诈"等20个法律用语精到的界定就是运用玄学辩名的方法。概念分析的方法显然不同于经学方法，对比郑玄对《周礼·司刺》中"一宥曰不识，再宥曰过失，三宥曰蠢愚"的注释："识，审也。不审，若今当仇报甲，见乙，诚以为甲而杀之者；过失，若举刃欲斫伐而轶中人者；遗忘，若间帷薄忘有在焉，而以兵刃投射之"，注释方法是训诂加举例解释。律学受玄学影响，但玄学尚清谈，而律学讲求实用，是现实主义的学术。

（三）成熟于唐

唐朝是封建社会的鼎盛时期，学风开放，学术发达，律学昌盛，具有国际化特点。律学研究的目的开启新的转向，律学家们所关注的是解决僵化的律典与日益复杂的社会关系之间的矛盾冲突，不再是以经学理论诠释法律，而力图阐释国家的立法意图，概括国家的法律原则，注释法律的概念术语，评论条文的源流得失，以提高司法官吏的办案能力和用法准确性，避免失轻失重。《唐律疏议》的制定以及长孙无忌等奉旨所做的逐条疏解，既显示了立法技术的成熟，也反映了唐代律学的新成就。

唐律指以《唐律疏议》为核心的唐朝法律制度。它凝聚了中国数千年来历代统治者对礼与法的思考、对法律作用的理解、对前代立法经验教训的深刻总结和对完美法律的不懈追求。它集汉魏晋律学之大成，完美展现了"德礼为政教之本，刑罚为政教之用"的特点，在世界法制史上独树一帜，成为封建法律的杰出代表，对中国后世产生了极大影响，是现存最早而又最为严谨的律学著作。

《唐律疏议》为官方编纂的律学著作，既有对法律精神、法律原则与名词术语的规范性解释，也有对实际操作中可能发生的问题的预见和处理。以疏附于律文之后，是唐人在总结魏晋注释律学基础上的一大创造，便于执法者领会律意，避免在实施中出现偏颇。在注释方法上，融文理、史源于一炉，文字上符合明白晓畅要求。不仅为断狱者提供了引疏分析的依据，还给科举明法提供了统一的标准。张鷟《龙筋凤髓判》和白居易的判词水平很高，从侧面反映出当时的律学水平。《唐律疏议》吸取历代律学研究成果编纂而成，博采众家所长，引经据典，运用多种解释方法对律条逐句解释，其开放的学术气度表现在占篇幅80％的律疏集中了历代法律解释学的成果，是叹为观止的法律作品。

《唐律疏议》以综合性、准确性和协调性特点，成为封建法典的典范。尽管唐代私家律学作品没有流传下来，但在日本却发现有令人惊喜的成果。唐代律学作品跟私家律学作品一起传入日本，据庆应大学利光三津夫教授研究，传入日本的私家律书共计十五种，如《张氏注》《宋氏注》《简氏注》《曹氏注》《杨书》《夫书》《唐问答》《附释》《杂律义》《唐律释》《律疏骨梗录》等十一种，另有《栗氏注》《唐答》《唐云》《唐律集解》四种疑似唐代律学作品。当时的日本学者（律学家）编纂了《律集解》《令义解》《令集解》等，制定了《大宝令》《养老令》等法律，推动了日本的国家法制建设和社会发展。

日本在大学寮设置律博士、助学博士，专门培养律令学专家。这些专家仿照唐朝律学家的方法编纂的律学著作还有《神祇令和解》《五断简》《古记》《令释》《迹记》《穴记》等。

（四）衰微于宋

宋朝虽然较为重视法制，要求官员知法守法，尤其在宋神宗变法时大兴律学教育，开设"明法科"，选拔法律专门人才，但自变法失败后，律学开始衰微。统治者严禁民间抄写刻印法律，更不准私授律学。南宋时，理学兴起，由讲求实用转向空疏，学术风气发生了巨大变化。理学主要阐释抽象的义理，是一种务虚的"心性之学"，恰与"贵在致用"的注释律学相对立。受空疏学风的影响，很多文人士子专攻理学，成为一种社会风尚。于是律学由显学逐渐沦为末学，古代律学总体上呈现大滑坡的趋势。

由于律学与实践紧密相关，使得以官员身份进行的私家注律得到某种发展，出现了一些对后世颇有影响的释律著作。如宋傅霖的《刑统赋》，以歌赋形式注释《宋刑统》，手法新颖。孙奭的《律音义》被视为宋代代表性的律学作品。

宋时较为注重司法实践，法医学较为发达，一些总结司法实践经验的律学著作应时而生，郑克的《折狱龟鉴》、桂万荣《棠荫比事》、宋慈的《洗冤集录》。《折狱龟鉴》是中国第一部汇集历史上有关决狱和司法检验案例并做出分析评述与总结的著作，表达了作者"尚德缓刑""明慎用刑"的主张和对庸官酷吏的憎恨，是研究中国古代司法的律学著作。《棠荫比事》从执法、断狱、量刑、司法检验等方面，总结历代司法审判的经验与教训，流传甚广。《洗冤集录》是对中国古代法医学的全面总结，由宋慈采撷前人著作中有关法医检验案例结合实践经验编写而成，既是我国最早的一部比较完整的法医学著作，是古代法医学的里程碑，也是世界上第一部法医学专著，为南宋办理命案官员的必读之书，被后世奉为"金科玉律"。该书先后被译成朝鲜、日、英、法、德等多国文字，为我国法医学赢得了世界声誉。

（五）复兴于明清

明代律学未受不良影响，这与朝廷重视法律不无关系。《大明律》有《讲读律令》条。明嘉靖之后，皇帝多不理政事，朝廷束缚渐松，有利于律学发展。官方《律令直解》开明代注律之端，私家注律大家辈出，唐枢《法缀》，收录洪武至嘉靖年间的律令典章及法律著作47部；陆柬《读律管见》曾被《大明律例附解》、《大清律辑注》（沈之奇）、《读律存疑》（薛允升）等所引用；王樵积数十年司法实践经验，采诸家之长撰写的《读律笺释》，既详细又准确，堪称明代中期以后异军突起之私家注律的代表作，被后世律学奉为圭臬；王肯堂的《明律笺释》以家学渊源，并汲取名人注律精华，成为明代权威性解律之作。此外，何广《律解辩疑》、张楷《律条疏议》（或称《明律疏议》）、雷梦麟《读律琐言》、孙存《明律读法》等，是明代官方重视的作品，还直接为清代律学所承继，为清朝私家注律的昌盛奠定了重要基础。由于专制主义和士人兴趣的淡漠，律学在明代并未真正中兴。

清代较之明朝，情况大有不同，是律学的复兴时代。清初经世致用的学风回归，史学、经学、小学、金石学等学科蓬勃发展，律学也获得了发展机会。清代盛行的考据学直接催生了《大清律例通考》《读律存疑》等。杜贵墀《汉律辑证》、沈家本《汉律拾遗》、程树德《汉律考》也可以看作考据的成果。清前期继承了明"讲读律令"的规定，也极大地推动了律学的发展，涌现出了王明德、沈之奇、吴坛、薛允升这样的律学大家。

在方法和成就上，清代律学也远超前朝，应用律学、律史学、比较律学以及古律考证都成绩卓著。一批堪称经典的律学著作如王明德《读律佩觿》、沈之奇《大清律辑注》、吴坛《大清律例通考》、薛允升《读律存疑》都诞生于这一时期。清朝律学成为中国历史上继魏晋、汉唐以后，律学发展的又一高峰。清代文字狱盛行，学术至乾隆、嘉庆时转为考据为主。针砭时政的言论被认为是诽谤朝政，文人多以隐晦的方法表达个人政见。薛允升

《唐明律合编》通过《大明律》与《唐律疏议》的比较，证明明律虽字数胜于唐律，实则离唐律之质甚远。沈家本《法学盛衰说》认为我国法学战国最盛，至秦而衰，汉代复盛，历晋北齐、隋、唐、宋诸代，至元而衰，明清则为法学的衰世。这里的法学主要指律学。程树德也认为有清一代经学辞章远轶前轨，独律学缺焉不讲，以至于四库全书按语中说"刑为盛世所不能废，亦为盛世所不尚"。

仿效明律，清朝在《大清律》中规定"讲读律令条"，雍正时期还将李卫、田文镜编写的"州县事宜"作为《钦颁州县事宜》颁布，供地方官学习政务处理。《钦颁州县事宜》中有"讲读律条"内容。清朝在治国方略上效法汉唐"德礼为政教之本"。清统治者并非不尚刑，是阳奉德而阴奉刑。

中国古代律学经过了两千多年的发展，承担着阐明立法意图，辨析法意，解释法律术语和原则，力求用有限的法律条文，规范多样的社会关系。律学要发达，必须有生长的土壤，成文法具有一定规模构成律学赖以生存的前提。律学受所处政治气候影响，在政治允许的空间甚至是缝隙里才能有所成长。律学也要适应社会需求进行变革，才能具有更强的生命力。

二、中国古代谳学文化

谳学即断狱决讼之学，主要包括司法审判的理论、原则、经验和技术。逻辑上谳学可以包括在吏学之中，与律学有着某种重叠。它有极强的特殊性，故独自列为一学。古代谳学是中国传统法律文化的重要成果之一。

（一）中国古代谳学范畴

中国古代谳学主要由以下四部分组成：一是审判原理，如纠举式、有罪推定、罪刑法定等；二是审判技术，即法官审讯当事人调查案件事实并据以断案的方法；三是检验技术，包括对证据、犯罪现场、尸伤、疾病等检验和鉴别的技术；四是状牒制作技术，即制作专门法律文书的方法和技术。

（二）中国古代谳学沿革

中国古代谳学发端很早，《尚书·吕刑》即有"两造具备，师听五辞"，"中听狱之两辞，无或私家于狱之两辞"，"无僭乱辞"；《周礼·秋官·小司寇》有"以五声听狱讼，求民情"，"用情讯之"；《司刺》有"讯群臣""讯万民""求民情，断民中"。秦代谳学已发展到相当高的程度。从《睡虎地秦幕竹简·封诊式》所载治狱、讯狱、群盗、穴盗、经死等节可略见一斑。封建社会，谳学发展到十分纯熟的程度。关于审判的原则、方法和技术的总结，在官箴和判牍中随处可见。

（三）中国古代谳学特点

中国古代谳学，科学性与非科学性并存。表现在：其一，既强调证据的作用，又主张使用刑讯取供。其二，在证据检验方面，既有科学经验，又有迷信色彩。其三，既有有罪推定，又有无罪推定因素。其四，既有纠举式，又有当事人主义成分（比如劝原告撤诉）。还可以看到，古代法官适用法律时，既遵循成文法典，又在特殊情况下以情补法、适用判例。其五，法官分析案情、适用法条时严谨慎重、一丝不苟、善于论驳、勇于争辩的精神，亦跃然于纸上。

（四）中国古代谳学文献举要

中国古代谳学文献除了散见于法学著述中，且与吏学（官箴）、律学文献相交叉之外，也有相对独立的文体和分类。其主要有三种：一是著述体，即把谳学内容著为书；二是实录体，即真实的判牍或其择要；三是前两者的结合，有录有述。其主要有：唐代张鷟的《龙筋凤髓判》、白居易的《白氏长庆集·甲乙判》；五代和凝、和山的《疑狱集》；宋代桂万荣的《棠阴比事》、郑克的《折狱龟鉴》、朱熹等人的《名公书判清明集》；明代吴讷的《棠阴比事续编》《祥刑要览》、张九德的《折狱要编》、应木的《谳狱稿》、余懋学的《仁狱类编》、竹林浪叟的《萧曹遗笔》、卧龙子的《萧曹致君术》、清波逸叟的《折狱明珠》、野叟的《法家须知》、余员等的《三台明律始判正宗》、佚名撰《比部招议》、王延相的《浚川驳稿集》、张肯堂的《嗒辞》；清代吴天民的《法家新书》、叶世倬的《律例须知》、刘衡的《读律心得》、王祖源的《明刑弼教录》、穆翰的《明刑管见录》、伊里布的《学案初模》、刚毅的《秋谳辑要》《审看拟式》、白如珍的《刑名一得》、吕芝田的《律法须知》、兰鼎元的《鹿州公案》、胡秋潮的《问心一隅》、顾麟趾的《山右谳狱记》、官撰《秋审事宜》、谢诚钧的《秋谳志》、佚名撰《秋审枕秘》、冯钟岱的《秋审琐言》、魏茗虚的《刑部平反节要》、佚名撰《命案要略》《盗案要略》《命案论》《盗案论》《清讼要言》、刘衡的《刑案汇要》、陈坤的《从政绪余录》、全士潮的《驳案新编》、桑春荣的《秋审比较汇案》、蒋超伯的《爽鸠要录》、李馥堂的《两歧成案新编》《加减成案新编》、许木等的《刑部比照加减成案》、佚名撰《刑成案》、祝庆祺的《刑案汇览》《续增刑案汇览》、吴潮等人的《刑案汇览续编》、潘文舫等人的《新增刑案汇览》、北洋洋务局辑的《约章成案汇览》、李之芳的《棘昕草》、蒯德模《吴中判牍》、李钧的《判语录存》、符翁的《阳山丛牍》、董沛的《汝东判语》、樊增祥的《樊山批判》、孟壶史的《刑案成威》、张光月的《例案全集》、洪弘绪的《成案质疑》、洪彬的《驳案成编》、缺名撰《行移体式》《刑幕文法》、杨士骧的《例学新编》等。

三、中国古代法学文化

　　与西方不同，中国历史上确切意义上的法学家和纯粹法学著作比较罕见。但这并不意味着中国古代无法学，也不等于说中国古代法学天然落后。关键要从中国历史的实际情况出发来把握和研究。

（一）中国古代法学的范畴

中国古代法学指中国古代人们关于法这一社会现象的一般见解和理论评价，近似于今天的法理学或法哲学，包括法的概念、特征、起源、社会功用，法与国家权力的关系，法与道德的关系，法与天道（自然规律）的关系，法与人性的关系，立法基本原则，变法理论，法与君权，"法治"与"人治"，犯罪的原因与预防等。

（二）中国古代法学发展脉络

中国古代法学与法这一特殊社会现象同时诞生、同步发展。那些凭着人们口耳相传得以保留的远古史事，以及人们约定俗成的观念，待到文字出现时，便通过文字真实地表现出来。古代的"法""刑""礼"等字，无不以象形文字的优越性凝聚了古人对法这一社会现象的见解。商周时代，官方典册记载了当时统治者对法一般原则的理解和主张。春秋战国时代百家争鸣，思想家们在论述其政治、社会主张时，也谈到法。特别是法家，对法的研究是空前的。封建时代，儒家思想居统治地位，法学研究受到一定压抑。但在大量文献中，包括个人的文集、奏章、官修史书、类书等，都保留了法学的丰富内容。

（三）中国古代法学主要特点

中国古代法学的主要特点：①朴素唯物主义和无神论精神。夏商西周时，神权思想曾居支配地位。西周初期开始，神权思想的影响逐渐弱化。春秋战国以后，其影响力甚微。朴素唯物主义无神论精神成为中国古代法学有别于其他古老民族的一大特点。②"亲亲""尊尊"的伦理差异精神。宗法伦理道德的影响极大地支配着人们的思考，中国古代的法学基本上没有跳出"礼"的

198

范围，使中国古代法学带有先天的滞后性。③立足于解决实际问题的现实主义精神。中国古代思想家、政治家总是出于解决现实社会中的法律问题讨论法，使中国古代法学带有凝重的现实主义色彩。过分拘泥于实践，也带来轻视哲学本体论的副作用，其结果是法学理论的思辨精神淡薄，理论层次不高。

（四）中国古代法学文献举要

中国古代法学资料保存在十分广泛的册籍之中，如《易经》《尚书》《礼记》《周礼》《逸周书》《左传》《国语》《论语》《孟子》《荀子》《墨子》《老子》《庄子》《商君书》《慎子》《申子》《韩非子》《吕氏春秋》《历代刑法志》，还有正史列传、循吏列传、酷吏列传、《食货志》、私人文集（如明代丘浚《大学衍义补》）、奏议（如《历代明臣奏议》），以及类书（如《古今图书集成·经济汇编·祥刑典》）、丛书（如《丛书集成初编》）中的有关部分等。

四、中国近代法律思想

中国近代社会不同于西方近代社会。第一，西方近代的历史，是资本主义生产关系孕育于中世纪封建社会母体内，然后分娩、成长、壮大的历史，是社会发展史上的正常状态；而中国近代的历史，资本主义生产关系的萌芽虽然早就出现于明末，但由于封建国家机器的扼制和帝国主义的侵略，始终没有正常地发育成熟。中国近代的资本主义生产关系，从某种意义上来说，是从西方移植过来的，这在社会发展史上属于非正常状态。第二，西方近代的历史，基本上属于资产阶级逐步战胜封建地主阶级的历史；而中国近代的历史，除了与西方相同的一面外，还具有中华民族各个阶级抵抗帝国主义侵略的历史内容。正因为中国近代的社会历史与西方有着显著的不同之处，所以中国近代的法律思想也就具有许多不同于西方的历史特点，以及不同于西方的逻辑演进过程。

（一）中国近代法律思想发展脉络

不管是西方近代社会，还是中国近代社会，其历史主旋律都是资本主义制度逐步取代封建制度、资本主义生产关系逐步取代封建生产关系。但在中国近代，资本主义生产关系主要是移植的，资本主义制度代替封建制度的具体途径，是中华民族逐步认识和继承批判西方资本主义制度，用外来的先进制度逐渐抛弃落后的封建制度。

这一历史特点反映在法律思想领域，就表现为各个阶级、保个阶层的思想家通过一系列历史事变，不断加深对西方资本主义法律制度的认识，由朦胧到清晰，由破碎到系统，由介绍到称赞，由宣传到实践，由崇拜到思辨、继承批判，这大体上是中国近代法律思想演进的历史过程。

鸦片战争时期，地主阶级改革派初步认识了西方法律制度。他们不满于腐败的封建政治，更通过鸦片战争中清政府的失败，意识到了完全恪守传统的"以夏变夷"的思维习惯万万不行。他们肯定了西方近代政治法律制度的合理性，以及学习西方先进技术的必要性。从龚自珍到魏源，地主阶级改革派在学习、借鉴西方资本主义制度的问题上迈出了重要的一步，走到了资产阶级民主革命的边缘。

太平天国革命时期则是农民阶级的思想家认识、接受西方资本主义法律制度的历史时期。洪秀全仍然属于旧式的农民起义领袖，具有这样的双重性格：他是封建专制政权的破坏者，同时又是封建专制政权的创立者。而洪仁玕与此不同，他找到了农民革命的出路，即走资本主义道路，建立资本主义政治法律制度。这在当时无疑是先进的思想。从洪秀全到洪仁玕，表明农民革命已成为资产阶级民主革命的一部分。

洋务运动时期是地主阶级的思想家对西方政治法律制度加深

认识，亦明确主张引进的时期。洋务派从早期改革派（龚自珍、魏源）发展过来，龚自珍对沉闷的晚清政治局面不满意，认为必须要变，但找不到变的道路，最后又回到了封建制度的轨道上。魏源则找到了变的道路，先是主张学习西方的军事技术（"师夷之长技以制夷"），后又接触到了西方议会民主制度的资料，给予了赞扬，但未明确主张引进。洋务派继承发展了魏源的思想，张之洞提出"中学为体，西学为用"，虽主张"三纲五常"不能变，但主张参酌西方法律制度，对封建法律制度作局部改良。同样是洋务派的郭嵩焘则认为西方的制度有"本"有"末"，中国的制度亦有"本"与"末"，拿西方之"末"与中国之"本"相结合，则不伦不类，不会成功。他主张学习西方的宪政。这表明地主阶级的思想家已开始思索如何引进、借鉴西方政治法律制度，比改革派大大深化了一步。

　　戊戌变法时期是资产阶级改革派引进、借鉴、实施西方君主立宪制度的时期。康有为利用传统经学为君主立宪制度寻找依据，把西方的政治法律制度说成是古已有之。梁启超则径直地大量翻译、介绍西方法学名著，力主用西方的民主法律制度代替封建君主专制制度。

　　辛亥革命时期是资产阶级革命派引进、借鉴、实施西方民主共和制度的时期。孙中山是资产阶级的伟大思想家，他超越前人之处在于他一方面对西方的民主宪政制度予以批判继承；另一方面又能够对传统文化批判继承，因此提出了中西合璧的"五权宪法"思想。

　　综上可知，中国近代法律思想史演进的主线是各个阶级、各个阶层对西方资产阶级法律思想的认同、继承与批判。这条主线伴随着中国近代社会的改革与开放进程形成。鸦片战争逼迫中国对外开放，一开放就看到了自己的落后。要改变落后状态，就要改革封建制度。怎样改？这就又必须以西方的民主法律制度作为参照系。从开放到改革，从改革到开放，两者组成了近代社会历史的双重奏。中国近代的思想家们正是在这种双重奏中，用西方的资产阶级法律思想否定了中国地主阶级的法律思想。

（二）中国近代关键法律思想

中国近代法律思想史从本质上看，是资产阶级法律思想代替地主阶级法律思想的历史。中国封建地主阶级法律思想的核心是"三纲五常"学说。用什么思想学说取代它，就成为中国近代思想家的历史任务。在马克思主义传入中国以前，中国的思想家们只能从西方资产阶级那里寻找理论武器。

鸦片战争刚结束，魏源就明确认为美国既不专制又不世袭的民主制度，比起乾纲独断的中国式的"古今官家之局"优越得多，又"公"又"周"，"尽善尽美"，甚至认为这种制度可以"垂奕世而无弊"。这表现了魏源对西方民主制度的朦胧向往，可他尚未明确提出以民主制度代替专制制度的问题。太平天国时期，洪仁玕建议洪秀全一切大政均"宜立法为准"，这表明他开始考虑如何限制君主专制的问题。洋务运动时期，正式提出了封建纲常名教与西方民主宪政制度的关系问题。张之洞主张在维持纲常名教不变的前提下，采用部分西方法律制度来改良中国的刑事司法制度；郭嵩焘则认为纲常名教亦需改变，应采用西方的议会民主制度。甲午战争后，资产阶级维新派将先前开设议院的议论作为政治口号正式提出，同时输入、传播了天赋人权论、社会契约论，以及自由、平等、博爱等西方资产阶级法律思想，大胆地抨击了纲常名教，要求用君主立宪代替君主专制。但是，康有为、梁启超等人虽然宣传了自由、平等民权思想，但没有逻辑地得出推翻清朝专制的结论，他们的思想只能算半截子民主思想。随着义和团运动的失败，《辛丑条约》的签订，民族危机更加严重，清朝政府的反动嘴脸暴露无遗。以孙中山为代表的资产阶级民主革命派提出了建立民主共和政体的任务，还提出了通过国民革命来完成这一任务的具体方法。与此同时，革命派还从上层建筑到经济基础等各个方面对封建"三纲五常"进行了深刻的批判。

中国近代法律思想史就是一部西方资产阶级宪政主义、社会契约论、天赋人权论等法律思想与中国封建"三纲五常"的法律思想进行斗争的历史。最后的历史事实表明，中国资产阶级利用西方法律思想学说、民主学说并没有彻底战胜封建主义的法律思想，这不仅仅是由于资本主义的经济基础在中国不够强大牢固，同时还因为西方资产阶级的民主法律思想不够普及。袁世凯称帝后，这个问题重新引起了人们的重视，于是又来了一次更大规模、更为深刻的民主与法律思想的启蒙，即五四新文化运动，重新宣传人的尊严、个性解放，批判封建名教。一些激进的民主主义者又敏锐地感觉到，资产阶级的民主法律学说已是明日黄花，无力回天，因而他们把目光转向社会主义民主。在思想领域里，社会主义民主开始取代资产阶级民主，成为思想先进的人的追求目标，中国近代民主思想史又翻开了新的一章。学术界习惯把五四运动至新中国成立前这一段的法律思想称为中国现代法律思想。

（三）中国近代法律思想特征

第一，思想流派的多元性。地主阶级中改良派、顽固派、洋务派，农民阶级中有旧派（洪秀全）、新派（洪仁玕），资产阶级中有外国传教士、改良派和革命派。不同阶级、不同阶层都有自己的思想家，都提出了不同的法律主张，使得中国近代法律思想史的内容相当丰富。中国近代之所以法律思想流派众多，是因为中国近代是半封建半殖民地社会，阶级关系远较西方近代社会复杂，而且救亡图存、抵御外侮的严峻形势，逼得各个阶级、阶层迅速拿出救国方案，马上付诸实践。中国封建君主专制历史长达两千多年，西方君主专制历史一般不满千年，中西相比，是二比一。中国近代资产阶级的法律思想，从酝酿、产生、发展到成熟，到资产阶级民主共和国成立，70 年；欧洲从文艺复兴到法国大革命，300 年。中西相比，是一比四。这一长一短，表明中国近代的历史步骤十分急促，在时代激流中，一些本来站在前列的代表人物，很快就退到后列，甚至成为障碍，由人们所敬仰所追随，变而为人民所舍弃所批判的对象。这就是中国近代法律思想异彩纷呈的重要原因。

第二，思想内容的集中性。法律思想包括宪政、民法、刑法、诉讼法等方面的内容，但中国近代的法律思想却主要集中在宪政方面。马克思主义认为，一种理论在一个国家被接受的程度，是由这个国家对这种理论的实际需要程度决定的。鸦片战争以后的中国，主权日削，国土日蹙，列强环伺，虎视鹰瞵，而两千年来相沿已久的封建专制制度却腐朽不堪，无法承担起领导中华民族抵抗外侮的历史重任。中国仁人志士逐渐认识到，要救国，就要学西方，"师夷之长技以制夷"一语简洁地概括了手段与目的两方面的内容。对于"长技"的内容，进步的思想家们有一个由表及里、由浅入深的认识过程，即由坚船利炮而工商科技而议会政治这样一个三阶段的认识过程。中国人是顺着御侮救国之路而不是顺着个性解放、自由平等之路寻找到议会政治这一武器的，直接将议会民主制度作为救国御侮的最佳手段。对西方近代宪政学说的介绍、宣传、实践，构成了中国近代法律思想史的重要特点。其原因在于专制制度与民族危机有着不可分割的内在联系。鸦片战争以后，封建君主专制病入膏肓，百弊纷呈。道光帝，颛顸无知，虐骄自大；咸丰帝，色厉内荏，贪色多欲；同治帝，幼承帝统，短命而夭；光绪帝，四岁即位，纯属摆设。宫廷政变，太后垂帘，宦官干政……各种弊病，纷呈不绝。这种腐败性，因帝国主义的侵略，暴露得更为充分。近代中国每一次民族危机的加深，都是封建专制腐败的进一步暴露，也都进一步激起爱国的人们对封建专制的恶感和对西方民主制度的渴望。近代思想家们不论是赞成还是反对，都把目光投向了西方宪政学说。

第三，思想传统的转换性。"历史思想家……在每一科学门中都有一定的材料，这些材料是从以前的各代人的思维中独立形成的"。西方资产阶级法律学说与地主阶级法律思想的相互斗争是中国近代法律思想的主要内容，地主阶级的法律思想主要来源于儒家学说。在西欧，中世纪只知道一种意识形态，即宗教神学。中世纪把意识形态的其他一切形成——哲学、政治、法学，都合并到神学中，使它们成为神学的科目。中国的儒家思想同西方中世纪宗教神学的地位相似，但它不是宗教，带有本身的特点。它是封建地主阶级的正统法律思想，西方资产阶级法律思想要扎下根，就必须对儒家学说进行整理、分析和再认识。龚自珍、魏源、康有为利用儒家今文经学附会西方政治法律学说，章太炎利用儒家古文经学附会西方政治法律学说，孙中山也从儒家学说那里吸取了不少命题。与地主阶级顽固派不同，他们不是恪守儒学，而是对儒学进行新的诠释，创造性地转换。从一定形式上看，中国近代法律思想史上不同流派的斗争，似乎是儒家不同学派之争。而实际上，大都是利用传统为现实服务，近代的儒学早已不是古代的儒学，有些是披着儒学外衣的西方资产阶级政治法律学说。

五、中国近现代法学研究

（一）五代法学家[①]

中国步入近代以来，前赴后继，大致已然有过五代法学家。所谓近现代，是指 1840 年以来的一个半世纪，而就法学来说，主要则是自清末变法改制以降的百年历程。

---

① 本部分内容来源于清华大学法学院教授许章润先生的相关论文。

百年间的法学家，大致分为五代。清末变法改制期间登台的为第一代；20世纪20年代初期以降，接受了现代西式法律教育的法律从业者逐渐上场，面对新问题，秉持新理念，尝试新范式，整个法学面貌为之一变，真正纯粹法学意义上的中国学术传统滥觞于此，为第二代；30年代中期前后，受教于第二代，更有一批新人入围，业精于专，学见乎平，秉持专家本色，坚持学理探讨，注重中国问题，将已然启其端绪的中国法学传统，渐予深化与光大，为第三代；1949年新中国成立前后，原体制下培养的法律人才刚刚出道，牛刀未试，苏联式教育理念养育的和延安时期培养的社会主义法律工作者旋即上场，泾渭同流，为第四代；1977年后经由高考入读法律院系的，历经四十载春秋磨炼，蔚为今日法学公民主体，为第五代。

1. 第一代法学家及其法学研究

第一代法学家成型于清末民初，其主要人物大略包括沈家本、梁启超、严复、伍廷芳和王宠惠等诸公。既有传统律学代表，又有西方新学归国人员。其代表作既有律学经典，又有西方译著。学术贡献主要在于开启中西法学交流，个别具有世界水平。

第一代法学家身兼士大夫与知识分子双重使命，这辈人东西文化兼有，新知旧学混然，于承先接后、媒介东西间，将修齐治平的浩然理想落实为日复一日的"以法律为业"的持敬践履。开启了此后百年间中国法学诸多思绪的先河。从微观来说，对于中国传统刑法的研究，无人得谓堪立《历代刑法考》之右；就宏观而言，则今日许多话题，早已于任公那支饱含情感的笔下汩汩流出。他们完成了传统律学的终结，开启了现代法学的先河，中国的法律智慧由此不绝如缕，赓续发扬。

2. 第二代法学家及其法学研究

第二代法学家阵容齐整，举其荦荦大端者就有王世杰、杨鸿烈、程树德、钱端升、吴经熊、徐朝阳、梅汝璈、胡长清、林纪东、张志让、张君劢、丘汉平等人。他们师承第一代，多留学海外。

20世纪20年代初期，接受了现代西式法律教育的法律从业者开启真正纯粹法学意义上的中国学术传统。有第一辈启蒙垫底，不少复有负笈海外的培养，这辈人均学有所成，各精一业。其为一个民族的法律生活发言，代表着一个浩瀚人文类型的法律智慧，各专业专著，成就繁多，具有极高水准。因而其学其著，即便置诸世界学术之林，亦有其不可取替之地位。

3. 第三代法学家及其法学研究

第三代法学家包括蔡枢衡、王伯琦、李浩培、倪徵燠、戴修瓒、陈谨昆、王铁崖、韩德培等先生，他们业精于专，学术更加专业化。其教学也有方，其治学也卓然。

与第二代法学家一样，这一辈学人同于壮年遭遇整个民族急剧转型时期，多数情形下欲语不得，只好封笔，沉默中打发了满腹经纶。

4. 第四代法学家及其法学研究

第四代法学家则是新中国成立前后，原体制下培养的法律人才、苏联式教育理念养育的法律人和延安时期社会主义法律工作者共存，旧法、苏法、新法均沾。以介绍苏法为主，少有学术精见。

这辈学者大多经历坎坷。中年重归书斋，亡羊补牢，奋笔疾书，起起伏伏，孜孜不倦，奠立了80年代以降法学教育和法学研究的基础。

5. 第五代法学家及其法学研究

第五代法学家就是目前活跃的中年法学家。法学界出头露面的，不少都是这一代际的，俨然挑大梁。目前各学科的代表著作，开始重新走向学术规范化和世界化。

（二）五代法学家的工作成就

总括百年历程，"五代法学家"大致完成并正在继续着以下五项任务。

1. 引介现代西方法制与法意，对中西法制与法意进行初步梳理

近世中国的法学家社群从一开始就面临着中西文化及其法律文化难题，正是西方文明秉持全面政经强势的咄咄进逼，中西文明包括法律文明的激烈冲突酿就的中国文明的整体危机，催生出中国社会—文化转型的"长程革命"，而导致第一代法学家于危难之际慨然登场。举凡宪政民主、权力制衡、议会政制、民刑事法制、诉讼制度，在形式层面，悉予百年间引入中土，以为我用，虽万人吾往矣；举凡天赋人权、主权在民、法律面前人人平等、公民不服从、契约神圣、恶法非法、罪刑法定、程序正义等现代西方法律理念，均穷源究流，在比附、阐发固有传统，而于丰富汉语文明法律智慧内在含量的努力过程中，意图嫁接生根，落地开花，求中华文明法律之治的展开，求中国人在法律精神层面的提升，从而服务于中国的人间秩序，造福于中国的人世生活。对于中国传统法制及其理念的研讨来说，自沈家本、杨鸿烈、陈顾远、蔡枢衡、瞿同祖，以及张伟仁、张晋藩，举凡中国帝制时代法律制度的各个方面，中国传统法律思想的基本内涵，在史料整理、制度梳理、思想阐释、方法引进以及教科书的编撰和教研人才的养成等方面，海峡两岸，积劳积慧，均有一定成就。

2. 在事实与规则互动的意义上，对中国社会—文化的基本状况进行了全面的梳理和复述

近世中国法制建设的基本路径是以"变法"开道，求社会—文化的变革，最终形成"法制中国"。落实为具体操作，就是经由大规模的法律移植，希冀以舶来规则作为起点，形成其所复述

的事实。由此，运用移植而来的法律规则直接笼罩中国社会生活，即意味着罔顾固有事实，而要求固有事实按照新的规则的形状进行变形，要求舍弃原来的行为方式而就位于新的行为方式，以适应新的规则，进而求得社会—文化转型。清末变法居然有"破产律""交易所规则"之类的东西上市，即为规则先于事实，而求事实长进，"无中生有"的例子。本来，规则是在事实基础上，对事实进行一番格式化之后，渐次形成的极具形式化和僵硬特性的"存在的规则形式"，因而事实在先，规则在后。否则，规则失去事实基础，只能是死法，只会是摆设，自颁行之日起即自我放逐。

总之，基于借由立法而推转社会—文化转型的用心，为着立法及其有效，一百年来，五代法律公民对于中国社会—文化的基本状况及其特性进行了全面的盘点，并通过立法的格式化予以复述。

3. 建立现代司法体制

自清末变法仿照西方着意设立现代司法体制，下接北洋、民国、延安式的创制，以及 1949 年新中国成立后，总体而言，中国五代法律公民历百年奋斗，建立起现代司法体制，在形式上，与立法和行政各司其职，担当起最后的判断权的角色。

4. 形成现代法律教育体系

专门的法律教育同样始于清末，至南东吴、北朝阳，已有一定形制。后经 20 世纪 50 年代的院系调整，70 年代末恢复高考后，法律教育体系逐步完善。百年间，中国的法律人才尽出于此，悉赖培养；五代递进，绝大多数的法学研究成果亦完成于法律教育从业者之手，高等法律院系成为法学家们的家园，而蔚成现代汉语文明法律智慧的摇篮。事实上，近世中国的绝大多数著名法学家，都为法学教员或者曾经为法学教员，在传道授业中阐扬法律智慧，于答疑解惑时蓄绎世道人心。

5. 提炼和创用了一整套现代汉语文明法律概念和范畴

正像钟表将时间具象，语言储存意义、凝固思想，"法言法语"是规则的物质外壳，是法意的发声装置。自清末翻译西学律典，西方法律概念和范畴大规模进入汉语词汇，遽然取代原有的"律令格式"语汇系统。百年间，"欸乃一声山水绿"，一切等于从头做起。迄而至今，这一套语汇已然融入汉语，在构成法律表意体系的同时，连带出其后的理念和价值，极大地丰富了汉语文明的质素，构成了现代汉语法律文明的基本元件。正是在此基础上，新的汉语法律语汇因应中国事实，才会慢慢形成，从而自基本法律概念处实现中国民族国家时空之内规则与事实的良性互动。

中国法（律）学传统源远流长，积蕴深厚，但传统中国文明主要乃"伦理型"，非"法制型"。虽有法（律）学渊源，但在整个学统中所占位置极其有限。两千年封建帝制，越往后来，儒法合流的法意越发成熟而圆融，则越少生机而萎缩，罕理念之创发，多套话与陈言。用现代的也就是西方的学科分际的眼光看，则治术而已，难称一"学"字。而现代中国法学肇始于清末，导源于对西学律典的引介，一开始即面临尴尬。舶来概念及其背后的理念和价值，如何匹配于既有事实，如何对解于乃至溶解于既有学术与思想体系，将事实与规则、法意与人心、生活世界与价值世界打成一片。此既为"融合"的过程，亦为创造的过程，其结果是由"法学在中国"渐达"中国的法学"的诞生。五代人的努力，实即在此。时至今日，这一过程仍在继续之中，大体而言，已接近尾声。通观全程，不妨断言，现代汉语文明已然形成自己的一套法言法语，构建出自己的法律知识体系，提炼出自己的法律形式理性，表达出一整套法律理念和价值理性，凡此基本能够支撑立法和司法，养育法律教育；以汉语为物质外壳，而以融会、加工后形成的概念、理念与价值为内涵的"中国的法学"，初具雏形。不过，措辞"雏形"，即说明有待完成和拓展处尚多。

第八章　中国司法文化

法律的生命在于经验，而不在于逻辑。

　　　　　　　　　　　　　——（美）霍尔姆斯

　　【核心提示】我国现行的司法制度包括侦查制度、检察制度、审判制度、监狱制度、司法行政管理制度、人民调解制度、律师制度等。司法文化是人类司法文明发展历史的重要积淀，从根本上塑造着司法体制和司法制度，甚至影响着一个民族的精神气质和社会进程。

　　司法传统是以前时代留下的一种司法文化。中国传统司法的最高原则是德治。早在西周，礼即成为社会关系总的指导原则，也是司法判决的根本指针。礼、法是对中国古代产生深远影响的两种规则体系。中国传统司法文化的基本精神是维护集权专制政体和宗法家族制度。皋陶作为天子的军法官，被认为是中国历史上有文献记载的最早的"法官"。真正使用"法官"头衔称呼司法官吏，首在宋代。陕甘宁边区时期，我国司法制度史上首次使用"审判员"。

　　在任何国家，司法文化都是其法制文明的核心组成部分。司法文化划分为物质形态、意识形态、行为形态、组织形态、制度形态五种形态。前四种是司法文化的表层结构，后一种是司法文化的深层结构，是司法文化的精神载体和核心要素。主流司法文化包括司法公正文化、司法高效文化、司法权威文化、司法独立文化、司法民主文化、司法廉洁文化、司法敬业文化、司法认同文化、司法合作文化等。

司法独立是一项重要的法治原则。法官遴选制度是司法制度的重要组成部分。法官服饰是抽象的司法理念连接感官的最好的物化表现。

一、中国司法文化源流

（一）中国法官的起源与称谓演变

在中国，法官是对依法行使国家审判权的审判人员的称谓，包括最高人民法院、地方各级人民法院和军事法院等专门人民法院的院长、副院长、审判委员会委员、庭长、副庭长、审判员和助理审判员。"法官"一词，从先秦时期的主法之吏，到宋代对司法官吏的统称，再到近现代专指行使审判权的专职司法人员，其语义随中国法制传统和社会文化发展发生了很大变化。

关于"法官"的最早记载，见于《商君书·定分》："遇民不修法，则问法官"。商周时，整个社会"规制未备，民智未开"，老百姓别说知法、懂法，就连最基本的识字也不可能。当时"学在官府"，只在贵族阶层进行文字和知识教育。为了实现法家"缘法而治"的思想，需要使法律广布天下，人人皆知。《商君书》向奴隶主贵族固守的习惯法传统发出挑战，提出"天子置三法官"的思路，"殿中置一法官，御史置一法官及吏，丞相置一法官"，"吏遇民不循法，则问法官，法官即以法之罪告之，民即以法官之言正告之吏。"这里的"法官"主要指负责管理法律典籍，掌握并宣讲成文法令的官吏，是辅助性的技术官吏。老百姓不懂法需要问法官，其他官吏遇到法律问题也要咨询法官，法官成为"主法之吏，以为天下师"。官吏和百姓"欲知法令者，皆问法官，故天下之吏民，无不知法者"。秦国通过"法官"宣讲和推广法律，最大限度发挥法律的权威性和可预见性，"令万民无陷于险危"，打破了贵族阶层"法不可知则威不可测"的法律神秘主义，推动了秦国的社会进步。秦统一中国后，确立了"学在官府，官师合一"的"吏师"制度，"若欲学法令者，以吏为师"，在政府机构内设立专门训练文法吏的"学室"，有计划地培养文法官吏。

中国早期社会，真正具有司法职权的司法官吏并不称"法官"。普遍认为法律起源与战争相关，司法官吏从早期的军法官演变而来。"刑起于兵、兵刑同制"，司法官的出现也与战争密不可分。从已知史料看，黄帝时期的《李法》有"置李官"的记述。"李者，法官之号也，总主征伐刑戮之事。"（沈家本语）尧舜时期，皋陶作士，"五刑有服"。皋陶在尧舜时为"士"或"士师"即执法官，《管子·法法》记作"皋陶为李"，尹知章注曰："古治狱之官。"皋陶作为天子的军法官，被认为是中国历史上有文献记载的最早的"法官"。其后的"士师""司寇""尉"等，最初都是军法官的称谓。汉以后的司法官吏，如两汉的决曹、贼曹椽，北齐与隋的法曹行参军，唐的法曹参军、司法参军、司法佐，宋代的司法参军、司理参军，都还带有鲜明的军事色彩。宋代鉴于五代以来由地方马步院牙校等武官执掌司法的不良状况，注重选任儒生担任司法官，并且要经过"律义"和"案例"的考核才能任用。

真正使用"法官"称呼司法官吏，首先出现在宋代。《宋史·刑法志》记载，宋神宗时期，"于是法官齐恢、王师元、蔡冠卿等皆论奏公著等所议为不当。又诏安石与法官集议，反覆论难。"这里多次提到"法官"，其中所指的三位法官，齐恢为知审官西院（负纠察在京刑狱之责）、王师元为审刑院详议官、蔡冠卿为大理寺少卿，都是真正的司法官吏。可见，法官作为专职司法官吏的称谓，在宋代或者元代编写宋史时得到认可。宋代还有

"知院事""推直官""推勘官""推事"（大理寺"推承"和"评事"二官的合称）等法官称谓。元、明以后，刑罚日趋繁密严苛，会审、热审等司法制度更趋完备，但并无将司法官吏称为"法官"的记载。

元、明、清时期，在现实社会中执掌法律的"法官"，被曲艺、小说演变成为操弄法术的道士的代名词。"驱妖降魔"的道士称为法官，或许是道士懂"法术"。与法官概念可以对接的有"判官"的称谓。判官是隋唐时期始置的辅助处理事务的僚佐，宋以后各朝都有判官之职。判官本为一般官职，但却有多重形象。在民间，判官演化成为在阴曹地府负责审判幽魂的阎王属官，并被赋予了刚正不阿、能辨是非曲直的形象。这可理解为社会对法官公正办案渴望的一种文化反映。

从唐、宋到明、清，各级地方主官都承担着重要的司法职责，尤其明、清时期，所有案件都需经过州县一级初审，司法职责更重。朱熹总结宋代知县的职责："刑狱、词讼、财赋是也。"明、清时期的知县，"掌一县治理，决讼断辟，劝农赈贫，讨猾除奸，兴养立教"。可见，刑狱词讼、决讼断辟对于知县工作的重要性。中国传统法制的一个重要特征是"行政兼理司法"，地方行政主官都以行政官吏之名行司法官吏即"法官"之实。

清代中晚期，资产阶级启蒙思想开始影响司法活动，社会对法官有了新的认识，法官称谓的现代内涵开始明朗。康有为在1895年《请定立宪开国会折》中明确提出："盖自三权鼎立之说出，以国会立法，以法官司法，以政府行政，而人主总之。"1908年，清廷颁布了中国历史上第一部近代意义的宪法性文献——《钦定宪法大纲》，其"臣民权利义务"部分明确规定"臣民可以请法官审判其呈诉之案件"等内容。这是近代意义上"法官"一词首次出现在国家正式发布的文件中。1910年颁行的《法院编制法》，在规定"司法独立"原则时，对审判人员独立审判（第三十五条）、司法官地位保障（第一百二十五条）等予以确认。该法虽然将法官表述为"推事"，但仍规定："推事及检察官，应照《法官考试任用章程》，经二次考试合格者，始准任用"。由刑部为专司司法行政职能的法部专门制定了《法官考试任用暂行章程》予以细化。清末法制改革对司法制度进行了变革，摒弃了行政监理司法的模式，司法从行政系统分离，专职司法官既称为推事，也称为法官。

清王朝灭亡后，1912 年 3 月 11 日，由临时参议院法制局局长宋教仁主持起草了中国第一部资产阶级宪法性文件《中华民国临时约法》，以根本法的形式对法官的称谓予以确认。规定"法院之编制及法官之资格以法律定之"，并确立"法官独立审判，不受上级官厅之干涉"的司法原则。1932 年南京国民政府颁布的《法院组织法》，仍将各级法院的法官称为"推事"。国民党退守台湾后仍称推事。推事作为法官的一种称谓，直到 2011 年台湾地区全面正式使用"法官"的称谓而最后结束。

新中国法制关于"审判员"的称谓，从陕甘宁边区时期开始。1943 年 3 月公布的《陕甘宁边区司法处组织条例草案》将先前使用的推事、裁判员等统一称为审判员，规定"审判员在处长监督之下，进行审判事宜"。这是我国司法制度史上首次使用"审判员"。1948 年东北解放区行政委员会发布通令，规定各级司法机关一律改称"人民法院"，"推事"改称"审判员"。新中国成立以来，法官一直被称为"审判员"。直到 1995 年颁布实施法官法，"法官"始作为官方正式称谓使用。这"标志着现代法官制度在中国开始确立"，也与两千多年前的"法官"一词时空对接。

（二）中国司法文化精神

中华民族在历史发展中曾创立了世界五大法系之一——中华法系。中华法系的根基可以追溯到公元前 21 世纪，与华夏文明同步发展，到唐代达到鼎盛。中华法系汲取了中国本土的儒、法、墨、道等各种哲学思想，适应了中国古代农业文明的形态，与自然经济、宗法（即家族伦理）社会和君主政治相表里。与世界其他法系相比较，中华法系不仅历史悠久，不曾中断，而且独具特色。在唐代至清朝的上千年时间内，中华法系作为东方主流文化，其效力远播印度文明以外的东南亚各地，对西方法律文化也产生过一定影响。

尧舜时代皋陶"神兽断狱"标榜司法公正；商代"敬鬼神畏法令"的神权法思想；西周时期"明德慎罚"与"礼不下庶人，刑不上大夫"的"礼治"特征；春秋时期"铸刑鼎"开创成文法先河的历史功绩；秦代法家重刑主义"法治"中的法网严密与严刑酷法的警世思考；汉代尊道家"无为而治"中的"重德轻刑"与崇儒家"独尊儒术"的"春秋决狱"的功过；三国两晋南北朝儒家道德法律文化中的"八议制度""官当制度"与"刑讯制度""登闻鼓直诉制度"的传世遗风；隋代弃用 500 条《开皇律》而"法外用刑"与搁置 500 条《大业律》而另行"严定酷刑"的历史教训；唐代"宽仁治天下"中的"德主刑辅、礼法并用"的可鉴经验；宋代理学催生的政治思想上的自由风气和立法强化中央集权，却又称司法官吏为"难才"并禁止武人干预司法的可歌典范；元代佛教为国教下的立法却确立僧侣特权和强化主奴不平等关系，以及维护奴隶制度的法哲学思辨；明代"治乱世用重典"中的"明刑弼教"与"内行厂""锦衣卫"操控司法的冤滥悲剧；清初立法"详译明律，参以国制"而赢得"盛世"，以及清末"礼法之争"中的"变法修律"虽法丰而朝亡的"法治"价值评价；中华民国初期立宪确立"三权分立""司法独立"和其后军阀独裁统治下的"复辟帝制""沿袭清末立法"，以及继而出现以"三民主义法制"原则"建立起较为完备的法律体系"和"以党治国"、法外实行法西斯主义专制的治国方略比较……中国古代、近代、现代这一切国体、政体变迁中的法律文化的演进，都蕴含着司法文化不断提升的史实。

在任何国家，司法文化都是其法制文明的核心组成部分。同样，司法文化也是中华法系的基本内容，是中国古代法制文明的重要成果。中国传统司法文化中包含着无讼、公正、开放的精神和一定的非理性特征。

1. "无讼"，中国传统司法文化的最高境界

孔子是儒家思想的创始人。孔子的弟子曾经问他最高的政治理想是什么。这位哲学家回答说，如果他能有机会管理一个国家，他将追求一个没有诉讼的理想状态，即"无讼"。按照儒家"无讼"思想，一个社会只有培育良好的道德，才能使人遵守礼法，各种社会纷争才能在无形之中得到化解；单纯通过法律强制，难以改变世道人心，也不能从根本上消弭争端。

最能够体现儒家思想对司法文化影响的司法方法，就是被称为"东方经验"的调解。调解一般是在官府主持下，通过对诉讼当事人的劝说，使其放弃诉讼请求，或者使当事人达成和解，终止诉讼活动。调解针对的是民事案件或轻微刑事案件。民间调解一般由乡绅、族长或其他社会贤达主持，调解的依据主要是乡规民约。民间调解也可以分为当事人完全自愿的选择和经官方批准进行。官府调解不一定完全基于当事人自愿。调解过程中，当事人的意愿要服从官府的意愿。达成调解协议后，双方都必须具结保证接受调解结果，日后不再滋事。普通民众考虑到诉讼需要付出大量金钱成本、时间成本，诉讼结果还具有很大的不确定性，反复权衡后，绝大多数愿意通过协商或调解方式解决纠纷。协商与调解的好处是不会伤及当事人之间的感情，也不用经历旷日持久的诉讼煎熬，还可以避免因此需要支付的大量费用。传统中国为农业社会，生活在同一个地方，人员流动性较小，彼此熟悉，构成了"熟人社会"。为了某些利益诉诸法律，当事人之间的和

睦关系必然受到破坏。普通民众对法律知识的了解十分有限，以远离法律为幸事，万一发生纠纷，十分乐意通过调解结束争端。

2. "公正"，中国传统司法文化的丰富蕴涵

中国传统社会注重"综合治理"。司法是政府采用的多种管理社会工具中的一种，司法活动注重法律效果与社会效果的统一。司法过程中除了严格遵循法律规定以外，审判活动本身表现出一定的灵活性。为了保证司法的公正性，司法官员的责任得到重视和强调。

中国封建社会曾一度受到法家思想的支配，但为时不长。从西汉时期开始，中国进入儒家和法家思想共同主导的漫长历史阶段。这个过程中，儒家所倡导的伦理法则和法家提倡的以法治国逐步融合，成为历代统治者努力贯彻和极力维护的基本政治信念。这一信念也是司法活动必须遵循的基本原则。司法官员（包括中央专门负责司法事务的官员和地方各级行政官员）处理司法事务表面上依赖法律，但支配他们思维和行动的实际上是儒家思想。特别在唐朝以后，官员几乎都是通过科举考试选拔的，他们的知识基本限于儒家经典著作。儒家提倡的依赖统治者的高尚品德、人格魅力治理国家和管理社会事务的"德治""人治"思想、重视伦理道德的宣传教化的"礼治"思想、以和谐为社会关系最高价值准则的"以和为贵"思想等，连同法家主张的依靠法律管理社会的"法治"思想，都成为中国传统司法文化的根本指导思想和法律原则。事实上，利用伦理法则（礼）、音乐（乐）、政治制度（政）、法律制度（刑）等不同手段，共同形成和谐的社会秩序，即"综合治理"的思想，是中国传统法律文化的一个基本特征。司法只是诸多治理社会达到社会和谐的工具之一。

注重司法活动法律效果和社会效果的统一，是中国传统司法活动的重要评价标准。司法过程中，法律是司法官员所要遵循的首要规则，"依法判案"是中国传统司法文化的重要观念。在和

平时期，司法过程的几乎每一个细节往往有相应的法律规定，以保证司法人员能够公正审理案件。司法官员的裁判权被限制在一个合理的幅度内。为了限制法官的自由裁量权，唐朝时法律就明确规定，故意从轻判决或者从重判决，而未能严格遵守法律规定定罪量刑，司法官员将受到严厉处罚。

司法官员除了遵循法律，还有两个重要的标准：一个是"天理"，其表面意思是自然的道理，引申为对某种行为是否符合正义的社会评价标准；另一个是"人情"，意思是人际交往的基本准则或常理、常识、常情。第一个标准可以认为是法律规定的论证和说明，而第二个标准则是对特定法律规定的补充或变通。在法律标准之外确定其他标准，使得审判活动具有一定的灵活性，有助于克服成文法的严格性造成的司法不公。这种原则的性质，类似于英美法系的衡平原则。

在中国古代，基本的审判依据是法律。为了维护法律的权威性，法律的稳定性得到强调。每个朝代的法律基本没有显著变化；后一朝代的法律与其前代法律之间，也往往表现出明显的继承性。在国家基本法律规定之外，有数量巨大的"例"，即一种从典型事例中抽象出来的规则，类似于英美法系国家的判例性质的"成例"或惯例，是对法律规定的重要解释和补充，司法人员必须熟知并遵循。当然中国古代的法律也绝非一成不变，相反，根据社会治安形势的严峻程度法律会做适当调整。早在公元前1000年前，中国就总结出法律应当适应不同时期的社会特点而有所变化的规律。通常情况下，社会混乱时期，刑法应当严酷，并且法律的适用应当严格；反之，在治安良好时期，则应当使用较轻的法律。

3. "德主刑辅、明德慎罚"，中国传统司法文化的基本原则

中国传统司法的最高原则是德治。德治是儒家思想的核心内容。孔子说："为政以德"，认为伦理道德可以发挥治理国家的功

能，通过将伦理精神置于法律之上，影响人的内心，达到不需要法律或超越法律的境界。儒家反对严刑峻法，主张以德入刑，认为治狱与治国一样，应以德为主，辅之以刑罚。科刑只是不得已而为之的最后手段，但不是最好的手段。在儒家看来，法治近于霸道，与德治相比是较低一等的统治方式。因为法律主要是通过人对惩治的恐惧而起作用，是对外在力量的屈服，是强迫与被迫的结果。把司法制度化解到浓厚的道德伦理之中，构成了中国传统司法文化最显著特点。

儒家法律思想强调德治，与其尊崇的民本主义思想一致，其根本的出发点是对人的尊重，是对人性的信赖。靠道德规范人与人之间的关系，实现天下大治，而不是用权力和人为的法则把人束缚在一起。儒家认为人从出生开始，本质都是善良的，凭教育、感化就能实现社会和谐。社会不把道德放在治国的首位，就要出问题，最大的问题就是败坏人的心术，使人在利害算计与功利权衡中丧失道德感与羞耻心。以伦理道德教化人民，就会形成良好的社会风气。如果有人违反社会习俗、破坏社会风气，就会遭到人们的强烈反对，在此基础上加之以刑。德治的用意是通过培养人的德行，建立人与人之间的内在关系，达到消除法律、废除法律的境界。

德治思想强调适用刑罚要谨慎、仁慈，要重视人的生命。皋陶作为中国历史上第一位法官，曾对舜帝说：作为一名国君，应当仁爱、宽容，实行刑罚的时候不要牵连他人，对可疑的案件要从轻处理，宁可放过也不要冤枉无辜的人，只有这样才能得到人们的认可和信任，人们也不会在上司面前犯错了。为了体现司法的德治思想，中国历代设立了复奏、会审、录囚、直诉等一系列制度，在刑罚方面体恤老幼妇残，注重弱势群体保护，纠正冤假错案，体现了审慎用刑的精神。

中国古代司法注重道德教化，讲求宽仁慎刑，透露出传统中国司法文化浓郁的人文精神，对现代法治社会建设具有重要借鉴意义。法律不是万能的。很多情况下，道德能发挥法律所不能发挥的功效。建设法治国家，德治的辅助作用不可或缺。在推进法治建设过程中，我们要特别重视加强德治建设。实际上，法治进步不仅是制度、设施的进步，更是思想、道德的进步。没有道德的充分发展，不可能有法治的昌盛。人类朝着一个更高目标迈进时，必须以崇高的道德为依归。一旦道德文明蔚然成风，每个人都高度自觉地约束、检点、审视自己的行为，人类社会就能永远沐浴在温暖的法治阳光下。

4. "引礼入法、礼法结合"，中国传统司法文化的核心内容

礼、法是对中国古代产生深远影响的两种规则体系。礼被奉为儒家的治国之道，法被尊为法家的治世工具。孔子说过："道之以德，齐之以礼。"从春秋战国至西汉，中国经历了礼法之争到礼法合一的过程。董仲舒提出"罢黜百家，独尊儒术"的主张得到了汉武帝支持，中国古代法律从此开始接受儒家礼制的影响和支配。唐代完成了礼与法的融合。礼法结合是中华法系的重要特点，以礼治为特质的司法奠定了中国传统司法文化的基本形象。

礼的目的在于维护封建社会中上下贵贱关系和家族内的亲疏、尊卑、长幼的宗法等级秩序。早在西周，礼即成为社会关系总的指导原则，也是司法判决的根本指针。经义断狱，是礼治主义在中国传统司法文化上的最主要表现。经义断狱也叫引经决狱，指在法律无明文规定时依据儒家经义审理判决案件。所引之经义主要是《春秋》和以其为代表的儒家经典，故称"春秋决狱"。

传统司法伦理主义反映到审判过程中，表现为判决结果的人情化、民意化、世俗化，符合社会的主流价值观。强调司法要顺人情、合人心，认为法不外乎人情，法与人情相互协调，法即人

情的成文化。当僵硬的法律与儒家的道德伦理发生矛盾时，应屈法律以顾人情、社情、民心、民俗。

中国现在的司法活动也同样强调法、理、情的融合，注重法律效果和社会效果的有机统一。审判过程中，法律是中国法官所要遵循的首要规则，依法判案是最重要的司法观念。如果法官不考虑社会实际情况，就案办案，机械司法，忽视办案的社会效果，即使做出的裁判确实于法有据，即使法官内心确信裁判完全公正，也往往难以得到当事人和社会公众的认同。

5.“以民为本、实施仁政”，中国传统司法文化的实现方式

中国传统法律思想认为，国民是国家的根本，这是德治思想的深层含义和最高的道德理性。国民的地位代表着上天与神，位于统治者之上，对人的关注构成了儒家人本主义思想的重要方面，或者说民本思想是儒家思想的一大特色。天使人生畏，皇权并非永恒不变，从国民态度上可以看到上天对待统治者是支持还是反对。只有顺从天命，爱护百姓，才能使国泰民安。三千多年前，周公要求康叔对百姓施行德治和教育，推行仁政。要求康叔要像关心自身病痛一样关心百姓的疾苦，像爱护婴儿一样爱护百姓。

儒家的民本思想一方面表现在对国民的关注、重视上，主张重视国民、爱护国民；另一方面表现在统治者的品德修养上，主张实行德治、仁政。表现在司法上，一方面讲求宽仁慎刑，体恤老幼妇残，注重对弱势群体的保护；另一方面提倡天人合一，不能有违天理，应当尽力寻求实质正义，为民做主。法官的品行与司法判决的正当性几乎是同义词。司法人员必须具有良好的素质修养。在此背景下，“清官”思想极为盛行，人们总是希望有像海瑞、包拯、狄仁杰这样的青天法官为老百姓主持公道。这些司法精英既是侦探，又是检察官，还是法官；既要负责查明案件事实，又要做出判决。

现在的法官与古代差异极大，但以民为本的思想却传承下来。传统司法文化特别重视民众的生存和疾苦，充分肯定民众在社会生活中的重要地位和作用，对今天中国建设法治国家仍然具有重要的启发与借鉴意义。法律不仅是治理国家、管理社会的工具，更应是一部关注和维护人民权益的"经典"。司法只有奉行以人为本的理念，依靠人民，服务人民，为民用权，为民谋利，才能顺应民意，赢得民心。法院确立"公正司法，一心为民"的工作指导方针，审判中更加注重涉及民生案件的审判，更加注重弱势群体合法权益的保护，更加注重司法便民利民措施的完善，使司法正义性得以彰显。

6. "开放性、包容性"，中国传统的司法文化的重要特征

中华民族的发展过程就是一个民族融合的过程。中华法系融合了以汉民族为主体的各民族的法律文化。公元五到六世纪，中国经历了北方游牧民族和汉族的大融合，中国的法律也得到极大发展。唐代成熟而发达的法律体系的形成，离不开北方各游牧民族法律文化的贡献。元朝和清朝时期，蒙古族和满族的法律文化也影响了中国传统的法律文化和司法制度。近代中国的律师制度和陪审制度，受到英美法系的重要影响。注意吸收世界各民族人民的法律智慧，以开放和包容的心态对待不同的法律制度，是中华法系的优良传统。

中国传统司法文化以追求实体或实质公正为主，形式公正或程序公正的观念比较薄弱，使我国传统司法文化表现出一定的非理性特征。中国古代的司法制度中，容忍了刑讯的存在。这一现象在当时物证技术不发达的情况下，似乎不可避免。尽管在使用的过程中也受到种种限制，但是，刑讯毕竟是一种不符合科学精神和人道主义精神的落后做法。

二、中国法官遴选文化

司法职业的特殊性要求法官具有高素质。要成为一名法官，必须经过严格的遴选。中国目前法官遴选制度正逐步发展和完善。

(一) 中国古代法官遴选

据史料记载，商周时代，中国就重视司法官吏选拔。商朝把"政务、民事、执法"作为选拔和任用官吏的标准，形成"三宅三俊"选任法。要求司法者做到执法严明、公正无邪。西周时期，强调法官依法办案，避免任用奸佞决狱断案。为保证依法办案的贯彻落实，朝廷非常重视司法人员任选，要求入选的司法官必须有"德"，具体德行标准是"三俊"：一是"敬于刑、有德惟刑"；二是"哲人惟刑"；三是"兹式有慎"。《尚书·吕刑》指出，"非佞折狱，惟良折狱，罔非其中。"该时期还对司法官员的选拔程序作了具体规定。

秦朝厉行法治，官员大多从熟悉法律的刀笔吏起家。直到汉代，"以吏为师"的传统依然在发挥影响力。据《文献通考·选举考》统计，《汉书》所记载的人物中有 29 人是小吏出身，占了各类人物出身的第一位。西汉的 57 位廷尉中，《汉书》有传的有 11 人，其中 6 人是掾吏出身，另有 2 人以学律令治刑名而著称。东汉时，律学兴盛一时，颍川郭氏"家世衣冠"世传律学，郭弘任颍川太守的决曹掾 30 多年，其子郭躬聚徒讲学，后以郡吏起家而两任廷尉。郭氏在百年之中出了 7 位廷尉。与郭氏齐名的沛国陈氏，也家传律学，陈宠官至廷尉。据统计，东汉的 22 位廷尉，就有 17 人被誉为"明习法律"，以至于形成廷尉必选于律学世家的习惯。东汉末年，经学世家的杨赐被命名为廷尉，杨赐即以"代非法家"为由推辞不受。秦汉时代，司法审判在相当程度上专业化了。

　　三国两晋南北朝时期，律学一蹶不振，不再是儒家经学的组成部分。世家大族子弟依靠"九品中正制"，举孝廉为官如探囊取物，不屑于学习律学。司法审判也被士族视为"浊务"，不愿担任此类官职。自魏明帝时起，为增加司法官的法律知识，提高审判效能，采纳卫凯建议，首次在廷尉中增设律博士一职，负责教授法律，培养司法人员，成为中国最早设置的专门从事法律教育的机构和官员。该项制度为西晋以后所继承，在北齐时由一人增至四人，表明当时比较重法律教育，开始注意对司法人员进行专业培养。

　　隋唐确立科举制后，在国子监保留了"律学"，由 3 名律学博士教授法律，学生定额 50 名，通过考试后可由吏部授予从九品上、下阶的官职。科举中设有"明法"一科。隋初通过一系列制度普遍提高官吏知法、用法水平，督促各级机构严格执行法律，涌现了一批执法严明的官吏。唐朝对司法官的委任，设有由吏部与刑部尚书共同研究决定，然后注拟的特定程序。

　　宋朝选用司法官员时，把法律考试作为重要内容，是中国封建社会中比较重视法律教育和法律考试的朝代。太祖建隆三年（962 年）八月诏规定，选用各道司寇参军，"皆以律书试判"。选拔刑部的详复官和三法司的法直官，要试以断案几十道。选拔低级的司法官，也要举行律学考试。宋神宗时，规定进士也须经过"试法"才能授官。朝廷累累下诏："今中外臣僚习读法令"。有学者指出，宋代以注意司法官吏的选拔和任用，为后世所重视，具体表现在：第一，置律学，设明法科考试；第二，革新司法队伍，选明法，任清廉；第三，严赏罚，惩赃官。

　　明朝中央及地方的官办学校，教学完全为儒学内容。科举仅进士一科，所读、所考与法律毫无关系。进士及第后往往即派往各地担任知县或担任监察御史巡抚按一省，一任官职就要审判案件。为防止官员不懂法律造成冤案，《大明律·吏律·公式》专设"研读法令"条，规定：凡国家律令参酌事情轻重，定立罪名，颁行天下，永为遵守。百司官吏务要熟读，讲明律意，剖决事务。每遇年终，在内从察院、在外从分巡御史，提刑按察使官按治去处考校，若有不能讲解，不晓律意者，初犯罚俸钱一月，再犯笞四十附过，三犯于本衙门递降叙用。清律依然沿袭这一条文。清末法学家沈家本在其《法学盛衰说》中指出："明设讲读律令之律，研究法学之书，世所知者约数十家，或传或不传，盖无人重视之故也。本朝讲究此学而为世所推重者不过数人，因无专科，群相鄙弃。"纪文达编纂《四库全书》，政书类法令之属仅收二部，存目仅收五部。其按语谓："刑为盛世所不能废，而亦盛世所不尚，所录略存梗概，夫《四库全书》乃奉命撰述之书，天下趋向之所属，今创此论于上，下之人从风而靡，此法学之所以日衰也"。明清时期地方官员虽然不谙习法律，但他们大多都聘请通晓律令的法律顾问如书吏、幕友"佐治"其办案，从而填补了地方官员不懂法律、不会办案的漏洞。

（二）民国时期法官遴选

经过晚清司法改革，延续了近四千年的行政司法合一、行政控制司法的基本格局被打破，司法趋向独立。民国时期司法的专业化已受到高度重视，法官的任职资格几近于苛刻。

孙中山领导的南京临时政府建立后，极为重视法官选任。《临时约法》规定：由临时大总统及司法总长分别任命的法官组成中央裁判所行使最高审判权，依法律审判民事、刑事案件，并且草拟了《法官考试委员会职令》《法官考试令》，规定慎选法官。《临时约法》还规定了法官独立审判的原则及制度，即"法官独立审判，不受上级官厅之干涉，法官终身职务制，在任中不得减俸或转职，非依法律受刑罚宣告，或应免职之惩戒处分，不得解职"。

北洋政府时期法官管理制度进一步近代化。北洋政府在清末

《法官考试任用章程》的基础上，进一步完善了对司法官的专门化管理。1915 年至 1918 年，北洋政府分别颁布了《司法官考试令》（此后又数次修正公布）、《司法官惩戒法》《司法官官等条例》等法规，对司法官规定了较行政官更严格的考试资格，更为专门化的考试科目，更高的社会地位以及更为严格的惩戒。司法官与行政官在管理上的分离，有利于司法独立，更有利于司法人员的专业化。

广州、武汉国民政府时期，对法官任职资格的规定近于苛刻。国民党"一大"《宣言》和政纲强调，制定各种考试制度，以救选举制度之弊。孙中山在《建国大纲》中提出，凡候选及任命官员，无论中央或地方，皆须经中央考试铨定资格者才可。《法官考试条例》是当时一个比较典型的录用官吏法规，对法官的录用、任免等都作了具体明确的规定：（1）考试资格。条例规定，中华民国国民年满 32 岁以上并符合下列条件之一者，才有资格报考：其一，在国立的、外国的或经政府认可私立的各种大学或专门学校修法政学科三年以上，领毕业证书者。其二，在国内外大学或专门学校速成政法学科二年半以上毕业，并曾充任推事、检察官一年以上者，或曾在国立或经政府认可的大学和专科学校教授法政学科二年以上经报告政府有案者。其三，在本条例施行之前曾应法官考试及格者。（2）考试方式及内容。考试以口试和笔试方式进行，笔试合格者再参加口试。笔试几乎包括政法大学或专门学校法政学科的全部科目。（3）考试成绩及录取及第。考试成绩 85 分以上者为甲等，75 分以上者为乙等，60 分以上者为丙等。甲等者，以推事、检察官遇缺先补；乙等者，以候补推、检遇缺先补；丙等者，以书记官遇缺先补。武汉国民政府除推行严格的法官考试制度外，还明确规定：非有社会名誉之党员，兼有三年以上法律经验者，不得为司法官。并举办法官政务实务训练班，短期培训司法官，加速司法改造。

南京国民政府时期继续完善法官选任制度。为确保法官素质，颁行了一系列考试制度。1930 年公布了《法官初试暂行条例》和《高等考试司法官考试条例》；1933 年颁行了《考试法》；1943 年公布了《司法人员训练大纲》（次年修改为《司法官训练办法》），使司法官考试成为一项固定的、全国性的制度。根据 1935 年的《法院组织法》，地方法院推事应该符合以下主要条件之一，才可任用：（1）经司法考试合格的；（2）曾在专科以上学校教授主要法律科目三年以上，著有讲义，经审查合格的；（3）曾任推事或检察官的；（4）经律师考试及格，执行律师职务一年以上，成绩优良的；（5）法科三年毕业，曾荐任司法行政官，办理民、刑案件二年以上，成绩优良的；（6）法科四年毕业，有法律专门著作，经审查合格的。当时的司法官考试分初试、再试，初试合格者在司法院法官训练所接受一年培训之后，参加再试。

（三）革命根据地法官遴选

当时历史条件和形势的特殊性，决定了对司法人员的素质不可能提出过高的要求。根据地政府比较重视对司法人员的选拔和训练。抗日战争时期，《陕甘宁边区高等法院对各县司法工作的指示》指出，各县的司法工作人员非常缺乏，有些县还没有裁判员，有些县的书记员由县政府秘书或其他人兼任，有些县虽然提拔了检察员，但还没有进行检查工作。各县司法组织薄弱，不能完全担负起司法工作任务，表现之一是缺少司法干部。

陕甘宁边区政府非常重视司法干部的挑选和培养工作。1941 年 5 月 10 日，高等法院对各县司法工作的指示，提出了挑选司法干部的条件：能够忠实于革命事业；能够奉公守法；能够分析问题，判别是非；能够刻苦耐劳，积极负责；能够看懂法律条文及工作报告。为了培养司法干部，先后举办过几次司法训练班，1939 年至 1940 年训练了近百名司法干部。并强调对各县的司法干部不应随便调动或分派出去做其他工作，以保障司法机关组织的健全和司法工作的开展。

解放战争时期，为了增进司法工作效率，严明行政纪律，培养司法工作人员廉洁奉公、艰苦朴素、实事求是、为人民利益努力奋斗的工作作风，做到赏罚分明，关东地区颁布了《司法工作人员奖惩条例》，规定了奖励的标准和应受惩戒的行为。一是奖励标准：能正确掌握政策，坚决执行法令，并遵纪守法，工作积极，廉洁奉公，持久不懈者；不仅廉洁自守，见他人有违反纪律的行为（贪污、受贿、舞弊等）能积极劝阻并向主管人员或上级机关秘密报告者；服从领导，执法不阿者；对上下级均能有良好关系，为群众所爱戴者；对业务深入研究、学习努力，而有重大的创造或贡献者；尊重人民民主权利，办理案件迅速确实，显著成绩者。二是应受惩处的行为：贪污、舞弊、受贿；违法失职；不执行上级决定，对工作敷衍；生活腐化，行为不检；滥用职权，加害于人，或徇私舞弊；见他人有违纪行为、贪污受贿等，不劝导，不报告，或企图通同作弊；犯其他较重的过失。该条例还规定了奖励和惩戒的办法，执行权限和申诉等，加强了对司法工作人员的管理，对促使司法人员奉公守法、积极工作、公正无私起到了很好的效果。

（四）新中国法官遴选

在中华人民共和国成立前夕，中共中央曾发出指示："原推事、检察官、书记官长一律停止原来的职务，……在打碎旧的反动的国家机器时，这部分人必须去掉。"1952 年全国性的"司法改革"之前，这一政策似乎未能有效推行。在 1949 年—1952 年间，绝大部分旧司法人员一面继续担任原来的工作，一面接受思想改造。旧司法人员通常是到北京的"新法学研究院"或地方性的"司法干训班"接受培训。三年间，全国有大约 4000 名旧司法人员参加了培训。新中国成立之初，受过旧法教育或在旧政权下担任司法职务的经历，未必构成从事司法工作的障碍。相反，有些地方政府在公开招聘司法工作人员时，甚至把受过旧法教育作为应聘人必须具备的条件。1949年8月，苏南行政公署公开向社会招收"司法干训班"学员，报考条件："甲、大学法律系毕业或曾任旧司法官者；乙、律师或曾任律师帮办对旧法有专门研究者。"

有一些品质恶劣或不适合做司法工作的人包括反动分子或贪赃枉法分子混进司法队伍。为改变这种状况，政府提出反对旧法观点和改革整个司法机关，"在全国范围内"从政治上、组织上、思想作风上纯洁"各级司法机关"，系统地正确地逐步建立和健全"司法制度"。1952年7月，中共中央发出指示，要求对未经彻底改造的各级法院加以彻底改造和整顿，并指出各级党组织应制订计划，指派工作组进行典型试验，分期分批进行改造和整顿，同时调训新的司法工作人员。司法部设立了中央司法改革办公室，负责推动与指导全国的司法改革运动，组织司法人员学习文件，调出不适合法院工作的人员，增补新的人员。在"司法改革运动中"，宽容旧司法人员的做法受到了严厉批判。

中共中央重申：旧司法人员一律不许担任审判工作。1952年在司法系统进行了司法改革……占全部司法人员"三分之一的旧司法人员全部调离审判工作岗位"。在清除旧司法人员的同时，中共中央确定了今后司法人员的来源："（一）骨干干部。应选派一部分较老的同志到法院担任领导骨干；（二）青年知识分子；（三）五反运动中的工人店员积极分子；（四）土改工作队和农民中的积极分子；（五）转业建设的革命军人（包括一部分适于做司法工作的轻残废军人）；（六）各种人民法庭干部……"1952年5月，董必武亲自给各大行政区负责人写信，主张将失业工人和残废军人充实到各级法院。"可否从这批失业工人中吸收一批适合于做司法工作的人……既可以解决一部分失业工人的问题，又加强了法院组织。""目前全国革命残废军人学校学员约六万余人，其中大多数是轻残废……可以考虑抽调一些适于做法院工作的轻残废学员（只要清白、愿做司法工作），加以短期培养训练，充实法院机构。这样，既解决了法院缺乏骨干的问题，又为轻残废军人开辟了参加国家建设的道路，对他们将是个很大的鼓励。"

通过司法改革运动，清理了约六千名"旧法人员"，纯洁了司法队伍，但由于在思想上轻视知识分子，使一大批并无政治问题的法学专家、教授被拒于司法机关与大学法学讲坛之外。被调去充当骨干的革命干部政治上较强，但都缺乏法律知识，而且文化水平偏低，结果健全司法制度的目的并未达到。

1954年，宪法确立了国家的根本政治制度为人民代表大会制度。人民法院从人民政府中分离了出来，规定由同级人民代表大会选举产生，受它监督，对它负责并报告工作，从而确立了人民法院在宪法和国家机构中的重要地位。根据宪法和第一届全国人大一次会议通过的《中华人民共和国人民法院组织法》的规定，中央和地方各级人民法院分为基层、中级、高级、最高，规定最高人民法院院长由全国人民代表大会选举、罢免，副院长、庭长、副庭长和审判员由同级人民委员会任免；地方各级人民法院院长由同级人大选举、罢免，副院长、庭长、副庭长和审判员由同级人民委员会任免。最高人民法院助理审判员由司法部任免，地方各级人民法院助理审判员由上一级司法行政机关任免。当时已开始了对审判人员的业务培训。

"文化大革命"时期，各级法院被军事管理，法院独立审判原则遭否定，审判人员的任免、培训、考核等法官管理制度停止执行，法院干部管理制度受到严重破坏。

党的十一届三中全会召开以后，在工作中心转移至经济建设的同时，强调保障人民民主必须加强法制，恢复了人民法院独立审判的原则，并认识到用管理党政干部的单一模式管理审判人员越来越不适应。党的十三大和十四大，做出了加快人事制度改革的重要决定。最高人民法院与若干地方法院在审判人员的管理方面进行了一些改革与探索。法院的法官实行公开招考、择优录取，法官晋升考试与考核相结合，成立全国法院干部业余法律大学和中国高级法官培训中心，对审判人员进行教育培训，提高审判人员的政治业务素质。

1983 年《法院组织法》对法官任职提出"法律专业知识"要求。1995 年《中华人民共和国法官法》颁布，规定法官任职必须具有高等学校专科以上学历；2001 年，开始实行初任审判员、助理审判人员全国统一考试制度。《法官法》的颁布，标志着具有中国特色的法官遴选制度逐步确立。

为进一步提高法官素质，适应新形势下人民法官审判工作的需要，2001 年 6 月 30 日九届全国人大常委会对《中华人民共和国法官法》进行了修改，将法官的任职资格提高到高等院校本科以上学历，并须具备一定工作年限。为配合《法官法》的实施，2001 年 10 月 31 日最高人民法院、最高人民检察院、司法部联合颁布了《国家司法考试实施办法（试行）》，并于 2002 年 3 月 30、31 日举行了首次国家司法考试，我国法官遴选制度日臻完善。

（五）中国法官遴选的文化特点

纵观法官遴选的历史，可以看出中国法官遴选的文化特点。

1. 司法官与行政官从混一走向分设

中国古代，司法官与行政官不分，行政长官同时兼理司法。皇帝既是最高的行政长官，同时对案件又拥有最高的裁判权。虽在中央一级设置了审判官职，但除了审理案件外，还要协助皇帝处理大量行政事务。在地方，行政官兼理司法的现象一直延续到清代。清末官制改革，在中央建立了法部，掌管全国司法行政，不再兼理审判；改大理寺为大理院，作为最高审判机关；同时在地方设立各级审判厅，专司审判。法官与行政官各司其职，司法官与行政官趋向分设。民国初年的《临时约法》进一步确认"法官独立审判，不受上级官厅之干涉"。新中国成立后，建立了从最高人民法院到地方各级人民法院和专门人民法院的完整的法院组织体系，确立了人民法院独立行使审判权的原则，并在宪法中得到确认。

2. 从平民化走向职业化

中国古代从事审判的官员往往并不具备法律知识和培训经历，法官也很少终身任职，主持司法审判只不过是官员仕途上的一站而已。夏商时期的"三宅三俊"、西周的"六德六行"选任官吏的方法，强调作为从事司法的官吏，必须要有德，要遵循"有德惟刑"和"哲人惟刑"的原则。这一选任标准与选拔一般官吏的标准差别不大。

清末官制改革，司法与行政趋向分立，法官作为一种特殊的职业日益受到人们的重视。章太炎指出：政府不得任意黜陟司法官吏，并不得从豪门中选任，而应由"明习法令者自相推择为之"。孙中山强调："所有司法人员，必须应法官考试，合格人员才能任用。"民国时期，实行严格的司法考试制度，规定任免法官除了要具备在正规的法科院校学习达一定年限的条件外，还必须通过当时举行的统一司法考试，这比任免一般的行政官吏条件大大提高。

新中国成立初期到现在，法官遴选也遵循这一规律。1951年《人民法院组织暂行条例》，1954年《人民法院组织法》，对法官任职法律方面未做要求。1983年《人民法院组织法》对法官任职方提出"具有法律专业知识"，1995年《法官法》规定法官任职必须具有高等学校专科以上学历，开始实行初任审判员全国统一考试。2001年修改后的《法官法》将法官的任职资格提高到了具有高等院校本科以上学历，并举行了首次国家司法考试。

3. 任职资格与案件审级相适应

中国古代法官遴选，从一定程度上说是指中央司法机关，因为地方各级行政官员同时是审判官员，这是整个封建社会都实行的"政刑合一"制度。民国时期，规定高等法院推事比地方法院推事更高的任职资格。新中国成立后，1999年最高人民法院颁布的《人民法院五年改革纲要》规定，逐步建立上级人民法院法官从下级人民法院优秀法官中选任以及从律师和高层次法律人才中选任的制度。对经公开招考合格的法律院校的毕业生和其他人员，应首先充实到中级人民法院和基层人民法院。高级人民法院和最高人民法院的审判庭五年后从下级人民法院和社会上高层次法律人才中选任法官。这些规定使法官来源和选任真正形成良性循环，保证实现法官队伍高素质的要求。修改后的《法官法》规定，高等院校法律专业本科毕业或者高等院校非法律专业本科毕业具有法律专业知识，从事法律工作满两年，其中担任高级人民法院、最高人民法院法官，应当从事法律工作满三年；获得法律专业硕士学位、博士学位或者非法律专业硕士学位、博士学位具有法律专业知识，从事法律工作满一年，其中担任高级人民法院、最高人民法院法官，应当从事法律工作满两年。

三、中国司法文化生成因素与结构解析

（一）中国司法文化生成因素分析

1. 中国司法传统

司法传统是以前时代留下的一种司法文化，它所揭示的是过去对现实的支配或制约，并告诉人们，新的司法主体在既定的传统影响下形成的司法文化。论述司法传统是司法文化的生成因素之一，必须分析中国司法传统对当代中国司法文化的影响，对当代中国司法体制的影响，即中国司法传统对当代中国司法权力的定位、构成、内容、范围、行使者等诸多方面的影响。中国的司

法传统主要有以下内容：

（1）单极权力。国家的权力是单极的、一元的、独一无二的、至高无上的、不能分割的，这对中国当今的司法权力的现状有重大影响。中国是家国一体的理念。中国古代君主拥有决策权、执行权、督察权。

（2）最高权力对司法的操纵。皇帝永远在国家正常司法权之上，皇帝有超越法律的裁判权，永远可以做出裁判。

（3）司法权＝家长权。中国古代司法有为人民当青天的观念，现代仍然承袭了"当官不为民做主，不如回家卖红薯"的观念。中国现代的司法能动主义是这一观念的体现。

（4）多头司法传统。中国古代司法主体杂乱，最典型的是会审制度，唐代三司会审，三司推事；清代九卿会审，朝审秋审。

（5）司法行政化。中国古代没有专职司法官，司法长官是各级行政长官；凡是国家机关，大都可以参与司法。

（6）司法权的禁区。中国古代皇帝有至高无上的司法权。不存在对法律的司法复审问题。涉及礼教纲常评价的事务、官僚贵族的事务，大多是司法的禁区。

2. 司法制度确定主流司法文化

司法制度是司法官员行使国家司法权，对法律适用的判断和执行的法律化、组织化和程序化。其文化特征：

（1）司法制度确定主流司法文化，影响着司法文化的生成。立法过程中，国家对司法的内容和思想进行选择，按照其试图达到的目标和效果进行司法制度建构，国家以其权力为司法文化的生成作了方向性选择，在多种可能性中确定某一种为主流的司法文化。司法制度就是国家以立法的形式运用权力塑造的主流司法文化，或称主流司法文化的制度基础。

（2）司法制度中的司法组织制度，即司法体制对司法文化生成的影响尤为重要。司法体制主要指司法组织体系和司法人员结构，为司法系统工程，同立法、行政是并列、平等的治国基本工程，是构建国家法治大厦的三大支柱之一。司法体制直接作用于司法组织，作用于司法文化的组织制度形态，一定程度上决定着司法文化的生成与导向。不同的理念，往往有不同的司法体制。

司法主体，即司法机关及其人员，通俗地说就是法院与法官。全社会、全体人民都依赖那些在机制中公正裁判的法官。人们相信法官会依法裁判，而且他们执掌的法律是可靠的。法官会凭良知行事，而且他们的良知是高尚的。法官依特有的司法工作方式进行审判，而且这些工作方式是科学的。法官是传承公平、正义的使者，是个人良知和法律信念的代表者，也是各种冲突的承受者，并进而是社会矛盾纠纷的化解者。法官与法院，是司法文化的创造者和实践者。

司法行为，具体指法官的裁判行为。司法行为的过程是将社会生活加以法律的格式化过程，对人们理解、接受和遵守法律具有指导性作用。司法行为是司法实践最常见的表现形式。一方面体现着司法文化，另一方面影响着司法文化的生成、变化与发展。这就是谚语所说的"行为决定习惯"。

（二）中国特色司法文化结构解析

1. 司法文化的纵向结构

一般认为，司法文化是一个由外显的表层结构和内隐的深层结构组成的整体化文化结构图式。表层结构包括物质形态、行为形态、组织形态和制度形态，主要有司法依据、司法制度、司法组织机构、司法技术、司法行为、司法设施等；深层结构即意识形态的司法文化，主要包括司法道德、司法价值、司法意识、司法理念、司法精神、司法传统、司法思想体系等。

（1）司法文化的表层结构。司法文化的表层结构是司法文化中外在化的表现形态，包括物质形态、行为形态、组织形态、制度形态。司法文化的物质形态指物质形态的司法文化要素，是司法文化的物质化表现和物质载体，属于司法文化范畴的主要包括审判场所、办公环境、司法设施、司法装备等。司法文化的行为形态指行为形态的司法文化要素，是司法文化的行为化表现和行为载体，主要包括立案行为、庭审行为、诉讼调解行为、司法文书制作行为、法官业外活动、司法礼仪等。司法文化的组织形态指组织机构形态的司法文化要素，是司法文化的组织化表现和组织载体，主要包括法院设置、审判庭设置、法官配备、陪审员配备等。司法文化的制度形态指制度形态的司法文化要素，是司法文化的制度化表现和制度载体，指制度化的司法文化，即司法制度。

（2）司法文化的深层结构。司法文化的深层结构是司法文化中内在的意识形态，处于司法文化立体结构中内隐的、较为深层的地位。司法文化的意识形态，或称司法文化的观念形态、精神形态，即意识形态的司法文化要素，它是司法文化的精神载体和核心要素。

2. 司法文化的横向结构

从横向结构角度考察司法文化，可以说明主流司法文化应有的内涵要求与构成要素。主流司法文化包括司法公正文化、司法高效文化、司法权威文化、司法独立文化、司法民主文化、司法廉洁文化、司法敬业文化、司法认同文化、司法合作文化等。

（1）司法公正文化：指司法机关及其人员在司法活动的过程和结果中，坚持公平与正义的原则形成的一种主流司法文化。

（2）司法高效文化：指司法机关追求司法资源的节约和司法资源有效利用的最大化形成的一种主流司法文化。

（3）司法权威文化：指司法机关的裁判活动在解决争讼的实践中应当具有的权威性和公信力而形成的一种主流司法文化。

（4）司法独立文化：指基于履行司法职能的需要，司法机关及其人员依法独立行使司法权，其司法活动不受任何外部干涉而形成的一种主流司法文化。

（5）司法民主文化：指司法机关及其人员坚持民主原则，倡导民主作风形成的一种主流司法文化。

（6）司法廉洁文化：指司法机关及其人员廉洁奉公、廉洁从政、秉公司法形成的一种主流司法文化。

（7）司法敬业文化：指司法人员恭敬严肃地对待司法工作，对司法工作认真负责、尽心尽力、任劳任怨而形成的一种主流司法文化。

（8）司法认同文化：指司法机关及其人员在行使司法权时追求人们对司法权运行的肯定、认可而形成的一种主流司法文化。

（9）司法合作文化：指司法机关本着开放的态度加强国际合作与交流形成的一种主流司法文化。

四、中国司法文化符号

（一）法官袍——法官的制服

法官服饰是抽象的司法理念连接感官的最好的物化表现，受到特定司法文化的深刻影响，司法文化通过服装的款式、颜色、饰物等直观地表现出来。它在追求实用功能的同时更追求社会功能，在追求个体审美的同时更追求社会审美，把抽象的司法理念表现出来，代表着法官的形象。法官服饰在别致的外表背后蕴含着深刻的内在精神。法官审判制服堪称最形象、最独特、最直观和最具隐喻色彩的司法符号。

晚清，中国引进了黑色法袍。民国时期法官袍进一步发展。新中国成立后，法官服装发生重要变化。新中国成立一直到20世纪80年代初，法官没有独特的职业服装，采用军警式法官制服。中国法官在审判活动中统一着制式服装始于1984年。

21世纪开始，中国法律职业进行了"世纪大换装"。现用的法官袍（简称法袍），是人民法院"2000式审判服"，为散袖口式长袍，黑色代表庄重和严肃；红色前襟配有装饰性金黄色领扣，与国旗的配色一致，体现法院代表国家行使审判权。中国法官制服的演变其实在一定程度上反映了司法理念的嬗变和司法文化的更新。

不同的服饰，界定了不同的职业属性，更张扬了一种超越于职业范畴的鲜明的内心信仰。法官袍与寻常人所穿服装大有差异，由国家统一制作、配发给具有法官身份、从事法官职业之人。法官穿法官袍审理案件，象征着思想的成熟和独立的理性判断力，象征着法官恪守始终遵循法律并对国家和社会负责的承诺。

（二）法槌——法官的道具

中国古代审案者使用与今天法官使用的法槌极为相似的惊堂木。惊堂木的正式名称叫"气拍"，也叫界方或抚尺，是一块长方形的硬木，有角有棱，取"规矩"之意，具有严肃法堂、壮官威、震慑受审者的作用。

据记载，惊堂木在中国的出现和使用，始于春秋战国时期。各级衙门都可以在开庭时使用，一般惊堂木上都刻有象征权威的图案，清代以前最常见的是龙造型的图案，除此以外没有其他的款式标记。皇帝使用的惊堂木称作"龙胆"，亦称"震山河"，意思是皇帝一拍四海皆闻，以显示至高无上的权力；丞相使用的称作"运筹"，亦称"佐朝纲"，用以显示身份；将帅使用的为"虎威"，还被称为"惊虎胆"，用以震军威；县官使用的称为"惊堂"或"惊堂木"，常在电影或戏剧中看到。直到民国初年，判案的法官使用的依然是惊堂木。

法槌在中国的出现相对较晚。2001年9月14日，福建省厦门市思明区人民法院敲响了中国法院庭审的第一槌。最高人民法院规定从2002年6月1日起，全国法院在开庭审理案件时统一使用法槌。

与古代"惊堂木"不同的是，法槌的使用，更多地注入现代司法理念。法官使用法槌，无形中增添了责任感和权威感，有利于体现司法的尊严，强化庭审活动的权威性、程序性和中立性。"惊堂木"时代，判官是主体，当事人是审讯对象；法槌时代，当事人是平等主体，法官居中裁判。从这层意义讲，法槌的使用，表明中国的法律文化正随着社会的发展与时俱进，对建立健全文明的法治社会，培养民众尊崇、信仰法律的文化传承，意义深远。

（三）法徽——法官的配饰

法徽既是法院的标志，也是法官的身份标志，体现着法官代表国家依法行使审判权，保障在全社会实现公平和正义的深刻喻义。法徽的基本图案由麦穗、齿轮、华表、天平构成，其中天平寓意公平和公正。

法官穿着法官袍或法服时，应同时佩戴法徽作为其身份标志。在穿着法官袍时，法徽应佩戴在红色前襟 4 颗金黄色领扣的正上方；在穿着法官服佩戴大法徽时，法徽应佩戴在法官工作西服左上口袋的正上方，而佩戴小法徽时，应佩戴在西服左脖领的正上方。

五、中国司法文化的现代转型

改革开放以来，中国在加快民主与法制建设的同时，大规模地推进司法改革，传统的司法文化也随之转型。在这一过程中，对传统司法文化弃其糟粕，取其精华，又注重学习借鉴包括普通法国家在内的各国的先进经验，逐步实现了中国司法文化的创新发展。司法文化的现代转型主要包括以下几方面。

（一）从义务本位到权利追求

中国传统司法文化的基本精神是维护集权专制政体和宗法家

族制度。在以国家和家族为本位的法律面前，司法不是个人权利的确认者、保护者，而是维护社会秩序的工具。个人只是被动地对国家和家族履行义务，没有个人的价值、尊严，自由无足轻重，没有享受权利的观念。随着法治社会建设和发展，权利观念日益深入人心，中国司法亦确立了权利本位的价值取向，人权保护和个人自由得到高度重视。无论是对公民生命、自由、财产权的绝对保护，还是对个人人格权、隐私权等精神权益的法律确认，在司法实践中都得到了充分体现。

（二）从重刑轻民到诸法并用

古代中国，法律就意味着刑罚。刑罚性的法律规范不仅存在于应当由刑法予以调整的领域，在许多民事经济领域，刑罚与刑法也涉足其中。重刑轻民是中国传统司法的突出特点。随着经济社会发展，中国法制建设发生了翻天覆地的变化，建立了包括民法、商法、行政法、经济法、社会法、诉讼法等所有法律部门组成的法律体系。司法不再以刑为中心，而是以民为中心，各级法院民商事案件占案件总数的90％以上。

（三）从重实体轻程序到实体程序并重

在司法运行机制上，中国传统司法为司法与行政合一，行政长官兼理司法，实体与程序不分。中国古代实体成文法典相当发达，却没有出现过一部独立的程序法典。从案件的审理看，没有一套固定的应予严格遵守的规则，司法者可以随意启动和终止审判程序，庭审程序由司法者选择。人们只重视判决的实体结果而轻视判决的形成过程。现在，程序正义的观念在中国得到强调，司法裁判不仅要严格依据实体法，而且要严格遵循程序法，程序的独立价值获得广泛认同。人们认识到，实体和程序一样重要，即使判决实体结果公正，没有遵循严格的程序，也难以确认公正；实体上不是完美无缺，但对遵循严格程序做出的判决结论，也可以接受。

（四）从封闭排外到兼收并蓄

中华法系发源于我国上古，解体于清末，以唐律为代表，以道德法律相结合为根本特征，传播到周边国家和地区，并对西方国家产生过一定影响。中国传统社会宗法血缘的封闭性和大一统的政治文化，导致法律体系的相对封闭性和排外性。人类法治演进的历史，也是不同国家民族法律文化相互交融和促进的历史。国家之间的文化交流和相互借鉴，符合人类社会发展的一般规律和要求。中国近代司法文明，在多方面受到西方司法文化的启示。近代中国的律师制度、陪审制度、证据制度和庭审制度等，是参照西方国家的相关司法制度建立的。

（五）从人治走向法治

中国传统社会人治色彩非常明显，其特点是由家及国、以国为家，国是放大的家。这种"国家"既有浓厚的家族色彩，也有鲜明的政治本质。家长制的实质是把家族统治上升为国家统治形式，既有家族统治的温情，又有家长的绝对权威，在社会控制中形成一种人治体系。新中国成立六十多年来，特别是实行改革开放四十年来，中国向法治社会转型取得了长足的进步。中国基本建成了门类齐全、具有中国特色的社会主义法律体系。中国目前有大约19万名法官、14万名检察官和27万名专职律师，为保护公民权利奠定了坚实的基础。各级政府的依法行政水平和中国民众的法律素养有了大幅度提高，法律至上、权利平等、依法办事的观念得到广泛认同。党和政府推行的依法治国、建设社会主义法治国家的事业正在深入进行。

第九章　中国法院文化

法官乃会说话的法律，法律乃沉默的法官。

——（美）爱德华·S·考文

【核心提示】先进文化具有独特功能和巨大魅力，能在潜移默化中发挥教育、熏陶、引导、规范、凝聚、激励等作用。人民法院的精神文化、制度文化、行为文化、物质文化等，共同推动着法院文化的科学发展。

中国古代最早的专职法司叫"李"。中国古代的专职法司又称为"理"或"理官"，其最高者称为"大理"；后世的"大理寺"系由此而来。作为专职法司称谓的"司寇"始于商朝和周朝。尚书刑部的起源，最早可以上溯到秦汉时期九卿中的"少府"。以公意订立的法律为国家最高权威的观念，在中国古代从来没有出现过。

法院物质文化建设是法院文化建设的基础。法院制度文化作为精神文化的产物和物质文化的工具，是主导、推动人民法院文化发展的"引擎"。审判是法院的核心工作，法官是专业化程度很高的职业群体。廉洁是人民法院的基石，也是法官和工作人员的立足之本。法院精神文化是法院文化的核心内容。

中国司法正义的象征——独角兽（獬豸）。司法鼻祖皋陶。皋陶是中国古代狱官或狱神的代称。皋陶文化中的司法活动与法律思想对中国古代法律文化有着重要影响。

法院文化建设的历史与发展、理论与实践、共性与个性，法院文化的本质内容和形式体现法治的纬度、历史的厚度、文化的深度和实践的广度。对法院文化建设的指导思想、形成规律、功能特征、方法途径和机制保障等进行思考定位，就是探索法院文化建设的规律性、时代性和前瞻性。围绕法院文化建设的基本内容，阐述梳理法院精神文化、学识文化、制度文化、行为文化、廉政文化、物质文化，透彻分析法院文化，是法院文化研究的要旨所在。

一、中国审判机构源远流长

（一）中国古代司法机构

纵观中华法系司法文化连绵不断发展的数千年历史，人们清晰地发现：人民法院作为当今国家的审判机关，具有漫长而艰辛的历史发育过程。

翻开中华法制史册可见：国家的最高审判机关，从夏代的"大理"、商代的"御鹰"和西周的"司寇"之司法官职到秦朝、汉朝和三国两晋南北朝的"廷尉""尚书台"司法机构，从隋朝、唐朝和宋朝的"三法司"（大理寺、刑部、御史台）到元朝的"刑部""大宗正府""御史台""宣政院"，从明朝、清朝的"刑部""大理寺""都察院"和清朝末期的"法部""大理院"到中华民国时期的"大理院""最高法院"，从中华苏维埃政府和陕甘宁边区政府时期的"最高法院""高等法院"到中华人民共和国的最高人民法院，一条在中华大地上薪火相传、演变递嬗、日趋臻美的国家审判机关的发育轨迹，既标榜了审判机关在国家政体中的历史功绩，也彰显了当今人民法院文化深厚的历史积淀。

中国古代的司法机构，从来就没有过西方自古至今意义上的司法职能（国家的议事、执行、审判三大相对独立的职能之一）

及司法机构，只有相对而言以审判并制裁犯罪为主要职责的国家机构，可笼统称之为"专职法司"，以调查和制裁犯罪为主要职司的机构。如中国早期的李官、理、士、士师，中古时期的司寇、廷尉，近古时期的刑部、大理寺。也可依西方传来的概念称之为"司法机构"，只是二者之间确有根本差异。

除"专职法司"外，中国古代政治体制中还有许多"兼职法司"。用西方的眼光看，中国古代没有一个机构可以叫作专职法司，但大多数机构都可以叫作兼职法司，指古代中国兼有维护治安、制裁犯罪、解决纠纷之职权的机构。古时中国一般不把民事案件的审理作为专职法司的职责。

（二）"专职法司"的起源及其职责权限演变

中国古代最早的专职法司叫"李"。这一称谓要上溯到轩辕黄帝时代。《汉书·胡建传》："黄帝李法曰：壁垒已定，穿窬不繇（由）路，是谓奸人，奸人者杀。"汉人如淳注曰："李，狱官也。"这是关于中国古代最早的专职法司称谓的一条重要信息。如淳将"李"注为"狱官"，非常肯定地认为黄帝时代的狱官叫"李"。中国上古的专职法司，最早有正式记载的，是"士"。《尚书·皋陶谟》："帝曰：皋陶，汝作士，五刑有服，五服三就；五流有宅，五宅三居。惟明克允。"舜帝任命皋陶为"士"，其职责是负责"五刑"，就是专职司法官，或曰"刑官""理官""李官"。"士"是中国早期专职法司的统一称谓。

中国古代专职法司又称"理"或"理官"，其最高者称为"大理"；后世的"大理寺"系由此而来。"理，谓察理刑狱也。"后来把专门职司"审理""听理""处理"案件的官员叫作"理"。"理"于是成了专职法司的称谓。战国时期，齐国的司法官叫"大理"；北齐时正式设置"大理寺"；隋唐以后仍之，一直至清末。

作为专职法司的称谓，"司寇"之名始于商朝和周朝。春秋时期，鲁国、宋国的司法官称"大司寇"和"少司寇"，孔子出任过楚国的大司寇。司寇负责审判罪案，也负责治安。战国时期各国改称"廷尉"或"大理"等。

秦国很早就有"廷尉"一职。"廷尉"职务，产生于战国时的秦国。《汉书·百官表》说，廷尉，秦官，掌刑辟。历史上最早的被记载担任"廷尉"职务的是李斯。楚国的司法官叫"廷理"，由廷尉演变而来。

尚书刑部的起源，最早可以上溯到秦汉时期九卿中的"少府"。少府属官有专门主掌皇帝文书档案、机要秘书事务的"尚书"。

古代中国专职法司，基本上是就中央专职法司而言的。还有三种机构也属专职法司之列。第一是监察机关，为"督政机关"，是专门负责监督文武官吏奉公守法、弹劾不法行为的机构，亦即御史机构。历史上也视为"法司"或"执法"。这一机构系统虽然可以侦讯、预审、调查官吏的违法犯罪，但没有直接审判或主持审判的权力，顶多是预审、参审、督审、复审或录囚，只有对刑事审判活动的参与权、监督权，没有相对独立或正式的判决权。第二是专职法司的下属机构，如秦汉廷尉下属的左右正、左右监、左右平、史、奏谳掾、奏曹掾、文学卒史、从史、书佐、行冤狱、治狱使者等，隋唐大理寺下属的左右正、左右丞、主簿、司直、评事等。它们是中央专职法司内具体职能的分担者，是专职法司的构成部分。第三是地方上的专职法司，如汉代郡守之下的辞曹掾、决曹掾、贼曹掾，唐宋时代各州的录事参军、司法参军，宋代各路的提点刑狱司，明清时代各省的提刑按察使及各府的理刑官、司狱官或推官。

古代中国的司法官或专职法司，是君主委任的具体执掌治安、督察、审判、解纷事务的机构，不是任何意义上的独立的权力机构。古代中国所谓司法，仅仅是国家整体政务的一部分，是皇帝或整个国家机器"为民父母"职责的一部分。没有与行政相对独立或分离的司法概念，也没有相对独立于司法的行政概念。司法所司者，并不是后世所谓法，而是君主的意志。要么是君主通过"律令""律例"形式表达的比较稳定的一般意志，要么是君主随时随地随事发出的个别意志。

古代中国的专职法司，虽然大致可以视为专职司法机关，但司法权并不排他地、固定地、恒久地有了归属。不管机构名称如何明确地标示是专门司法机关，无论法律如何明文规定是专职司法机关，司法权（即审判和处罚权）并不完全属于这个衙门或机构。在古代中国，一个机构是否是真正的司法机构，不在于国家体制的设计，不在于法律的规定，而在于君主的亲近、信任和授权。离"至尊"越近，越受"至尊"信任，越方便"至尊"控制，就有了真正的审判处罚权。实质上的审判处罚权，在各种机构之间"流动"。

传统中国的所谓专职法司，一开始就有一种特别的"内外合一""兵刑合一"的属性。军事职司转而司法，专职法司来自军事职司，司法官兼有军事功能。

从专职法司的起源及早期理讼观念可以看出，中国的司法一开始就有追求简化程序、深入基层、不误农事、方便民众的倾向。马锡五审判方式"是这一传统的继承和发扬"。

在传统中国，没有角色中立意义上的司法，只有相对专业或专司意义上的司法；没有国家议事、执行、审判三种职权分立意义上的司法，只有作为整体国政的一部分的司法；没有与王权、皇权相对抗衡意义上的司法，只有作为王权鹰犬爪牙意义上的司法。纵观中国古代司法传统，没有司法是独立权威的观念。

以公意订立的法律为国家最高权威的观念，在中国古代从来没有出现过。中国的最高权威一定是至上至尊的君主个人。君主是半人半神的领袖，是人民的救星或生死所寄。一旦以"天下归之谓之王"的方式进行了选择，就等于把自己的一切（包括生死）作了交代。君主是至上权威，司法就是司君主的意志，按照君主的旨意行事。一个以协商凝聚的公意（法）为最高权威，一个以公意信赖或公众委身依赖的某个人（君）为最高权威，导致了中西司法传统的分道扬镳。

从清末法制改革到中华人民共和国成立之前，西方现代法律制度与司法理念才成为中国法学教育的主流与主导思想。

二、法院物质文化

（一）法院物质文化的含义

法院物质文化是法院文化结构的外在部分，有学者将其定义为："以有形的实物形态存在的文化，是法院在长期的审判和建设实践中逐步积累的、凝聚着法院精神文化实质的、为了实现法院职责和推行法院规章制度和行为准则而创造的一切物质环境的总和，包括办公环境、审判场所、司法装备和生活场所等"。可见，法院物质文化是通过法院文化的物质要素体现的文化，法院文化的物质要素是以实物形态被人们直观感受的物质实体，包括法院整体环境、审判建筑特征、法庭格局装备、人员服饰仪表、生活设施等客观的物质实体，凝聚审判上的特点，形象地表达审判机关的理念。

法院物质文化建设是法院文化建设的基础，是法院文化的物质化要素的总和。法院通过审判大楼的建筑风格、内部装饰、法庭布局、法官服饰、办公信息化建设与应用、内外部网站创建、工作环境等方面，展开和展示物质文化建设。

中国的法治进程正处于逐步推进之中，人们对于法院物质文化内涵有一个逐步提高认识的过程。在一些人眼里，法院物质文化不过是盖新的办公楼、在廊道上悬挂法言法理、在审判大厅装饰西方传统法文化或中国传统法文化浮雕等，缺少对法院物质文化深层次的理性认识。构建人民法院物质文化，必须首先从更新观念开始，要充分认识到法院物质文化与精神文化、制度文化等是一个有机的统一体，更要从法院物质文化的具体表现形式洞察法院文化的本质，探索符合法院文化内在要求的法院物质文化发展规律。只有这样，法院物质文化建设才能从感性走向理性，从局部发展走向结构完备的体系化构建。

（二）法院物质文化的特点

法院物质文化以实物的形态直接表现法院文化的特征，反映法院文化的内涵，是法院文化的外化、直观和形象，具有不可替代的感知、影响和接纳作用。它主要有以下特点：

1. 基础性

物质文化是法院文化的外在表现和载体，是法院文化的物质基础，决定着法院文化整体的形成和发展。法院文化中的物质载体，是司法理念的外在的物质表现，是社会公众直接通过感官感受的具体实物，其所表达的意义象征着国家审判机关的庄重、庄严与神圣，体现法院审判的权威性、独立性和便民性。加强物质文化建设，为公正审判提供基础保障；实现司法公正，离不开物质基础做保障。法院在进行审判法庭、办公场所建设以及司法装备配置时，应当紧紧围绕法院文化的内涵进行。法院物质文化建设，要突出为审判服务、提高文明程度这个中心，逐步形成与审判相适应、与法院其他文化建设相呼应的用现代化手段管理的物质保障体系。

2. 直观性

法院设施作为一种有形的文化符号，具有直观性和可视性。当该设施被赋予某种意义后，便以特定的文化含义把抽象的法治理念具体化，并以可观的形象传达法治理念、彰显法治精神。法院设施的直观性便于大众解读法律的特性，全面而深刻地理解法治精神。

3. 专属性

诸多法院设施系专为保障审判活动而设，每一具体的法律设施都有其特定的意义，其使用主体均为特定的人员。器物设施中的法槌和警具，服饰设施中的法官袍，均具有排他性和独立性，具有专属的性质。更重要的是法院设施依法设立和使用，是法院进行审判活动的保障。这些设施既不能随意设立，也不得随意使用，必须遵循法律的规定。审判法庭的设立和使用，其目的是彰显法律尊严，具有庄重严肃的特征。

4. 发展性

法院物质文化与社会经济发展是密不可分的，文化是经济发展的重要组成部分，具有显著的物质依附性，往往随着社会经济、政治等的发展需要而有所变化和革新。以当下为例，随着电脑和网络科技的发展，对于法院物质文化发展推动最大的是信息化建设。通过法院信息化建设，引进电子化、网络化、数字化等高科技手段，能够增进资源共享，提高工作效率，节约审判资源，方便群众诉讼，还能够为促进司法公正、深化法院改革、推动法官职业化进程提供有力的技术支持和科学的决策依据。

5. 不平衡性

不同国家和不同地区的法院文化传统不一样，文化传统类似的国家和地区还会发生经费保障体制以及经费充裕程度不一样的情况，这些会造成法院物质文化建设不平衡现象。这种情况在中国也存在。中国现阶段司法经费从属于行政，由同级地方政府负担，法院物质文化构建体系和经费保障机制地方化，呈现出明显的不平衡特征。一些地方的审判办公条件体现出较高的现代物质文化水准，一些地方则办公办案经费不足，物质文明程度相对不够，硬件建设达不到标准化。一些审判法庭面积狭小，数量少，设施简陋、陈旧，车辆、通信落后，影响工作效率。这些都需要随着国家或地区经济发展水平的提高而逐步改观。

（三）物质文化在法院文化中的地位与作用

从文化结构上看，文化由三种要素构成，即价值观、规范和物质文化。法院文化犹如三个同心圆，即外层是物质文化，中层是行为文化、制度文化等，深层是精神文化，精神文化处于核心和灵魂地位，是法院文化建设的重点和最高境界。法院文化各个层面紧密相连、不可分割、相互影响、相互作用。精神文化是法院文化建设的思想基础和导向动力，是法院文化的灵魂和精髓，为物质文化建设的发展提供精神支撑和思想保障；物质文化作为表层，是法院精神与制度直接的具体表现，是法院文化的外在表现和载体，是法院文化的物质基础，决定着法院文化各个层面的形成和发展。

法院文化对法院群体的作用过程：通过法院文化建设使得法院群体成员具有共同的价值观念、发展目标、管理哲学、群体精神和社会主义法治理念，进而制定并形成一系列的规章制度、行为准则、道德规范实现其目的，以反映其所追求的精神文化等诸观念要素的内涵；为了推行和实施规章制度、行为准则和道德规范，法院又必须创造特定的审判场所、办公环境和文化设施等，即构筑一定的物质文化。法院文化作为精神层面是无形的，但并不意味着文化的虚无或者可望而不可即，无形的、潜在的精神，是通过有形的、显现的物质载体加以物化的；通过物质基础的承载、物质文化的升华，精神及文化才能更好地发挥其核心作用。这一过程在不断地演化、反复和递进，周而复始永不停息，是法院物质文化对法院文化的作用机制。

三、法院制度文化

人民法院制度文化作为精神文化的产物和物质文化的工具，是主导、推动人民法院文化发展的"引擎"，为法院管理活动的开展提供文化引导和制度支撑。

（一）制度文化的概念

制度文化，指在人的活动和创造中形成的，对社会共同体中各种行为主体发生制约作用，调适社会关系、稳定社会秩序、整合社会结构、规范社会成员行为的文化现象。制度文化的出现，是为了将过去的或者现在的、个别的或者分散的各种文化因素予以集约化、秩序化、社会化，用以进一步满足人们的经济活动、政治活动、社会活动的目的。就内涵而言，制度文化是人的活动的深层的、内在的规范程序和行为价值取向，既包括由理性设计和建构的规范和秩序系统，即国家制度、政策体系、法律体系等政治上层建筑的主要构件，也包括传统、习惯、经验与知识积累形成的意识形态系统。从概念外延看，制度文化指所有对行为主体在各种情形下的社会行为具有约束作用的规范形态，既包括社会共同体为规范社会行为主体的社会行为或活动所制定的各种文字的、正式规定的实体性的制度系统，也包括人的活动或创造所沉积的并内化于人的活动中的各种非文字的、非正式规定的规范形态。作为一种社会文化现象，制度文化是社会文化复杂系统的一个层面，与物质文化、精神文化有机结合成为社会文化的复杂整体。从功能看，作为精神文化的产物和物质文化的工具，制度文化构成了人的行为或活动的习惯、规则，提供了观察和理解人的活动的钥匙或模式。

基于对制度文化、文化和制度概念的辨析和比较，可以从不同角度对制度文化的功能做简单描述：

（1）从文化建设的角度观察，制度文化既是精神文化的产物，又是物质文化的工具，其制约或主导了精神文化与物质文化的变迁，在文化的整体变迁中起到了"引擎"作用。

（2）从对人类活动影响的角度观察，制度文化作为人类行为和活动的习惯、规则，是文化对人类行为进行调整的主要方式。精神文化只有具化为明确的行为规范，辅以相应的实施机制，才能充分发挥其引导、规范作用。

（3）从制度建设的角度观察，制度文化作为围绕制度展开的文化研究，是连通制度和文化的桥梁，其发展程度决定了制度和文化之间的接合程度，进而决定了制度的运行成本和绩效。一项制度的文化蕴涵与公共的文化认同一致性越高，实施的成本就越低，实施的效果就越好；反之，则成本越高，效果越差。

（二）法院制度文化的内涵与特征

法院制度文化，指法院在从事审判活动、管理活动中形成的，与法院司法精神、价值观念等意识形态相适应的，为法官和工作人员所认同和践行的规则体系的文化形态。作为制度文化的一种，法院制度文化同样具备制度文化所应具备的普遍特性：

（1）实践性。法院制度文化的本质是实践的，它来源于法院群体在审判与管理实践中的感性认知和价值判断，是通过群体成员的共同参与、情感认同和意志抉择形成的历史积淀。

（2）稳定性。法院制度文化是法院群体在长期实践过程中逐步沉淀下来的规范内核，反映了集体共同的价值取向和行为习惯。制度文化是一种活体，始终处于发展变迁过程中，这种发展和变迁在时间维度上是缓慢的，单纯的制度创建并不能视为制度文化的发展。

（3）系统性。法院制度文化，从其规范的对象看，可以细分为法院组织制度文化、审判制度文化、行政制度文化等多个组成部分，其中审判制度文化是核心，而组织制度文化和行政制度文化是为了使审判制度文化良好运转的辅助系统。法院制度文化建设必须充分重视各子系统之间的协调、统一，力求形成良性互动。

（4）中介性。法院制度文化作为法院精神文化和法院物质文化的中介，即是法院精神文化在法官群体中的行为规范的体现，也是法院物质文化得以形成和发展的依据，推动和制约着法院文化的整体发展。

作为人民法院专属的制度文化，法院制度文化又具有区别于其他领域制度文化的特性。

（1）公共性。从社会职业分工的角度看，法院是国家审判机关，除了实现法律所要求实现的公正、效率追求外，不存在独立的利益追求。这就决定了法院的制度文化应当是一种承载公共价值和伦理的文化。

（2）人民性。作为国家审判机关，法院担负着生杀予夺、定纷止争的重大责任，故法院制度文化应体现司法职业应有的德行，弘扬司法职业对国家、对社会、对人民负责和尽职的精神追求，突出强调人民性，不管是在经验积累的基本层面、人为设计的高级层面，还是作为保障的实现机制，其终极目标都是引导法官群体司法为民。

（3）人本性。法院作为提供司法公共产品的机构，其产品的优劣从根本上取决于法官的素质。法院制度文化应当是一种人本文化，在依法维护人民群众利益的同时，也要突出对法官的人文关怀，重视法官的多层次需要，通过提升法官素质提升法院形象，把法院的整体价值与实现法官的个体价值有机地结合起来，实现相互促进的目的。

（4）职业性。审判是法院的核心工作，法官是专业化程度很高的职业群体。法院制度文化要立足于审判权的本质特性和基本运行规律，突出强调司法作为一种专门职业所必须具备的特殊品质，将这种特殊的职业定位、价值准则、思维模式、行为方式和职业技能内化于法院群体的共同意识之中。

（三）法院制度文化的结构和功能

人民法院制度文化建设，实际上是要充分发挥法院制度文化在法院文化建设或者是法院建设中的功能。通过对法院制度文化功能的深度剖析，明确法院制度文化建设的目标和途径。功能与结构相对应，"结构是从系统内部描述系统的整体性质，功能是从系统的外部描进系统的整体性质"，结构决定功能。

1. 法院制度文化的结构

结构理论认为，任何事物都是一个系统，系统指由相互联系、相互制约、相互作用的元素构成的具有一定结构与功能的整体。法院制度文化有其内在要素系统，也有其不同的层次和类型。对结构的研究，可为法院制度文化建设提供具象内容。

（1）法院制度文化要素。法院制度文化主要包括规则、对象和理念等要素，其中规则是核心内容。

①规则。规则是通过规定权利、义务、责任，或者赋予某种事实状态以意义而具有约束力的准则、标准和规定。作为法院制度文化要素的规则，必须符合以下要求：一是普遍性，即可以反复适用于不特定的法院工作人员，对法院活动进行普遍性的调整，而不是针对特别对象的个别化、特定化的决定或命令。二是可操作性，指规则通过一定操作程序，确切地被执行、适用和遵守，不受实施主体的任意解释或控制。三是一致性，指规则之间的不矛盾性、协调性和和谐性，尤其是对同一类主体和同一类对象所使用的规则，必须具有逻辑上的一致性。

②对象。对象是法院制度文化的指向和范围，或者是其涉及的范围与领域。法院制度文化作为规范法院活动的规则，发挥功能的过程是通过一系列的规则将其包含的理念作用于法院工作人员，使其改变自在性而带有制度文化的印记，完成从"普通人"到"法院人"这样的社会化过程。法院制度文化的对象是全体法院工作人员，既包括法官，也包括各种司法辅助人员和行政辅助人员。从行政编制的角度看，后两者不承担直接审判任务，但其对审判工作起到的保障和辅助作用不可或缺，同样是法院制度文化的对象。

③理念。理念是法院制度文化所体现出来的价值判断与目标

定位。法院制度文化作为法院精神文化的产物，其理念必须和精神文化——公正、廉洁、为民的核心价值观保持一致。其中，公正反映了法院在司法专业上的终极追求，是法院文化的灵魂；廉洁反映了法院在司法道德上的基本要求，是法院文化的基石；为民反映了人民法院的政治责任和追求，是法院文化的主题。三者从不同角度对法院文化的价值追求进行了归纳，形成有机联系的统一体，为法院制度文化提供支撑。

（2）法院制度文化的层次。法院制度文化是一个多层次的复杂系统，一般包括三大层面、七个层次。

其中，三大层面分别如下：

①由传统、习惯、经验与知识积累形成的基本层面。这一层面的制度文化属于社会存在决定的社会意识范畴，属于"非正式规则"，具有自发性、非强制性和非实体性。

②由理性设计和建构形成的高级层面。其表现为人们有目地设计的一系列法律法令、政策法规、规章条例等，是"正式规则"，具有人为性、权威性和强制性，并有其自身的物质载体。

③由机构、组织实施等形成的机制层面。这是制度文化的"非正式规则"和"正式规则"发挥作用的中介层面。从法院内部分工看，法院的政治部、研究室、办公室、监察室、行政处等部门是推动制度文化建设和实施的重要职能部门。

这三个层面是有机统一的整体，其中，制度文化的基本层面与高级层面的相互统一与协调一致，是实现制度文化功能的关键。法院本身是政治国家的产物，其形成和发展体现了极强的政治意义。基于司法部门的专业性，许多原本的基本层面，如法官职业道德等也以制度方式得以实体化。

法院制度文化在基本层面和高级层面划分上，高级层面占绝对主导地位的七个层次分别如下：

①制度心理层次。法官和工作人员内心对法院制度的一种心

理状态，包括对制度的认知、态度以及情感认同等问题。

②制度意识层次。法官和工作人员是否自觉执行各项制度规定的状态描述，是对制度规定深层影响力的综合衡量。

③制度思想体系层次。法院制度规定所隐含的思想脉络，是制度理念的具体化、体系化。

④一般社会规范层次。法院制度文化的行为规范，包括成文的正式制度，以及传统、习惯等非正式制度。

⑤制度层次。法院制度文化的正式制度部分，包括各种成文的制度规范。

⑥组织机构层次。为保障法院各项制度实施形成的组织结构，包括组织设置和人员配置。

⑦制度设施层次。法院制度的各种实施机制。

（3）法院制度文化的类型。

法院制度文化的类型从概念的外延定义，依不同的标准，有不同的区分。以是否表现为成文规则，分为正式规则和非正式规则；以是否属于法院内部发展出的规则，分为内生制度文化和外生制度文化。还可以根据法院制度文化所调整的内容不同，将法院制度文化划分为组织制度文化、审判制度文化和行政制度文化三大类。这三大类制度文化之间存在互相联结、互相依赖、互相制约、互相作用的紧密关系，构成复杂的法院制度文化关系网络。制度文化的变迁同样会制约着其他制度文化的变化。

2. 法院制度文化的功能

功能，是从系统外部描写系统的整体性质。所处的位置不同、观察的视角不同，对功能的描述也不同。从法院文化建设的角度看，制度文化作为精神文化和物质文化的中介，其功能是通过对精神文化的具象化推进物质文化建设，进而推动法院文化的整体变迁。从法院建设的角度看，制度文化的功能是规范法院各项活动、推进法院各项工作的规范化发展。从制度建设的角度看，制度文化的功能是确保制度和精神文化的价值追求保持一致，增强制度建设的合理性，降低其运行成本，提高其运行效率。对制度文化功能的探讨，主要是为了从应然层面对法院制度文化"应当是什么"做出描述，进而帮助人们明确法院制度文化建设的目标，更好地探索法院制度文化建设的路径。站在法院建设的高度，就制度文化在推动法院各项工作发展中应当发挥其功能。以此为视角，法院制度文化主要包括以下几项功能：

（1）宣示功能。制度文化是实体性的，可以被观察到，因而可以将法院精神文化中的价值、理念等核心要素通过具体化为行为规范的方式展示出来，使其得以明确化、具体化。这是法院文化被法官和工作人员熟悉、遵从、领悟、认同、内化的必要前提。如廉洁是人民法院的基石，也是法官和工作人员的立足之本，作为法院精神文化的内容，倡导法官和工作人员要"不贪财货，立身清白"。但如果仅停留在这个层面，显然无法在法院营造出崇洁尚廉的良好氛围。因此，这个精神文化的内容又被制度文化以"理念"方式承接下来，并在这一理念的指引下形成一系列的规章制度和工作机制，如《法官职业道德规范》《人民法院工作人员处分条例》等。"廉洁"从一个抽象的精神要求转化成法官和工作人员可以看到的、可以参与其中的具体的文本和活动，进而形成可以感受到的廉政文化氛围。这一由精神文化转化成制度文化的过程，实际上就是使精神文化的内涵和要求具体化、可视化的过程。

（2）整合功能。法院文化作为社会文化的子系统，必然要和社会文化或者其他组织文化之间形成互相连通、影响的过程，从而使法院文化能够随着社会文化的发展而不断发展，始终处于一种平衡状态。社会文化是多元化的，其对法院文化的影响是多方面的，有好有坏，有利有弊。要促进法院文化的良性发展，必须将社会文化中的积极因素接受下来，固定下来，使其成为法院文化的一个有机组成部分；还必须通过一定的形式，对社会文化中的消极因素加以否定和排除。法院文化对社会文化或其他组织文化进行整合的过程，主要通过法院制度文化完成。如对于近年来越来越受到重视的"以人为本"的工作和管理理念，可以通过法院内部的制度规定具体化为便民、利民、为民措施。

（3）灌输功能。灌输是思想政治教育的一个重要原理和法则，法院要提高法官队伍的思想政治素质、职业道德素养，必须向法官和工作人员灌输法院的主流文化意识，使其自觉、自愿地将制度文化内化于心灵深处，并上升为自己的文化意识，进而确保步调一致，保证各项工作顺利进行。制度文化作为精神文化的产物和载体，通过其实施机制向法官和工作人员施加有组织、有计划、有目的的影响过程，就是文化灌输。灌输的本质是教育客体的内在需要，而不是外在的强加。

（4）规范功能。作为制度文化的主要要素，规则为法官和工作人员确定了明确的权利边界和行为空间，即什么可以做、什么不能做，享有怎样的权利、应当承担怎样的义务等。如《人民法院工作人员处分条例》，向法官和工作人员宣示"廉洁"内涵的同时，明确了法官和工作人员在审判工作中、业务活动中不应做或者应当做的行为，使法官和工作人员更好地按照"廉洁"的要求规范行为。

（5）配置功能。司法是一项系统工程，仅法院内部，就包括从立案到审判到执行到再审程序等众多审执环节，还包括法警安保、档案管理、技术保障、人事管理等众多组织管理和后勤支持部门。将有限的法院资源科学地分配到各个环节、各个部门，使法院这一组织体能够高效运转，需要法院制度文化将资源分配的原则和方法固定化、具体化。

四、法院精神文化

（一）法院精神文化的内涵

法院精神文化作为法院文化的核心内容，是以法官为主体、包括司法辅助人员在内的法院所有人共有的精神理念，包括司法精神、法官职业道德、群体意识等意识要素与心态结构，在我国实施依法治国、建设社会主义法治国家的历史进程中形成，在长期的司法实践活动中产生的对司法实践活动的信仰、态度、评价、观点、思维方式、价值取向等观念形态的总和。从本质上讲，法院精神文化以"人民性"为核心，以马克思主义司法观点、社会主义法治理念、"三个至上"为指导思想。司法人民性理论、"忠诚、为民、公正、廉洁"的司法核心价值观等为内容的社会主义司法价值体系，代表着中国的司法文化导向，是规范和指导法院全体法官及工作人员思想行为的精神力量。法院精神文化的内涵主要包括以下几个方面。

1. 法院精神文化是一种职业文化

任何组织都有自己的文化，审判机关也必然有其精神文化。法院精神文化是行业精神文化中的一种特殊形态，不但与以提升商业竞争力为目标的企业精神文化不同，即使与政法系统如检察精神文化、公安精神文化等相比也具有差异性。

首先，法院精神文化是以法官为主体的文化凝聚。法院精神文化的主体是法官，随着法官职业化进程的加快，法官群体逐步形成共同的司法理念、精神追求、发展目标、知识系统、司法经验、人文修养、职业伦理、外在形象，构成一种不同于其他职业群体的文化特征，恪守职业道德，注意自身修养。法院精神文化的首要功能是引导法官培养独立的意识、独立的人格、独立的思维和判断力。

其次，法院精神文化是一种特定职业环境中的文化。塑造文化既具有时间性质，又具有空间性质。庄严的法庭和规范有序的审判环境是法院精神文化生成的基本空间。法官行使权力的方式、思考和分析问题的方法、语言风格等都是在审判环境中形成的，其基本的行为特点：以法为基，以人为本，慎言慎行，勤勉办案，庄重沉稳，约束有度，讲究礼仪。这些行为特点都是在法官特定的职业空间中形成的。

最后，法院精神文化是一种行政化的文化。法院的管理理念、管理制度、管理方法都应当以促进公正高效司法为目的。法院精神文化体现着法律职业共同体的文化特征。法律职业共同体由法官、警官、检察官和律师等法律职业者共同组成。本质上是一个文化共同体，共同体成员坚持共同的法律追求和法律信仰，具有与来自其他文化的人们截然不同的精神气质和素养，以及与法治观念相适应的同质化职业共同思维方式。

2. 法院精神文化是一种历史传承文化

首先，法院精神文化蕴含着传统文化的精髓。优秀的文化传统是构筑现代先进文化的重要因素，法院精神文化必然要吸收传统文化精髓。儒家思想是中国传统文化的主干，培育了中华民族仁民爱物、尊老敬贤、重信守义、中正宽厚的道德品质和自强不息、积极进取的精神风貌。法家的"法治"主张对我国法治文化的形成具有一定的积极意义。优秀传统文化对于培育法官的人文精神、提高法官的文化素质有着积极作用。也要看到，长达两千多年的封建社会遗留的陈腐思想观念和文化糟粕，积淀在民族意识和民族心理之中，影响着法官的思想、工作和生活，为推进依法治国方略的全面实施带来障碍。因此，必须采取批判态度，根除法律工具主义观念，特别要克服"官本位"文化背景中形成的执法特权思想。其次，一个法院无论时间长短，都有发展历史，都有特点。法院精神文化建设，要发挥法院的传统与优势，发掘潜力和特长，把法院办得有特色。

3. 法院精神文化是一种地域文化

一方水土孕育一方文化，一方文化影响、造就一方社会。不同社会结构和自然地理环境、民俗风情习惯、政治经济情况，孕育了不同特质、各具特色的地域文化。如齐鲁文化、秦文化、蜀文化、巴文化、徽文化等。不同个性特质、各具鲜明特色的地域文化，代表了不同地区的优秀文化传承。法院精神文化的地域特征指不同地区的法院具备不同的文化品位和个性魅力，也往往是一个法院的独特个性所在。如上海地区的法院，受到海派文化的浓重影响，融入"海纳百川、追求卓越、开明睿智、大气谦和"的上海城市精神和"公正、包容、责任、诚信"这一上海所倡导的价值取向，将法治文化巧妙渗透于法院工作环境，通过细节体现法院文化的精神内核，传播公正、高效、平等、开明、廉洁的理念，潜移默化，注重熏陶，重效但不张扬。

(二) 法院精神文化的作用

法院精神文化蕴含着法官和工作人员的价值取向和行为选择，其作用主要包括价值导向、凝聚力量、树立司法公信力等。

1. 价值导向

对社会转型带来的负面影响以及社会发展中的各种选择与迷茫，需要通过树立法院精神文化中的核心价值观，确立正确的价值标准，对丑恶保持批判向度，对选择予以正确引导。司法核心价值观内含坚持马克思主义指导地位、坚持主导性价值观等中国先进文化的基本特征，同时又体现了党的领导、依法治国、执法为民、公平正义等社会主义法治理念的基本内容，为法官们客观、正确、科学地面对和分析是价值选择的困顿还是职业内涵的困惑等问题，树立了指向性坐标，避免因思想多样化产生认识模糊及思想误区，为推进法官队伍科学、健康发展在意识形态上深度提供了整合与引领的方向。

2. 凝聚力量

"价值认同作为文化的基本功能之一，把个体自我认同扩大为群体社会认同，本身包含了一种社会身份的确认，体现出强烈的凝聚力、向心力。"法院精神文化是法官和工作人员在长期的司法实践中，根据其工作性质及司法的优良传统，顺应自身以及广大人民群众对司法的期待和要求逐渐形成的，先天地具有内外价值认同的一致性。法院精神文化的形成和传播过程，是法院价值、功能获得法院内部乃至社会认同肯定和积极评价的过程，也是法官群体增强归属感和不断增强向心力的过程，具有不可替代的凝聚力和号召力。

3. 树立司法公信力

文化提供某一时代、某一领域社会普遍认可的规范体系，并借由诸如教育示范、舆论传媒等文化手段，通过价值观念等引导主体实现正确的定位和自我规约。法院精神文化，包含了法官个体自我约束和规范的意识与心理，确立了符合司法理念、职业道德、法治原则的价值观范畴，反映了作为司法者的普遍性职业价值要求，体现了中国特色社会主义先进文化影响和要求下法官职业的核心价值标准。开展法院精神文化活动，既能够促使法官维持自身的公正廉洁，又能够向社会昭示法院与法官的精神风貌，有利于树立司法公信力。

五、中国司法正义的象征独角兽

獬豸，也称解廌或解豸，是传说中的上古神兽。其体形大者如牛，小者如羊，类似麒麟，全身长着浓密黝黑的毛，双目明亮有神，额上通常长一角，俗称独角兽。《后汉书·舆服志下》记载："獬豸，神羊，能辨别曲直。"

獬豸与法的不解之缘，可从古代"法"字的结构中得到解答。古体"法"字写作"灋"，而"廌"即为獬豸。水做"灋"

的偏旁，含法如水平之意。"廌法"二字合为一体，取公正不阿之意。传说中，獬豸拥有很高智慧，懂人言知人性。它怒目圆睁，能辨是非曲直，能识善恶忠奸。发现奸邪官员，就用角把他触倒。人们发生冲突或纠纷时，独角兽用角指向无理一方，甚至会将罪该万死的人用角抵死，令犯法者不寒而栗。

作为传说，獬豸究竟为何物无人亲睹，有人说它像鹿，似牛、羊。据古籍《后汉书》《论衡》等记载，秦之前獬豸都是一角羊的造型，牛形獬豸出现在东汉以后。

作为古时法律的象征，獬豸一直受到历朝的推崇。相传春秋战国时期，楚文王曾获一獬豸，依其形制成冠戴于头上，于是上行下效，獬豸冠在楚国成为时尚。秦代执法御史戴着这种冠。汉承秦制。东汉时期，皋陶像与獬豸图成了衙门中不可缺少的饰品，獬豸冠被冠以法冠之名，执法官被称为獬豸。这种习尚一直延续下来。至清代，御史和按察使等监察司法官员一律戴獬豸冠，穿绣有獬豸图案的服装，以示公正不阿。在民间，獬豸装饰墙面十分流行，表达了人们疾恶如仇、维护正义的良好意愿。

第十章　中国律师文化

倘若世上没有坏人，也就不会有好的律师。

——（英）狄更斯

【核心提示】我国古代曾有律师的萌芽，古代的诉讼代理源于西周。秦朝以后至唐宋，中国法律没有关于诉讼代理的规定。春秋时期的大夫邓析是中国古代著名的讼师。特殊的法律文化发展路径，使得中国没有产生法律的土壤。中国的律师制度，始于清末。中国现代意义上的律师制度形成于清朝末期。1912 年 9 月 16 日，北洋政府《律师暂行章程》的颁布，标志着中国正式建立了律师制度。新中国成立后开始建立新的律师制度。改革开放以来律师制度得到了恢复和发展。

律师是律师文化的主体，律师文化必然依附于律师这一特定职业。律师个体文化反映了律师的作用与功能。律师事务所文化决定着律师事务所的竞争力和生命力。行业文化是律师文化的核心部分，是律师文化本质上升到一定高度的集中反映，也是最能够形成行业标准与制度的规范来源。

一、中国律师文化溯源

中国封建社会，在政治上实行高度集权统治，经济上以自给自足的自然经济为主。在司法上，实行纠问式的诉讼结构形式，被告人是被刑讯拷打的对象，原告甚至可以刑讯。被告无诉讼权利可言，更谈不上委托他人代为行使权利。由于缺乏律师制度产生的基础，中国古代虽然存在一些类似现代代理人辩护的现象，但始终没有产生现代意义上的律师和律师制度。直到清末，中国才从西方引进了律师制度。

（一）春秋时期的诉讼代理现象

中国古代曾有律师的萌芽，古代的诉讼代理源于西周。据《周礼·秋官·小司寇》记载："凡命夫命妇，不躬坐狱讼。"《周礼疏》解释说："古者取囚要辞皆对坐，治狱之吏皆有威严；恐狱吏亵，故不使命夫命妇亲坐。若取辞之时，不得不坐，当使其属或子弟代坐也。""命夫者，其男子为大夫者；命妇者，其妇人之为大夫妻者。"这就是说，凡是大夫以上的官吏、贵族及其妻子，若违法犯罪，可以不亲自到法庭参加诉讼、坐地对质，只有在"不得不坐"时，才派下属或子弟代替出庭，这样规定是为了避免大夫以上的贵族在狱吏面前受辱。

据《左传纪事本末（三）》记载，僖公 28 年（公元前 632 年），卫侯与卫国大夫元咺争讼于晋（晋是霸主）。由于卫侯是国君，元咺是他的臣子，君、臣出庭争讼有损君严、不合宗法等级，故卫侯派针庄子代理自己出庭坐地对质，派宁武子作证人，同时还派大士（治狱官）士荣协助针庄子。结果，卫侯输了官司，便杀了士荣，砍了针庄子的脚，宽免了宁武子。在著名法律史学家杨鸿烈看来，"士荣系充律师也"。襄公十年（公元前 563 年），楚王叔陈生和伯舆争论，王叔派其宰臣，伯舆派其大夫，分别代表自己坐狱于王庭对质争讼。以上事例说明，我国古代已有诉讼代理现象存在。

史料记载，春秋战国时期，郑国大夫邓析能言善辩，素好刑名，《淮南子》称他是"巧辩"之人，可以"操两可之说，设无穷之辞"（《邓析子·序》），并"持之有故，言之成理"（《荀子·

非十二子》)。邓析在诉讼中，不以周礼为准，可以"以非为是，以是为非，是非无度；可与不可日变，所散胜因胜，所欲罪因罪"(《吕氏春秋·离谓》)。邓析不仅帮助人诉讼，而且教人诉讼。凡"与民有讼约者，大狱一衣，小狱襦绔（短衣、裤）。民之献衣襦绔而学讼者，不可胜数"(《吕氏春秋·离谓》)。由于邓析的法律思想及助人诉讼、传播诉讼法律知识的行为危害到奴隶主贵族的统治，邓析的活动和思想受到禁锢，最后本人也被奴隶主阶级以"巧辩而乱法"为由杀害。邓析的活动有些类似于现在的律师代理和辩护行为。

中国封建社会实行严格的贵贱、尊卑等级为基础的封建君主专制制度。这个制度下，法律上根本否认贵族与平民在诉讼上的平等地位。贵族无论其为原告或被告，按礼制都不能与平民对簿公堂。平民也不准当面控诉贵族，法律允许贵族派出代理人参加诉讼。贵族的特权使其无亲自在法官面前答辩的必要。春秋时期以维护贵族特权的诉讼代理与以邓析为代表的旨在维护"事断于法"的诉讼代理，是两种性质相反的诉讼代理思想。

（二）元、明、清时期的诉讼代理制度

秦朝以后至唐宋，中国法律没有关于诉讼代理的规定。

元朝，"诉讼"首次以类目独立成篇于法律中，出现了民诉与刑诉、程序与实体分离的趋势，有了较严格的诉讼制度。1323年元英宗颁布《大元通制》规定，诉讼当事人为贵族或官吏（无论现职还是退休者)，则"官不得与民齐讼，许其亲属家人代之"。诉讼当事人为"老废笃疾者"，除涉及谋反、叛逆、子孙不孝等某些重大案件以及涉及告者本身利益的案件必须亲自出庭外，其他诉讼案件，可令家人亲属代理诉讼。上述规定表明，元朝的代理制度虽依然承袭封建社会的"刑不上大夫"的特权思想，但将诉讼代理制度从贵族延伸到部分平民阶层的规定，有着积极、进步的一面，为后世的诉讼代理制度起到了率先垂范的

作用。

明、朝的诉讼代理制度，承元启清。在诉讼代理问题上，明朝继承了元代的诉讼代理制度，并进一步明确了诉讼代理的范围和事项，表现出倾向于平民阶层、限制官吏的倾向。《明会典》规定："凡年老及笃疾之人，对告谋反、叛逆及子孙不孝，听自赴官陈告外；其余公事，许令同居亲属，通知所告事理之实的人代告。"又规定："诬告者，罪坐代告之人。"第一次鸦片战争前，清朝有关诉讼代理的规定与明朝类似，不再赘述。

总之，中国古代的诉讼代理现象，就代理目的及代理人的身份而言，与现代的诉讼代理大相径庭。封建法律的诉讼代理制度，是贵族官吏特权制度的体现。平民的诉讼，除符合条件的"老废笃疾者"给以怜恤外，不准委托诉讼代理人。因此，有关平民的诉讼代理并不具有普遍意义。

（三）中国古代的讼师

中国早在奴隶制社会就出现了专门为维护当事人利益而帮助当事人撰写诉状、出谋划策的人，这些人被称为"讼师"或"刀笔先生"。在秦汉之前，毛笔和纸张都还没有发明，官府的各种文书都用刀刻在竹简上，以刀代笔、以竹代纸，因此，人们习惯上把专门撰写诉状的人称为"刀笔先生"。

中国古代，有关诉讼的法律制度较为完备。打官司要先向官府呈递诉状、陈述案情。法律对于案件起诉、受理等都有明文规定。违反规定，要受到处罚。如控告不实，控告者要受处罚；越级诉讼，越诉者要受处罚；告状不合要求，告者要受处罚。在当时的社会条件下，大多数民众都没有受过教育，不识文字，一旦涉及官司，不知道法律条文如何规定，连如何告状、如何撰写诉状、如何应诉也不清楚。一旦诉诸公堂，不得不求助于他人。于是，以专门为他人代写诉状、介绍诉讼程序及注意事项为主要业务的讼师应运而生。春秋时期的大夫邓析就是我国古代著名的讼师。

至唐代,《唐律·斗讼》规定:"诸为人作词碟,加增其状,不如所告者,笞五十;若加增罪重,减诬告一等。"明代,为防止讼师干扰诉讼正常进行,《大明律例·诉讼》规定:"凡教唆词讼及为人作词状,增减情罪诬告人者与人同罪。若受人雇诬告人者与自诬告同,受财者计赃以枉法从重论。其见人愚而不能申冤教令得实,及为人书写词状而无增减者,勿论。"《大清律例·诉讼》承明制,并在法令中首次出现了"讼师"的名称。

明、清两代,讼师普遍存在,还有了专门传授如何代写词状的专著,如明代的《做状十段锦》。由于这些人的活动没有法律依据,也没有法律规范和约束,有些讼师经常挑词架讼,骗取钱财,坑害百姓,被人称为"讼棍"。"讼棍"既被百姓痛恶,也为统治阶级所不容。唐代及以后各代法律中有关讼师的规定,基本上都是禁止性、惩罚性的,而非确认和保护性规定。由于讼师缺乏法律保障,一直没有合法地位,直至清朝灭亡,在我国漫长的封建社会,讼师始终没有发展成为律师。

综上所述,在中国古代,虽然先后出现过讼师和代理人,但还不是现代意义上的律师。在两千多年的封建社会里,封建统治者实行专制统治,采用纠问式的审判程序和刑讯逼供的野蛮方法,当事人的诉讼权利被剥夺殆尽,故不可能产生真正的辩护、代理制度,更谈不上律师制度的建立。

二、清末律师制度雏形

中国的现代律师制度,始于清末。清末之前的古代中国,没有律师,只有讼师。中国古代的讼师,不是近现代意义上的律师。

1840 年鸦片战争后,中国沦为半殖民地半封建社会。西方殖民者凭借与清政府签订不平等条约获取了领事裁判权,设立了会审公廨，外国律师开始在中国出现，并直接将其在本国实施的律师制度引入中国。外国律师先在"租界"的法庭中执行职务，后来也在中国的庭堂上出现，担任外国当事人的代理人，一些中国人在与外国人发生诉讼时也请他们做代理人。修律大臣沈家上书光绪皇帝称：华人讼案借助外国律师，"已觉扞格不通"。遇到与外国人打官司的"交涉事件"，请外国律师"申诉"，外国律师绝没有帮助华人而限制其本国人的。如此下去，"后患何堪设想"。沈家本提出了建立中国律师制度的构想，并将此作为清末变法修律活动的内容之一。

1906年3月，在沈家本、伍廷芳等人的努力下，《大清刑事、民事诉讼法》制定完成。该法第199～207条对取得律师资格的条件、律师注册登记的程序、律师的职责、律师违纪处分以及外国律师办案的获准程序等都作了规定。然而，《大清刑事、民事诉讼法》遭到各省督抚的反对，未能颁行。

1911年修订法律馆重新编成《刑事诉讼草案》和《民事诉讼草案》，又一次规定了律师和律师制度，但尚未审核颁布，就爆发了辛亥革命，清王朝被推翻。

尽管《大清刑事、民事诉讼法》没有颁行实施，但从制度建设的角度看，中国现代意义上的律师制度已经开始形成，"律师"一词开始出现在法律文本中。律师制度作为现代司法的重要内容之一，从一开始引进就与世界接轨，在中国现代化转型中起着重要作用。

三、民国律师制度的发展

（一）南京临时政府时期的律师制度

辛亥革命胜利后，孙中山领导的南京临时政府进行了大量的立法工作和司法改革，准备仿效资本主义国家采用律师制度。当时的司法总长伍廷芳明确主张，诉讼中应"准两造聘请辩护士到堂辩护"，并且在具体的审判活动中率先推动律师辩护制度的实施。苏杭地区设立的辩护士会是民国律师组织的发端，上海地区组织了中华民国律师总公会，并拟定了总公会章程。南京临时政府司法部制定的《司法部官职令》（草案）拟定由司法部掌管"关于律师身份事项"。

内务部借鉴资本主义国家律师制度的有益经验，制定了中国历史上第一部《律师法》（草案）。临时政府内务部警务局长孙润雨将《律师法》（草案）呈请临时大总统交法制局审查，转咨请参议院决议施行，但由于临时政府仅存在 3 个月，《律师法》（草案）未能颁行。

律师制度仅在法律文本中出现，并不代表律师制度确立，必须经过法典的颁布实施，才能从真正意义上建立律师制度。从清末《大清刑事、民事诉讼法》到南京临时政府《律师法》（草案），律师制度在文本层面上经过多次反复讨论，理论上已趋于成熟。辛亥革命期间，随着资产阶级民主思想的传播，司法独立、司法民主的观念逐渐深入人心，加之苏沪地区的律师实践活动，为我国现代律师制度的建立奠定了理论基础、思想基础和实践基础。

（二）北洋政府时期律师制度的确立

1912 年 4 月，袁世凯就任中华民国临时大总统，临时政府从南京迁往北京，开始北洋政府统治时期。

1912 年 9 月 16 日，北洋政府颁布了中国历史上第一部规范律师执业的单行法规——《律师暂行章程》。《律师暂行章程》共 8 章 38 条，规定了律师资格、律师证书、律师名簿、律师职务、律师义务、律师公会和律师惩戒等。

第一，确立了律师"自由职业者"身份。《律师暂行章程》第 14 条规定："律师受当事人之委托或审判衙门之命令，在审判衙门执行法定职务，并得依特别法之规定，在特别审判衙门行使其职务。"依据该条规定，律师执业一是基于当事人的委托，二是当被告无力聘请时由法庭指定。虽然律师必须服从法庭指派，承担辩护任务，但在诉讼过程中，律师执行职务的依据仍然是法律规定，即所执行者仍是"法定职务"。依据法律规定执行职务，基于本人对受托事件的了解以及对相关法律条款的理解，为当事人的利益开展业务，这是律师作为"自由职业者"的最根本特征。

第二，规定了从事律师职业的条件。《律师暂行章程》规定从事律师职业的基本条件包括国籍、年龄、性别及从业资格等要件。《律师暂行章程》第2条第1款规定：充任律师者，必须为中华民国人民，满二十岁以上男子。具备这些条件者，方可参加律师考试以取得律师资格，或者以其符合法律所规定的免试资格直接获得律师身份。

《律师暂行章程》规定的考试资格包括三大类：曾经接受系统的法律教育者，现从事法学教育者，或者有一定的法律职业经历者。在法律教育方面，《律师暂行章程》对参试者接受教育的时间因学校的性质不同而长短不一，主要有：在国立、公立或私立法政学校学习法政学三年以上，并获得毕业文凭者；在中国或外国专门学校学习法律或法政学二年以上，获得证明书者；在中国或外国专门学校学习法政学一年半以上，获得毕业文凭者。从事法学教育方面，必须是国立、公立、私立大学或专门学校讲授《律师考试章程》规定范围内主要科目满一年半的人员。职业经历方面，凡曾担任推事、检察官者，均可参加律师考试。考试合格者，可以担任律师。北洋政府时期，已经有了律师资格考试制度。

为了弥补《律师暂行章程》颁布之初律师人才奇缺的不足，《律师暂行章程》规定，符合下列条件的人员可以不经过考试，直接获得律师资格：国外大学或专门学校修法律学或法政学三年

以上且获得毕业文凭的；在国立、公立大学或专门学校修法律学
三年以上，获得毕业文凭的；教授《律师考试章程》规定主要科
目之一满三年的；在外国专门学校学习速成法政一年半以上、获
得毕业文凭，并曾经担任推事、检察官、巡警官的；曾在国立、
公立、私立大学或专门学校讲授《律师考试章程》规定主要科目
之一满一年的，均可不经考试，径自获取律师资格。

第三，规定了律师的义务。与"自由职业者"身份相适应，
《律师暂行章程》具体规定了律师在职业方面应当承担的基本义
务。一是不得兼任领取薪金的公职，但是可出任国会议员、地方
议会议员、国立或公立学校的教授以及执行官署待命职务。二是
不得兼营商业，若得到律师公会批准，则不在此限。三是不得同
时接受双方当事人的委托。四是不得参与自己任推事、检察官或
公断人期间所处理的案件。五是不得拒绝审判衙门的命令。为保
证法律救济的正常进行，对于无力聘请律师为其辩护的当事人提
供合适的法律救助。《律师暂行章程》规定，在法庭做出指派命
令的前提下，受指派律师无正当理由不得拒绝。

《律师暂行章程》的颁布，标志着中国正式建立了律师制度。
《律师暂行章程》颁布后，北洋政府相继颁布并施行了《律师登
录暂行章程》《律师甄别章程》《律师惩戒暂行规则》《律师考试
令》《律师考试规则》等。

1920 年，北洋政府公布了《无领事裁判权国律师出庭暂行
章程》，这是有条件地承认外国人充任中国律师的最初立法规定，
默认了司法主权不统一。这一时期律师队伍有了较大发展，全国
律师达两千多人，涌现了施洋、沈钧儒等著名大律师。

（三）南京国民政府时期律师制度的发展

南京国民政府一方面沿袭了北洋政府的律师制度，另一方面
根据当时的社会情况提出了修正并制定了新的律师法规。1927
年 7 月，南京国民政府制定了《律师章程》，用以替代北洋政府

的《律师暂行章程》。1935 年南京国民政府起草了《律师法》，几经修改，于 1941 年 1 月公布实施。1941 年 3 月，司法院颁布了《律师法实施细则》，9 月又颁布了《律师惩戒规则》。1941 年以后，分别颁布了《律师登录规则》《律师公会平民法律扶助实施办法大纲》《外国人在中国充任律师办法》《律师检核办法》等。律师立法沿袭了北洋政府的律师制度，并参照西方国家律师制度，增添了一些新的内容。如提高律师年龄至 21 岁以上；允许女性担任律师，增加律师公会就法律修改问题向司法行政部长提出建议的权利；律师登录限于两个地方法院和高等法院；增设高等法院接受律师惩戒诉讼和惩戒委员会及司法部长复审的规定等。

1928 年，经各地律师公会发起，"中华民国律师协会"经司法行政部核准成立，于 1929 年 5 月在南京召开"中华民国律师协会"成立大会，此后每年召开会员大会一次。

1948 年，"中华民国律师公会全国联合会"成立，并于同年 9 月 9 日在南京召开第一届代表大会。大会通过了中华民国律师公会全国联合会章程，选举理事、监事，成立理事会和监事会。国民政府时期，律师可以个人开业，著名律师收取高额酬金，与司法界、政界关系密切。请得起这些律师的往往是有产者。总体而言，这一时期律师业有所发展，律师法规较以前完备，律师人数也有所增加。律师队伍中不乏像沈钧儒、史良、施洋这样追求民主、维护正义的进步律师。在上海、南京等大城市，律师发展很快。据统计，仅上海市 1930 年就有律师 659 人，1931 年有 828 人，1934 年有 1120 人，4 年共增加约 500 人；南京市在 1934 年律师达到 1200 余人。

近代律师制度经过近 30 年的发展，进入成熟发展阶段，无论是律师资格的取得，还是律师义务的加强，以及律师惩戒制度的严格，南京国民政府颁布的《律师法》均比北洋政府时期的

《律师暂行章程》的规定完整得多。当然，"完整"的背后也使得律师的自治性受到了损害。律师公会职能的弱化是《律师法》的重大缺陷，这一缺陷影响至今。

四、新中国律师制度的初步确立

新中国律师制度萌芽于新民主主义革命时期。

1932 年 6 月 9 日，中华苏维埃政府颁布《裁判部暂行组织及裁判条例》，第 24 条规定："被告人为本身的利益，可派代表出庭辩护，但须得到法庭的许可。"1936 年，延安革命根据地制定的《川陕省革命法庭条例草案》第 12 条规定："工农劳动民众以自己的志愿，经过革命法庭的许可，可以委托一个或几个辩护人为自己辩护。有公民权的劳动者才有资格当辩护人，一切剥削分子没有担任辩护人的资格。"

抗日战争时期，各根据地政府相继颁布了一些条例，使辩护制度不断完善。1943 年实施的《苏中区第二行政区诉讼暂行条例》第 22 条规定："各级司法机关审判案件时，当事人得先期依法呈准延请代理人、辩护人或辅助人。"1944 年 3 月公布实施的《晋冀鲁豫边区太岳区暂行司法制度》第 22 条规定："人民在法庭有自由辩论权，审问人员不许任意限制。"

解放战争时期，为了保证解放战争的胜利，维护社会秩序，促进民主改革，各解放区积极进行法制建设。1946 年 1 月，晋察冀边区颁布的《晋察冀边区行政委员会关于人民法庭工作的指示》规定："审判员根据起诉书审讯被告，审查人证、物证，并允许被告自己或者被告的代表辩护和提出反证。"1948 年 2 月，东北解放区制定的《法律顾问处组织简则》规定，在人民法庭设法律顾问处为诉讼当事人解答法律及诉讼制度中的疑难问题。

上述各种规定仅限于辩护方面，虽然还谈不上是律师制度，但是，辩护制度与律师制度有密切关系。辩护制度是律师制度的前提和基础，律师制度在辩护制度的基础上发展和完善。上述有关辩护制度的规定，为建立新中国的律师制度奠定了一定的制度基础，积累了一定的经验。

1949 年 2 月，中共中央发布了《关于废除国民党的六法全书与确定解放区的司法原则的指示》。4 月 1 日，华北人民政府根据中共中央的指示也颁布了《废除国民党的六法全书及一切反动的法律训令》，彻底废除了旧的司法制度，为新中国成立后建立新的司法制度扫除了障碍。1949 年 9 月 27 日通过的《中国人民政治协商会议共同纲领》第 17 条明确规定："废除国民党反动政府一切压迫人民的法律、法令和司法制度，制定保护人民的法律、法令，建立人民司法制度。"

在中国共产党的领导下，新中国开始建立新的律师制度。1950 年 7 月颁布的《人民法庭组织通则》第 6 条规定："县（市）人民法庭及其分庭受理案件后，应保障被告有辩护和请人辩护的权利。但被告所请的辩护人，须经法庭认可后，方得出庭辩护。"当时，还有不少旧律师和"诉棍"在社会上包揽词讼、欺骗群众。为了维护人民法院的威信和保护人民群众的利益，1950 年 12 月，中央人民政府发出《关于取缔黑律师及讼棍事件的通报》，明令取缔国民党的旧律师制度，解散旧的律师公会，禁止旧律师和"诉棍"活动。

1950 年 7 月下旬至 8 月上旬召开了第一次全国司法工作会议，司法部将《京、津、沪三市辩护人制度试行办法》（草案）提交会议讨论，并要求各地酌情办理。1953 年上海市率先在人民法院设立"公设辩护人室"，帮助刑事被告人进行辩护，1954年又设立"公设律师室"，既帮助刑事被告人进行辩护，也为离婚妇女提供法律帮助。1954 年 7 月 31 日，司法部发出《关于试验法院组织制度中几个问题的通知》，决定在北京、上海、天津、重庆、沈阳等城市试办法律顾问处，试行开展律师工作。

1954 年 9 月 20 日通过的《中华人民共和国宪法》第 76 条明确规定："人民法院审查案件，除法律规定的特别情况外，一律公开进行。被告人有权利获得辩护。"该规定第一次以国家根本大法的形式确立了辩护制度。同年 9 月 21 日通过的《中华人民共和国人民法院组织法》第 7 条明确规定："被告人除自己行使辩护权外，可以委托律师为其辩护……人民法院认为必要的时候，也可以指定辩护人为其辩护。"到 1955 年，北京、上海、南京、武汉、沈阳、哈尔滨等 26 个城市开始试行律师制度，共有律师 81 人。

1956 年 7 月，国务院批准了司法部《关于建立律师工作的请示报告》。该报告对我国律师工作的性质、任务、资格条件、组织、收费等问题进行了阐述，要求国家通过立法，正式确立新中国的律师制度。

在总结全国各地律师工作经验的基础上，国务院授权司法部起草《律师暂行条例》等法规。1956 年 7 月，《律师收费暂行办法》颁布，1957 年上半年《律师暂行条例》（草案）脱稿，1957 年 6 月至 7 月间，司法部召开第二次全国律师工作座谈会，会议讨论并批准了《律师暂行条例》（草案），呈请国务院批准颁布。

截至 1957 年 6 月，全国已有法律顾问处 817 个，专职律师和兼职律师分别为 2582 名和 350 名，30 万人口以上的城市和中级法院所在地的县，一般都设有法律顾问处。全国已有 14 个省、市、自治区开始筹建律师协会。

1957 年下半年，由于极"左"思潮的影响，"反右"斗争扩大化，一批律师被打成"右派"，被下放劳动改造甚至被判刑，律师队伍受到严重摧残。律师执行职务被说成"丧失立场""为罪犯开脱"，律师制度被宣布为资产阶级的东西，被彻底否定。1959 年 4 月，司法部被撤销。随之，律师工作机构也被全部撤销。律师制度试行不到两年就夭折了。

从 1957 年到 1976 年"文化大革命"结束，受"左"的思想影响，律师制度被当作社会主义制度的对立物受到否定，我国的律师制度被中断近 20 年。

五、改革开放以来律师制度的发展

（一）律师制度的恢复和发展

"文化大革命"结束后，民主、法制得到恢复。1979 年 7 月，五届全国人大会议通过了《中华人民共和国刑事诉讼法》，对律师制度做出专门规定。《刑事诉讼法》第 8 条规定："被告人有权获得辩护，人民法院有义务保证被告人获得辩护。"第 26 条至第 30 条分别就辩护权行使、辩护人资格、辩护人指定、辩护人责任、辩护人取消与更换等问题作了规定。第 118 条规定了被告人在法庭辩论阶段，有发言权、辩护权和辩论权。此外，《人民法院组织法》对"被告人有权获得辩护"作了更加具体的规定。

我国的律师制度恢复后，全国各地陆续重建律师队伍。1979年，黑龙江省呼兰县开始试行律师辩护；广州市为办理涉外案件，设立了法律代办处；上海市重建了律师组织。与此同时，全国人大常委会加快了《律师暂行条例》的起草工作。经过广泛讨论，1980 年 8 月 26 日五届全国人大常委会第十五次会议通过了《中华人民共和国律师暂行条例》。该条例规定了我国律师的性质和任务、律师的权利与义务、律师的主要业务、律师资格、律师的工作机构以及律师协会等内容。《律师暂行条例》规定，律师是国家的法律工作者，法律顾问处是律师的工作机构，受国家司法行政机关的组织领导和业务监督。律师协会的职责是维护律师的合法权益，交流工作经验，促进律师工作的发展，增进国内外法律工作者的联系。《律师暂行条例》为律师参加诉讼活动和开展其他法律业务提供了法律保障，对中国律师制度的建立和健全起到了极大的促进作用，中国律师工作从此开始走上正轨。

截至 1981 年底，中国有法律顾问处 1456 个，律师超过 5500 人。

随着国家经济建设步伐的加快以及改革开放事业的不断深化，《律师暂行条例》的许多规定不能适应新形势的客观要求。为了律师事业的进一步发展，必须对现行律师体制进行改革。1983 年 3 月，司法部召开了六市一县律师工作体制改革座谈会，探索律师体制改革的道路，并指定到会单位进行试点。1984 年 8 月全国司法工作会议后，一些法律顾问处改名为律师事务所，并尝试改革经营管理模式，打破了收入和支出由国家包办的框架。

1986 年 7 月，全国第一次律师代表大会在北京召开，并成立了中华全国律师协会。根据《律师暂行条例》，中华全国律师协会是社会团体法人，是全国性的律师行业自律性组织，依法对律师实行行业管理。凡中华人民共和国律师均为本会会员，地方律师协会为本会团体会员。

1986 年 9 月，司法部举行了第一次全国律师资格考试。1987 年，中华全国律师协会正式加入亚太律师协会。1988 年初，深圳市出现了新中国第一家个体律师事务所；同年 3 月，河北保定市成立了全国第一家合作制律师事务所；随后，上海、天津、北京等地创办了合作制律师事务所。1988 年 5 月，司法部下发了《合作制律师事务所试点方案》，对合作制律师事务所的设立、组织形式、经营管理分别作了规定，律师体制改革不断深入，配套法规相继制定。

1993 年 12 月 26 日，国务院批准了《司法部关于深化律师工作改革的方案》。该方案提出，要进一步解放思想，不再使用生产资料所有制模式和行政管理模式界定律师机构的性质，大力发展经过主管机关资格认定，不占国家编制和经费的自律性律师事务所。积极发展律师队伍，努力提高律师素质，建立起适应社会主义市场经济体制和国际交往的具有中国特色的、实行自愿组合、自收自支、自我发展、自我约束的律师体制。逐步建立激励机制、竞争机制和优胜劣汰机制，使律师工作充满生机和活力。强调努力建设中国特色的律师管理体制，从中国的国情和律师工作的实际出发，建立司法行政机关的行政管理与律师协会行业管理相结合的管理体制，经过一个时期的实践后，逐步向司法行政机关宏观管理下的律师协会行业管理体制过渡。

根据司法部关于深化律师工作改革的方案，1994 年，部分地方司法行政管理机关尝试性地审批了少数"个人领办"律师事务所。天津市司法局于 1994 年先后批准成立了由张盈律师和何悦律师"个人领办"的"张盈律师事务所"和"何悦律师事务所"。

1995 年 7 月，第三次全国律师代表大会审议通过了新的《中华全国律师协会章程》，选举产生了新一届全国律师协会理事会，141 名理事全部由执业律师组成，会长、副会长、常务理事全部由理事会产生。这对于充分发挥律师协会的自律作用具有重要的意义。

随着国家对外开放的不断扩大，对外经济往来不断发展，中国的律师事业也开始走向国际化。中国律师同外国律师之间在业务上的联系和协作也日益增多。1991 年 5 月，司法部在给江西省司法厅的批复中就律师事务所与外国律师事务所建立业务协作关系一事做出了原则规定。为进一步推动涉外律师业务的开展，1992 年 2 月，司法部发出《关于律师事务所与外国事务所建立业务协作关系的有关问题的通知》，就律师事务所与外国律师事务所建立业务协作关系的有关问题做出具体规定。1992 年司法部开始进行允许外国律师事务所在中国境内设立办事处的试点工作，确立北京、上海、广州、深圳等市为首批试点城市。司法部于 1992 年 10 月 20 日首次批准了 12 家外国律师事务所分别在北京、上海、广州设立办事处。截至 1997 年底，在中国设立办事处的外国律师事务所已有 50 家。从 1994 年起中国允许港澳台地区居民参加全国律师资格考试，当年有 18 人通过了律师资格考试。

（二）《律师法》的制定和施行

在律师事业发展的同时，《律师法》的制定工作也在加紧进行。司法部从 1989 年 3 月开始起草《律师法》，于 1994 年 12 月形成《律师法》（送审稿）送国务院审批。国务院法制局对重点问题深入调查研究、反复论证修改，形成了《律师法》（草案），于 1995 年 9 月经国务院讨论通过。1996 年 5 月 15 日，八届全国人大常委会第十九次会议通过了《律师法》，自 1997 年 1 月 1 日起施行。《律师法》的颁布施行是中国律师事业发展的重要里程碑，该法规定了律师执业条件、律师事务所、执业律师的权利与义务、律师协会、法律援助和法律责任等，对于加强完善律师制度，保障律师依法执业，规范律师行为，维护当事人的合法权益和法律的正确适用，发挥律师在社会主义政治、经济、法制建设中的积极作用具有重要意义。

此外，在《律师法》制定期间，司法部发布了一系列有关律师的行政规章。主要包括：1992 年 10 月 22 日，司法部发布了《律师惩戒规则》，规定了对律师和律师事务所违反法律、法规、律师执业纪律的行为进行惩戒的程序、惩戒的种类、惩戒的事由、惩戒的原则、惩戒的执行以及惩戒的机构等。1993 年 12 月 27 日，司法部发布了《律师职业道德和执业纪律规范》，明确规定：①律师在执行职务过程中应遵守的职业道德和执业纪律；②律师因违反执业纪律给当事人造成损失的应进行赔偿；③需要惩戒的，由律师惩戒委员会予以惩戒；④触犯刑律的，由司法机关依法追究刑事责任。1994 年 7 月 2 日，司法部颁布了《律师事务所审批登记管理办法》和《律师事务所设立分所管理办法》，对律师事务所及分所的设立条件、设立程序、律师事务所及分所的登记作了明确规定。1995 年 2 月，司法部分别发布了《律师事务所在外国设立分支机构暂行管理办法》和《律师事务所名称管理办法》。前者规定了律师事务所在外国设立分支机构应具备的条件、律师事务所派驻外分支机构的名称、律师事务所在外国设立分支机构的申请审批程序等。后者对境内律师事务所的名称的组成、核定、使用等作了规定。根据《关于反对律师行业不正当竞争行为的若干规定》，律师及律师事务所执业行为必须遵循公平、平等、诚实信用的原则，遵守律师职业道德和执业纪律，遵守律师行业公认的执业准则。其还规定了属于不正当竞争的行为，以及对违反规定的律师或律师事务所的检查、监督和惩戒。

2001 年 6 月 30 日，九届全国人大常委会第二十二次会议对《中华人民共和国法官法》《中华人民共和国检察官法》作了修改。修改后的《法官法》和《检察官法》确立了国家对初任法官、检察官和取得律师资格的报考人员实行"统一司法考试"制度。首次国家"统一司法考试"于 2002 年初进行。"统一司法考试"要求报考取得律师资格和初任法官、检察官的人员具备统一的学历条件。但《律师法》规定的报考人员学历条件与修改后的《法官法》《检察官法》的规定不一致。为了依法组织首次国家统一司法考试，并从提高律师队伍整体素质考虑，宜将报考取得律师资格人员的学历条件适当提高，同《法官法》《检察官法》规定的学历条件相一致，严格律师入门条件。2001 年 12 月 29 日第九届全国人民代表大会常务委员会第二十五次会议，将 1996 年《律师法》第 6 条修改为："取得律师资格应当经过国家统一的司法考试。具有高等院校法律专业本科以上学历，或者高等院校其他专业本科以上学历具有法律专业知识的人员，经国家司法考试合格的，取得资格。""适用前款规定的学历条件确有困难的地方，经国务院司法行政部门审核确定，在一定期限内，可以将学历条件放宽为高等院校法律专业专科学历。"至此，律师资格考试被国家司法考试所取代。

（三）《律师法》的修订与完善

随着国家进入全面建设小康社会、加快推进社会主义现代化新的历史时期，律师工作的发展面临前所未有的机遇，也面临新的更高要求。为进一步完善律师制度，自 2004 年 6 月起，《律师法》修订工作正式启动，在修订过程中，立法机关开展了大量研究，广泛征求了各方面的意见，历经多次深入讨论，反复修改。2007 年 10 月 28 日，十届全国人大常委会第三十次会议表决通过了修订后的《律师法》。修订后的《律师法》对原《律师法》作了较大调整、补充和修改，新增、修订条款四十余条，从诸多方面进一步改革和完善了国家的律师制度。

修订后的《律师法》的主要内容包括：第一，进一步明确了律师的职业使命，规定律师应当维护当事人合法权益，维护法律的正确实施，维护社会公平和正义。第二，进一步规范了律师执业许可制度，包括完善律师执业许可条件，调整律师执业许可的权限和程序、律师执业特别许可制度等。第三，调整和完善了律师执业组织形式，明确了普通合伙和特殊合伙两种律师事务所合伙组织形式，增加了设立个人律师事务所的规定。第四，充实了律师执业权利保障内容，增加了对律师依法行使会见权、阅卷权和调查取证权保障的规定，增加了律师参与法庭诉讼活动责任豁免的权利和对律师采取强制措施方面的保障措施。第五，增加了规范律师执业行为的规定，在严格律师执业申请、担任合伙人的程序和条件，完善律师执业禁止内容等方面做出了规定。第六，完善了对律师的行政管理和行业自律措施。对司法行政机关的监管职责和行政处罚权层级配置作了相应调整，强化了对律师执业的管理，同时，进一步明确了律师协会的职责。

2007 年修订的《律师法》以立法的形式肯定了中国律师制

度改革和发展取得的成果，进一步完善了国家的律师制度。《律师法》的修订，是完善中国特色社会主义法律制度的重要组成部分，是进一步依法治国、建设社会主义法治国家的实际步骤，是保障中国律师工作适应经济社会发展要求的重要举措，为律师更好地履行职责、维护当事人的合法权益、维护法律的正确实施、维护社会公平和正义提供了法律保障，为进一步推进律师工作、加强律师队伍建设、完善律师管理体制、提高律师工作水平提供了重要的法律依据。

从 1979 年国家恢复重建律师制度以来，在三十多年的时间里，律师的数量和质量都有了较大提高，律师业务领域大大拓宽，业务数量逐年提高，尤其是近几年来，广大律师逐步介入金融、证券、房地产、知识产权保护、国际贸易、反倾销等市场经济发展的新兴行业。此外，越来越多的律师积极参政议政，为国家的法治建设做出了重大贡献。

六、中国特色的律师文化建设

(一) 中国特色律师文化内涵

律师文化指律师群体在所处法系环境、社会经济政治体制以及在法律服务实践中形成的，能够为律师认同并遵守的价值理念和行为规范的总称，包括律师行业文化、律师事务所文化和律师个体文化。

由于律师文化具有社会一般文化的普遍性，又具有依托律师这一职业的特殊性，律师文化的内涵集中体现在理念文化和行为文化两个方面。律师理念文化即律师在执业过程中认同或形成的成长观、发展观、价值观等影响着律师执业生涯的思想观念的总称。律师行为文化是律师在执业过程中和社会交往中形成的具有规范性、制约性、行业性的惯例，是理念文化的外在行为表现，包括律师执业行为的约束、律师制度的制定与实施、律师机构管理等。

　　律师文化的外延指影响律师文化培育与形成的社会环境，包括法系、政治体制、经济发展程度和法律文化。由于历史和法制环境的局限，我国律师在社会上的活动空间和在社会生活中所起的作用还很有限。西方国家的律师在政治、经济上起着举足轻重的作用。从这个意义上讲，我国律师文化的外延有待进一步改革与完善。

（二）中国特色律师文化内容

　　第一，律师定位。律师应区分不同时期做出不同定位。在执业初级阶段要定位在理论钻研和实践操练上，做一名热衷于理论钻研的业务型律师，这是律师的第一步定位。当有一定影响和知名度时，就应当积极加入管理行列，参与律师事务所的经营管理和行业的经营管理，做一名懂经营会管理的合伙人律师，这是律师的第二步定位。当享有较大影响和较高知名度时，就要积极参政议政，关注社会、关注民生，做一名政治型律师，以此提高整个律师行业的地位和影响。这时律师就不是个人，而是代表了一个群体，这是律师的第三步定位。

　　第二，律师使命。以法为剑，最大限度地维护委托人的合法权益，实现社会的公平与正义，推动社会的民主法治进程。

　　第三，律师精神。苏东坡有三句话讲得非常好，概述律师精神极为到位。一是"守道而忘势"。"守道"就是坚守正道。律师要坚守诚信之道、做人之道、处事之道，规规矩矩做事，堂堂正正做人。同时恪守律师的执业宗旨，不离谱、不走调、不搞歪门邪道、不走旁门左道。"忘势"就是不顾及权势的存在，不畏权势，不趋炎附势，不装腔作势，更不仗势欺人。二是"行义而忘利"。律师要身体力行法律的正义、公正，这叫行义。行义忘利意味着对个人得失处之泰然。守护最后一方净土，撑起一片正义的蓝天，这是一个正直的律师应有的精神气概、职业品位和道德情操。三是"修德而忘名"。以律师为终生职业，不能急功近利、贪图名利、沽名钓誉，更不能盗名欺世。

第四，律师价值观。挣钱不是目的，只是自然所求。律师是依托专业独立提供法律服务的法律人，既不依附于当事人，也不依附于司法机关。律师具有独立人格，律师价值体现在法律得到了公平、公正的执行上和民主法治进程的完善及事业的追求与发展上。

第五，律师服务理念。委托人不是"上帝"，不能纵容其无理要求。维护委托人合法权益却是责任，而且要最大限度地维护委托人的合法权益。

第六，律师管理理念。律师队伍是高素质的精英队伍，对律师的管理没有任何的特权和命令，说服引导和示范是最好的管理。

第七，律师团队观念。个人的精力是有限的，而团队的力量是无穷的。没有完美的个人，只有完美的团队；不能做"万精油"式的律师个体户，而要做有钻研精神的学者型律师团队中的一员。

第八，律师人才理念。青年律师是律师业的未来和希望，要多引导、帮扶和带教；律师同行是最重要的人才资源和依靠力量，要尊重同行、维护同行、团结同行，结伴而成推动民主法治进程的亲密战友乃至兄弟姐妹。

（三）中国特色律师文化分类与特征

1. 律师个体文化

律师是律师文化的主体，律师文化必然依附于律师这一特定职业。律师个体文化是以律师言行、举止和执业活动为载体反映和传播的一种文化现象，包括律师个人气质、人格力量、精神面貌、职业道德和执业水平，以及律师形象。

律师职业是一门实践的艺术，律师个体文化正是这门艺术的映像，具有以下特征：①具有鲜明的个性；②具有对新文化和行业文化认同性；③具有可塑性；④具有自主性；⑤具有具体性；⑥具有任意性。

律师个体文化反映了律师的作用与功能，反映了律师忠于事实、忠于法律、维护法律权威、遵守职业道德，为社会提供优质高效法律服务的先进理念。律师个体文化的形成，除了在法学院培养形成的学术基础和法治理念素养外，主要依靠加强自身修养的"自塑"和律师事务所文化感染与熏陶，以及培训与约束等行业文化的"他塑"实现。

2. 律师事务所文化

律师事务所文化简称律所文化，又称集体文化。它是律师事务所基于自身传统特色、价值理念，通过全体员工在工作过程中形成的一整套行为规范和思维模式，由律师事务所的人文精神、服务宗旨、事业追求、职业道德、行为习惯、社会承诺、品牌宣传、管理制度、组织结构、工作环境、CI策划以及自主知识产权等一系列因素构成。从形式上讲，律所文化是抽象概念，属于人的思想范畴，亦指律师的价值理念；从内容上讲，是律师事务所的整体视觉效果，包括发展规划与远景战略、管理运作制度、法律服务模式等，其本质是做大、做强，具有文化的律师事务所的发展观、经营观，是唯真、唯善、唯美的追求。

律师事务所是否重视文化建设，不仅影响到律师素质与能力的提高、团队化与凝聚力的形成，还决定着律师事务所的竞争力和生命力。成熟的律所文化意味着培植原始股和创造品牌价值。律所文化的载体表现为丰富的内涵和广阔的外延，包括所名、所徽、所歌、所旗、所标、所服、所规、所风、所刊、所容、所仪、所之网站、域名、网络实名、形象大使等诸多方面的因素。

律所文化的特点表现为：①统一性；②包容性；③规范性；④系统系列性；⑤传承发展性；⑥稳定而不断创新性；⑦人本与

人文性；⑧独立性和开放性。

随着律师事务所的发展壮大，律所文化的内涵与外延也随之发展与升华。对于身处重视文化建设的律师事务所的每个律师而言，其个体身上积极的人文精神会逐渐地整合成集体的人文思想，并且反作用于每个律师个体，最终个体律师与事务所拧成一股绳，而律所文化成为全体律师事业发展的思想、根基，成为行为规范的导航系统，成为律师团队的事业核心与精神支柱，也成为对个体律师行为进行评价的价值标准。

3. 律师协会文化

律师协会文化简称行业文化，又称群体文化。相对于律所文化，行业文化是以律师协会作为整个律师行业的管理机关所倡导和营造的，为整个执业群体所认同和共同遵守的价值理念与行为规范。行业文化是律师文化的核心部分，是律师文化本质上升到一定高度的集中反映，也是最能够形成行业标准与制度的规范来源。它影响和主导着整个律师文化的形成和发展，代表着律师文化的主流意识，受社会、政治、经济文化环境的制约和影响，是一定时期律师行业价值观的集中体现，具有行业性与社会性、民族性与世界性、稳定性与发展性、统一性与多元性、时代性与政治性、传统性与发展性等特征。

律师行业文化的主要内容包括律师的行业力量、价值追求、政治抱负、职业道德和行为准则等，集中反映了律师维护法律权威、崇尚法治、忠于法律、维护正义、服务社会、诚信执业等先进理念。律师行业文化的形成，离不开党和政府的大力支持、政策引导，更重要的是依靠全体律师的自觉培养、共同维护。

第十一章　弘扬优秀法律文化

法律是人民意志的自由而庄严的表现。

——（法）罗伯斯比尔

【核心提示】 文化全球化的具体内涵就是世界法律的一体化，即法律全球化。西方法律文化的传统属性是私法文化。西方法律的理想是实现正义。西方传统法律文化的基本精神可以概括为自由、平等、民主、法治原则。现代法治的基本精神是法定主义。

社会主义法治精神，其基本内涵可以概括为依法治国、执法为民、公平正义、服务大局、党的领导五个方面。

比较法学就是世界法学，是世界法学的代名和学名。比较法学实际肩负着实现人类法律文化大同的世界使命和责任。比较法学的真正价值在于从个性出发寻求一种普遍的共性。比较法学的目的是要发现、总结、构造一种属于全人类的法律文化。

一、比较法学与世界法律文化

（一）比较法学的世界个性

对于比较法学的研究探讨已经百年有余。比较法学的学科性质，特有属性，一百年来始终身份未明，但又在所有法学领域中无处不在。它既能特立独行，又能使所有国家法律的发展和它难舍难分。一百多年来，始终有学者纠缠于比较法学是一种方法论抑或一门学科，还有一些学者纠缠于法律移植是否能够成立。按照第一个争论，比较法学至今也没有在科学王国有独立之地；按照第二个争论，本身就隐喻着一种狭隘的民族文化优越观。事实上，比较法学无论作为方法论还是一门学科，一百多年来始终是一种实在。学问家们兴致盎然、无休无止的争论，并没有影响比较法学的存在和发展。比较法学既是方法论，又是一门学科。作为一种方法论，它是不独立的；而作为一门学科，它是独立的。这取决于运用者的目的、场合与思想境界。无论作为一种方法论还是一门学科，比较法学都有一个根本的个性——它属于所有法学。比较法学就是世界法学，是世界法学的代名和学名。探讨研究比较法学的过程，就是建设发展世界法学的过程。比较法学这种世界个性使得它必然要和所有法学结下不解之缘，使得它必然要和所有民族国家的法律及其制度发生必然联系，使得它当然地要存在于整个世界，发展于整个世界，作用于整个世界。比较法学属于整个世界，整个世界也需要比较法学。

　　纵观当今时势，人类社会的发展进步，使得世界变得越来越小，各民族国家之间、各个国家人民之间的联系愈来愈紧密深入。经济全球化不仅是一个趋势，而且已经成为一种现实。与之俱来的是许多原本具有鲜明民族国家特征的社会制度日益相互影响乃至渐渐趋于融合。各个国家和地区的人们彼此之间交往越来越多，联系越来越紧密，相知也越来越深，相互影响越来越大，兴衰成败更是越来越彼此相关。若干年前提出人类文化全球化可能有理想或夸张之嫌，今天议论人类文化全球化已经是一个清晰可见、不得不面对的事实，问题只在于是在何种程度上予以理解。对于法学家们而言，文化全球化的具体内涵就是世界法律的一体化，用另外一个更鲜明的表达，即法律全球化。在各种人类文化当中，在人类社会诸多共有的制度当中，法律制度的和谐化和某种程度上的一体化，乃是一个有目共睹的趋势。在与其他地

区和国家日益增多的经济、文化以及其他交往中，不可避免地要
涉及交往规则或行为规范问题。这就需要了解其他国家和地区的
法律，并且在此基础上努力获得一些共同认可和遵循的一般规
则。是否了解外国和国际社会的法律，将直接影响一个国家在国
际社会中的未来国家利益。了解外国的法律，其必然途径就是比
较法学。当今世界法学的发展现实与由此呈现出来的规律，意味
着法学已经完成或者正完成着从国家主义或民族国家主义到融合
主义或世界主义的改造，一个法律世界主义或世界法的时代正在
不可避免地悄然到来。这个时代是世界的时代，这个时代的法学
就是比较法学。比较法学既是法律新时代的创造者，又是法律新
时代的表征。

（二）比较法学的世界目的

比较法学实际肩负着实现人类法律文化大同的世界使命和责
任。一方面，它要对具体法律制度进行比较研究，发现和说明本
国和外国法律制度各自存在的基础和理由，论证确认它们各自的
长处与欠缺，通过有关文化和社会背景的阐释说明，引出改进完
善自身法制的观点与方案，以求最终促进发展本国的法律理论和
法律制度。另一方面，它又要发现和指出不同民族国家法律的异
同及其历史、文化和社会原因，寻求各民族国家法律最大程度和
最普遍的和谐，并在此基础上使本国法律尽可能地接受吸纳对整
个人类社会具有普适性的规则与原则，最终完成设计和构造出一
种世界共同法或普遍法的崇高人类使命。两者之间，后者对比较
法学最为根本。正是在此意义上，比较法学才获得了其作为一门
科学的地位。

法国比较法学家罗迪埃德说，比较法学的"目的是要在人的
思潮与国家制度的关系中得出人的思想倾向，确立支配国家实在
法制度的总规律及其思想倾向。比较法在这方面的确是一种科
学。它不是用来当作一门艺术，它要说明它本身是什么。它不局

限于描述外国法，它力求归结出法的总的发展规律或者得出制度与制度之间或制度与人民的总的方针之间，进一步说，乃至人类各集团之间关系的总的发展规律"。总而言之，比较法学的目的归根到底是要探寻、发现和创造那些放之四海而皆准的人类思想潮流和人类行为准则，是要发现、总结、构造一种属于全人类的法律文化，这就是比较法学的世界目的，也是它神圣的世界使命。

（三）比较法学的世界胸怀

作为一种法学方法，法律比较自古有之，但现代法学中的比较法学却有其特定的内涵和境界。它的目的并不局限于对不同国家或特定区域的法律制度、原则、规范的比较研究和质量确认，而是要最终达到获取一种人类共同法的目的。探讨、追求和发现这种人类共同法，乃是比较法学固有的胸怀。没有这种世界胸怀与人类关怀，就无法进入比较法学的殿堂。20世纪初，最早致力于比较法学的法学家们正是以这种人类关怀——不仅仅是民族关怀——的信念投身比较法学的。人们努力争取从本土这个狭窄的圈子跳出，在对外对内的结合中和平地赢得世界。这对人类自然至关重要。法学界充满着这种如醉如痴的心情，不再满足于只是解释和进一步发展本国法。

这种情怀从根本上体现着消除误解和敌意、寻求人类共同进步的信仰。比较法学家的使命是为人类的共同进步发现和寻求一种"人类共同法"，为未来可能普遍实现的世界共同法做出贡献。德国比较法学家茨威格特和克茨认为，比较法学对于"打破那种不加反省的民族偏见；帮助我们认识我们世界不同的社会、文化制度和改善国家间的相互理解；对于发展中国家的法律改革"是很有意义的。另一德国比较法学家格罗斯菲尔德说："比较法学打开了我们的眼界（就像逃离了监狱而获得自由），刺激我们的思想，向我们提供新的论据，激发想象，告诉我们新的发展，冲破国土法学的区域，使法律科学再次成为世界的。"随着人类社会各民族国家和人民之间的交往越来越深入普遍，冲破"国土法学"而走向世界的普遍法学已是势所必然。生活在一个多世纪前的德国法学家耶林曾说："比较法学是未来法学的方法。"一个多世纪以来的世界法律发展史已经证明了耶林的预见。

比较法学家必然应该具有世界胸怀，以超越国界的高瞻远瞩促进国际间的法律交流，力求将各国法律中普遍共同的规范原则予以协调和明确化，从而为现代国际社会间的各种交往创造条件，其最终目标是努力争取从整体上促进人类社会的发展。比较法学家们当然不应片面刻意强调不同法系法制的差别与隔阂，相反，应该更多地关注不同法系之间的共同和谐与融合。在当今的法制建设中，为数不少的法学者有意无意地强调了大陆法系和英美法系的差别，德国法、法国法、英国法、美国法之间的差别，关于坚持法典法还是建立案例法的争论反映出这种倾向。产生这种问题的原因之一就在于缺乏比较法学的世界胸怀。对于比较法学家而言，无论是英美法系还是大陆法系，都属于世界，属于人类，因而也当然属于我们自己，只要有借鉴有裨益，就可以理所当然地采纳，没有门户之分。

比较法学的世界胸怀还意味着，比较法学者不能像有些法学家们，尤其不能像政治家们那样，动辄强调民族特色或传统。从狭隘的民族主义立场出发，一味强调民族国家法律或文化传统特色的做法不是比较法学的胸怀。比较法学当然也首先关注民族国家自身的法律及其传统，但它并不将其与世界其他民族国家的法律隔离。它之所以将世界法学置于第一位，是因为它将民族国家的法律和传统文化铸造的法律置于人类社会和人类文化背景之中，将其作为人类和世界法律文化的组成部分。比较法学的世界个性决定它尤其应该关注民族国家法律的个性和不同法系法制的个性，比较法学如果不以特定个性为考察对象或基础，就不会具有实际意义。比较法学的真正价值在于从个性出发寻求一种普遍的共性。那种仅凭对法律现象的表面观察，用一种个性的存在否定另一种个性存在的方法不可取。比较法学的目的不是要否定自我，而是要坚持、发展和完善自我，是要通过与异己存在的相对事实比较和评价，理智地丢弃小自我，寻求大自我。相对于这种世界胸怀，任何一种片面或过分强调民族与传统特色的言论和立场都是狭隘浅薄的。长期以来比较法学界存在的法律移植之争，事实上是欠缺世界胸怀和人类境界使然。以世界胸怀度之，所有文化都是人类文化或世界文化的一部分，作为人类社会组成的各个民族国家的发展，必定也逃脱不了优胜劣汰、物竞天择的自然规律。择优而从既是必然的规律，也是应然的理智。无论是借鉴抑或移植，无非都表明了同样的事实，即我中有你，你中有我。因为我们都是同类，完全可以共享共有。如果说别的法学领域没有这个胸怀，比较法学则必须要有，否则就难以成为比较法学。

考察近现代中国法律发展史，完全可以说，没有比较法学，就没有当代中国法制，近现代中国法制建设和发展与比较法学息息相关，兴衰与共。中国的法律制度虽然必定是要体现中国社会、文化与历史的法律制度，但它同时也必须通过各种方式吸收整个人类社会的法律文化的优秀成分以发展自身。因为中国的法律制度也是人类社会法律制度的一部分。

（四）比较法学的世界品位

比较法学是世界法学，是一个具有世界视野的法学领域，它因之具有不同于其他法学学科的品位，即一种世界品位。世界品位并不是说其品位较之其他法学领域更高，而是指其特有的不同于其他实证法学领域的风格与特征。比较法学的世界个性、世界目的、世界胸怀，使之具有完全不同于一般实证法学，特别是国内法学的方法与风格。

第一，比较法学必然以外国法为考察研究对象，因此，比较法学不仅需要基本的特定法学领域的知识背景，而且还无一例外地需要被考察国家的语言知识，这是一种法律文化与另外一种法律文化对接和对话的前提条件。这就使得比较法学天生具有一种其他法学领域所没有的，至少是表面上超国家、跨国界的世界品位。

第二，比较法学必须对被考察的特定外国法赖以产生存在和发展的文化传统、社会状况等各种人文背景有清楚的了解，只有这样，比较法学才能有效的展开，才可能获得其应有的发现和判断。这也使得比较法学必然更具有包容性，更具有人情味，更具有较深刻的人性洞察力。

第三，比较法学的目的在于从万千个性中寻求共性，它实际上体现着某种程度的世界大同理想，因而具有触动人类本性的感召力，使之能够被理解成为追求世界大同理想的一种寄托和途径。

第四，比较法学放眼于整个世界法律文化乃至整个世界，给人们展示和提供了一个超然于个别法律文化和个别法律世界的思想天地，因而更具有人文的魅力与优雅，更有自然的神秘与诱惑，更能满足理性之人的好奇与求知欲，而比较法学者因此也必然具有超越自我，心存世界，自然而然地成为世界公民和世界学者的世界品位。

第五，比较法学将个别的、自身的法学置身于世界的法学和法律文化之中，企图从这种对比和对立中发现和寻求自我，因而很容易感受到自我的渺小和世界的无限，但同时也较容易意识到自我发展的永恒与无限，最终较容易避免"夜郎自大"的文化沙文主义和自卑自弃的文化缺失心态。

第六，比较法学是一种从个性之中寻求共性，从个别规则之中寻求共同规则的科学，是一种超国家、超地域、超民族的人际法学，是世界法律进步和法律融合必不可少的手段。具体说，它是学习别国法制，完善自身法制，认识人类一般规则，走向世界共同法律，通过大同发展自我所必经的理性之路。行走于这个科学之路上的比较法学者必然承担的使命与其最终的归宿是同一的，这就是：大世界小自我，世界即我，我即世界。

二、中西法律文化比较分析

（一）法的形成：部族征战与氏族斗争

中西方法律文化的差异之一是法的形成不同，中国古代法律是部族征战中形成的。古希腊（雅典）法和罗马法是在氏族斗争中形成的。

（二）法的本位：集团本位与个人本位

中西方法律文化的差异之一是法的本位不同，中国传统法律是以集团为本位的，中国古代是部族集团本位法，后期逐渐演变为宗族集团本位法。而西方法律史上，古罗马法通过塞维阿·塔里阿改革由氏族法过渡为家本位法，后随着经济社会的发展，建立起以个人为本位的法律制度。

（三）法的文化属性：公法文化与私法文化

中西方法律文化的差异之一是法的文化属性不同，中国传统法律文化的属性是公法文化。在中国，虽然拥有从古代就相当发达的文明的漫长历史，却始终没有从自己的传统中生长出私法的体系。中国的法，一方面就是刑法，另一方面则是官僚统治机构的组织法、行政的执行规则以及针对违反规则行为的罚则所构成。在比较法的视野里，中国传统法律文化可谓一种刑事性的或者说以刑法化为其基本特色的公法文化。

西方法律文化的传统属性是私法文化。在欧洲，主要是以私法作为法的基底和根干。近代以前西方刑事民法化与近代以来公法的发展及其私法化现象，说明西方法律的民法化或私法化趋势。

（四）法与宗教伦理：伦理化与宗教性

中西方法律文化的差异之一是法的宗教伦理性不同，中国传统法律伦理化，西方法律带有宗教性。在法律文化系统中，法与宗教伦理是关系到法的制度、秩序与意义的基本问题。人类文明史上，法律与宗教和伦理道德长期处于混同状态。

在古代中国青铜时代，法律与宗教伦理并无严格区别；至春秋战国时期，法律与宗教伦理有了分离；但从西汉起，法律与伦理又开始融合；尔后，儒家伦理精神与原则日益规范着法律的变化和发展，至隋唐终使中国法律完全伦理化，这一情形一直延续至清末。

西方在古希腊及古罗马王政时代，法律与宗教伦理亦是混同的。但到罗马共和国及帝政时期，伦理从法律中分离出来并有了独立的发展，而宗教依然是法律的一部分。随着中世纪的到来，宗教转而控制了法律，宗教法有了独立而迅猛的发展。近代西方的社会革命促成了政教分离，法律在整体上脱离了宗教的束缚与控制，但宗教对法律仍有着不容忽视的影响。

（五）法的体系：封闭性与开放性

中西方法律文化的差异之一是法的体系的开放程度不同，中华法系是封闭性的，西方法系是开放性的。法系是法律文化的一种存在和表现形态。

19世纪以前，中国社会一直独立发展未受外来根本性影响。四千年来，中国的法律制度和法律思想虽经历了几次较大的变化发展，但相互间的传承关系仍十分明显。特别是西周开始，传统中国的法律体系在历史渊源、结构形态、观念术语、精神原则上，都没有发生实质性变化。

西方法系是一个庞大的多源的组合性法律体系。古希腊、古罗马就是多种法律渊源并存的社会，它们的氏族法与城邦法，公法与私法，自然法、万民法与市民法等，既是法的分类，亦是法律渊源多样性的体现。中世纪欧洲罗马法、封建庄园主法与教会法、王室法和商人法、自然法共存一体。

西方法系是保持对外和对内交流并能实现自我更新的法律体系。西方法系的自我更新主要是通过法的二元性、学说、判例、新法对旧法的否定性继承四个要素推动实现。

西方法系是不断发展的法律体系。古希腊城邦法和罗马法是对它们各自原始氏族习惯的否定性继承与发展；中世纪法是对古希腊理性法思想和罗马个人（权利）本位法的原则与体系的否定，以及对罗马法的某些技术与规范继承的混合；近代法是对中世纪法的否定和对罗马法的发展性继承。在两千多年历史过程中，西方法系一直在不断地发展变化着。从希腊城邦法到罗马法——古代西方世界法初步形成。从罗马法到法德民法典，从英国法到美国法——近代西方两大法系形成。从西方到东方——两大法系的海外传播——近现代西方世界法的形成。

（六）法的学术：律学与法学

中西方法律文化的差异之一是法的学术传统不同，中国传统的法律学术是"律学"而不是"法学"。中国的法作为由国家制定认可的成文法出现，没有独立的法学家从理性角度用学说及判例支持的法律现象。中国现代意义上的法学是在清末从西方引入的。西方的法学十分发达，从罗马法学开始至今形成了众多的法学流派、名家。西方法学所涉及的范围广泛，其理论精深。

（七）法的精神：人治与法治

中西方法律文化的差异之一是法的精神不同，传统中国法的根本精神是人治，西方法的传统精神是法治。法的精神最本质的表现为人治与法治。中国数千年的人治统治形成了深厚的人治传统和官本位的特权等级观念。中国自古皇权至上，没有独立于皇权之外的立法权，所制定的法律反映的是皇帝及其所代表的统治集团的意志。法治来源于西方法律文化，法治的基础是民主政治。

（八）法律文化的价值取向：无讼与正义

中西方法律文化的差异之一是法律文化的价值取向不同，传统中国是无讼价值观，西方法律文化的价值取向是正义。

中国古代的无讼思想演化为古代法律文化的主导价值取向。纷争是诉讼的来源，古人对和谐的追求，使表征和谐的无讼成为人们的愿望。"无讼"从本质上要求人自我修养提升，是对道德的限制约束与反省教化，是通过道德上的反省修身作一个中庸的人，这是"无讼"实现的一个重要因素。

西方法律的理想是实现正义。正义的最基本表现形式是法。西方人的正义观发轫于古希腊。古罗马时期，法的目的是实现正义，衡量法律好坏的标准是正义。中世纪时期的法学家们建立了以上帝和基督教教义为核心的神学正义观。16—18世纪，作为自然法的基本和本质原则，法律必须以正义为价值导向正义，是保障人权实现的工具。19世纪，将社会公正的衡量标准建立在是否实现了社会最大多数人的幸福上，一个平等、公正衡量社会成员利益、幸福的方式成为实现大多数人幸福的前提。正义必须通过法律实现，正义在促进民主政治的建立和发展上发挥出重要的作用。

（九）人与文化和法：从人的文化原理比较中西法律文化

人的文化原理是中西法律文化展开的轴心和结构模型。文化是人类最本质的属性。人的文化原理是心主身从，即理性控制非理性，精神支配物质，神灵指导人类。人类文明共同遵循着这一原理，法律文化亦不例外。人的文化原理在中国文化中的对应体现是阳主阴从。阳主阴从在中国法律文化中的对应体现是德主刑辅。德主刑辅是中国法律文化展开的轴心和基本的结构模式。

人的文化原理在西方文化中的对应体现是精神对物质的支配和上帝对人类的指导。西方文化有理性和宗教信仰两个系统，理性系统是精神对物质的支配，宗教信仰系统是上帝对人类的指导。这两个系统在时空上既有分隔又有重叠，古希腊罗马时期和文艺复兴以来是理性支配的时代，欧洲中世纪是信仰的时代，而自罗马帝国后期基督教兴起至今，理性和信仰在对立的同时复有纠缠和重叠。精神对物质的支配和上帝对人类的指导在西方法律文化中的对应体现是理性对非理性的控制。体现理性的自然法和神法对具有非理性倾向的制定法和人法的控制，是心主身从的人的文化原理在西方法律文化中的表达，也是西方法律文化展开的轴心和基本的结构模式。

从人的文化原理看，中西法律文化交流可行，难题能够克服。从人的文化原理出发，中西法律文化两者的交流在根上是可行的。中西法律文化交流的困难在于"心"的内涵上。中国法律文化中，心主即德主，中国之治可谓道德之治、人格之治。西方法律文化中，心主以神或人的理性为主。西方之治可谓知识之治、信仰之治。双方交流的困难不是不可克服的。从理论上讲，共同的文化原点、原理、轴心与结构模式是交流可行的基本保证。在此基础上，文明的内在倾向，人类追求进步的天性，由文化压力所激发出的革新动力，加上中西方在文化交流中所得的经验与智慧，都有助于交流的进行。

三、优秀法律文化与现代法治精神

中国传统法律文化是一座巨大的思想宝库，其中包含着很多优秀成分。对中国传统法律文化有较大贡献的是儒家和法家，儒家重视道德教化，重视犯罪预防，主张先富后教、德刑结合、刑罪相称，反对酷刑滥罚、族刑株连和轻罪重罚。法家重视法律在治国中的作用，主张因时制法、事断于法、以法治国，强调法律的严肃性、统一性和稳定性，主张刑无等级、法不阿贵，反对以私害法。这些主张在两千多年前提出，时至今日，仍然有一定的借鉴意义。中国传统法律文化在许多方面都与西方有着深刻差异，这些差异又都充分体现于它们各自的法律当中，法律的冲突同时又表现为文化的冲突，法律的变革最终归结为文化的解决。

西方传统法律文化也是一座巨大的思想宝库。西方传统法律文化的基本精神可以概括为自由、平等、民主、法治原则，这些原则在今天的欧洲文化区域已经得到较为充分的体现，而在其文明发祥伊始和整个发展进程中的各个阶段，体现的程度则各有不同。人类历史上，西方传统法律文化体现了一种独有的、不断"进步"的精神和发展轨迹，社会进步通过一次次世俗与宗教革命得以实现，并最终由法律将每一次革命取得的部分成果确定下来。其他区域的法律文化则均流于专制主义。西方传统法律文化具有唯一性，在近代以后被其他文化区域广泛接受或受其影响。以罗马私法为制度基础的西方传统法律文化既体现秩序价值，也强调公平与个人自由。

法治精神是社会主体对法以及法治的理性认知和价值确信，是法治价值观，是法律意识、法治观念、法律素质、法律信仰等的集合形态，是法治实践的指导思想和精神源泉，也是尊崇法治和尊重法律权威的一种理性的精神状态。法治精神是植根于人类内心深处的对法治价值的尊崇和敬仰。法治精神是时代的引擎和标识。如果说法律制度是法治的身躯和骨骼，那么法治精神就是法治的魂魄和血液。法治包含很深刻的理念，代表着公平正义。现代法治的本质在于防止国家权力侵害个人权利。全社会应该弘扬以维护法律尊严、保障公民权利、维护社会公正为核心的法治精神。

市民社会在某种意义上可以说是法治国家的基础或者是灵魂。在市民社会里，才能产生出法治精神。中国社会尤其是儒家文化的语境并没有法治国家的传统。"法治"的内容必然包含人权、民主、自由等思想。在马克斯·韦伯的理论框架里，形式合理化的行政程序就是法治国家运作的基本形态。审判权成为法治国家运作的轴心。

现代法治的基本精神是法定主义。公民享有的权利是法律规定的，公民所履行的义务必须符合法律的规定。维护法律尊严是法治的首要精神，保障公民权利是法治的重要精神，促进社会公正是现代法治精神的终极价值。

社会主义法治精神是社会主义法治在精神层面上的反映，体现着党领导社会主义法治建设的根本要求、基本原则、理性思考和价值取向，对于社会主义法治建设具有引领作用。其基本内涵可以概括为依法治国、执法为民、公平正义、服务大局、党的领导五个方面。依法治国是社会主义法治的核心内容，执法为民是社会主义法治的本质要求，公平正义是社会主义法治的价值追求，服务大局是社会主义法治的重要使命，党的领导是社会主义法治的根本保证。宪法精神是社会主义法治精神的统领性要素。保障人权是社会主义法治精神的根本性要素。约束权力是社会主义法治精神的关键性要素。社会主义法治精神是社会主义法治文化的核心。

党的十八届四中全会通过的《中共中央关于全面推进依法治国若干重大问题的决定》明确提出："必须弘扬社会主义法治精神，建设社会主义法治文化，增强全社会厉行法治的积极性和主动性，形成守法光荣、违法可耻的社会氛围，使全体人民都成为社会主义法治的忠实崇尚者、自觉遵守者、坚定捍卫者"。

四、中国法律文化的现代转换

当代中国在法治建设上取得了一系列成就，但仍存在传统法律文化的现代转换问题。实现中国传统法律文化的现代转换，总体来说，应当从两方面入手，即一为思想观念，二为法律制度。

（一）思想观念方面

主要是要增强公民的法律意识，使法治观念进一步深入人心，以得到人民的支持与拥护，具体体现在以下两个方面：

其一，要增强公民的守法意识。近年来，由于社会、经济、政治和文化秩序的更替与重构，社会结构发生了深刻变化，违法犯罪现象有所增多，对社会稳定与发展构成了威胁，这些与公民的守法意识有关。国家的法律得到了良好遵守，国家就会趋于稳定和发展；反之，国家法律遭到了粗暴践踏，国家就会趋于动荡和停滞。国家机关工作人员和普通老百姓都必须严格遵守法律和法规，这样，法律和法规的作用才能发挥，才不会变成一纸空文，社会才会稳定与发展。

其二，要增强公民的用法意识。当代中国公民的用法意识比过去要强得多，但受传统法律文化影响，权利意识仍比较淡薄，有时仍羞于言利。"无讼即德"的观念在一定程度上仍影响着人们。遇到纠纷与冲突，尽量把大事化小，把小事化了，不到万不得已不会诉诸法律。这都反映了当代中国公民用法意识的状况。"权利是法的内核，没有对权利的要求，就激不起对法的需求、渴望和崇拜，就不能保持法律的至高地位。"要进一步提高公民的权利意识，敢于言利，从而增强广大公民的用法意识。法治宣传教育是增强公民法律意识的重要途径。开展法治宣传教育的形式多种多样，如法学课程教育，利用广播、电视、报刊、网络等媒体的教育，公开审判等，要调动一切有利因素，大力开展法治宣传教育活动。

（二）法律制度方面

建设法治国家，制度建设是根本，是关键，是巩固法律文化优秀成果和实现法律文化现代化的重要手段。没有完备和完善的法律制度，不仅难以继承传统法律文化优秀成果，还难以实现法律文化创新。要实现中国传统法律文化的现代转换，法律制度建设是极其重要的方面。法律制度建设有两个基本要求，那就是完备和完善。完备是量的要求，完善是质的要求，二者皆具，实现了质与量的统一。建设现代法律制度，实现传统法律文化的现代转换，须从以下三个方面入手：

其一，完备和完善立法制度，健全法律体系。古代社会，立法者主要是个人，如君主立法，制定的法律并不体现人民的意志，有些是反动的。古代社会要调整的社会关系并不复杂，从法律体系角度看，主要以刑为主，诸法合体。现代社会，随着民主政治的发展和市场经济的推进，人民成了真正的立法者，通过立法机关行使立法权；社会关系日趋复杂，传统的法律部门已不能涵盖，新的法律部门不断涌现，并出现了一些难以归属的法律部门。根据社会关系的发展变化制定与之相适应的法律法规，进一步健全我国的法律体系，做到有法可依。

其二，完备和完善司法制度，保证司法公正。古代社会，司法制度存在，但它不完备，也不完善，具有强烈的行政性和功利性色彩，司法腐败现象十分严重。人们祈盼好官，称颂清官。包拯之类的清官为民做主，为民申冤，确是人民之福，但却是制度的悲哀。现代社会，并不能指望像包青天这样拍案惊奇的人物，需要一整套完备和完善的司法制度，防治司法腐败，使贪官污吏望法生畏，望法却步。完备和完善司法制度要使司法机关真正独立，不能再依附于行政机关，保持司法队伍的纯洁性，敢于接受监督，最终实现司法公正。

其三，完备和完善监督制度，实现监督有效。法律监督制度自古就有，中国早在西周就有了监察机构的设置。古代的法律监督制度具有从属皇权、机构发达等特点。古代社会大量腐败现象的存在证明监督制度并未真正起到有效的作用，实效性不理想。现代社会，民主与法治建设若想进一步深入，法律监督制度显得日益突出。不仅要完备和完善法律监督制度，还要在制度的实效性上下功夫，真正做到法律监督切实有效。当代中国，加强宪法监督，建立违宪审查制显得势在必行。宪法的地位虽然与其他法律不同，带有很强的政治色彩，但它毕竟是法。既然是法，就存在监督、责任与制裁等一系列相关问题。违宪就是违法，违宪就要负责，违宪就要制裁。无论是所谓的恶性违宪，还是所谓的良性违宪，都要承担责任，否则，不利于构建法治社会。任何一种社会邪恶都来源于制度的缺陷，但任何一种社会邪恶的惩治还得靠制度。实现传统法律文化的现代转换需要制度保证。制度是一种资源，传统法律文化的现代转换正是利用这种资源作为燃料产生推进力的结果。

（三）中国法律文化现代转换的关键点

1. 法律文化的现代化与西方化

英、法、美等西方资本主义国家有着发达的近代法律发展史，并在世界法制史上最早开始了法律现代化进程。在几百年的近代法律发展史上，这些国家积累了丰富的优秀法律文化成果，可供其他国家借鉴与吸收。当代中国正在构建现代化的法治社会，绝不意味着法律文化的现代化等同于法律文化的西方化，绝不意味着要把中国传统法律文化转换成西方法律文化。中国和西方有着不同的文明，不同的历史传统和政治制度，不同的国民心理素质，因而具有不同的社会环境。强行将西方法律文化嫁接到中国的土壤里，势必会引起中国法治建设的畸形。中国法律文化的现代化可能含有西方化因素，但这些因素并不构成其全部，西方化影响中国法律文化的现代化，但不会完全取代。中国传统法律文化的现代转换并不等同于西方化。

2. 法律文化的现代化与国际化

第二次世界大战后，随着政治、经济等领域区域集团化和全球一体化的发展，特别是国与国之间经贸关系、科技和文化合作与交往的不断增长，国家间的法律不断靠拢，逐渐趋同，并形成了一条国际轨道。各国在进行法治现代化建设的同时也越来越注重法治的国际化。中国是世界上最大的发展中国家，其法律文化的发展理应受到国际社会的关注。世界需要中国步入国际法律轨道，中国也需要世界将其纳入轨道。在实现中国传统法律文化现代转换的过程中，也应注重法律文化的国际化。这一点在民商法、经济法和环境法等领域显得尤为突出。实现法律文化现代化和国际化的过程中，决不允许其他国家以法律国际化为借口或理由干涉我国内政，侵犯我国主权。法律文化的国际化应坚持求同存异的原则，各国应相互尊重，相互理解，以谋求法律文化的共同现代化。

3. 法律文化的现代化与道德文化

从社会控制的角度而言，法律与道德都是社会控制的手段，对人类社会的行为起规范作用。在调控社会方面，二者需要紧密结合，孤立的法律手段或道德手段都难以取得好的效果。推行法治的同时，应加强思想道德建设，实现社会的稳定与发展。实现中国传统法律文化的现代转换，建设法治国家，其终极目的仍是要实现社会的稳定与发展。在法律文化现代化的过程中，应注重道德文化建设。道德文化建设搞得好，不得了——会加速法律文化现代化；道德文化建设搞不好，了不得——会延缓甚至阻碍法律文化现代化。

党中央提出的"以德治国"的方略是一种全新的思路。其一，"以德治国"并不意味着德治要取代法治。法律与道德都很重要，二者不可偏废。既不能像资本主义社会那样重法律而轻道德，也不能像中国古代社会那样轻法律而重道德，道德与法律要并重，要并举，这样才有利于社会的稳定与发展。其二，要注意德治在中国社会的特殊性。中国是有"德治"传统的国家，旧道德之治导致了人治和专制。而"以德治国"中"德"的内涵是与旧道德存在本质区别的新道德，这种新道德之治在理论上不会导致人治。新旧道德之间存在本质区别，但旧道德之治的传统所具有的人治倾向性可能在现实上影响新道德之治。其三，要完善德治的可操作性。从旧道德到新道德转变过程中，可以看出道德具有时代性，不同的时代有不同的道德。同一时代，某些行为是否违背道德存在着争议。推行"以德治国"要进一步完善其可操作性。

中国传统法律文化的现代转换是一个系统工程，需要方方面面的配套，配套的各个方面又要相互协调。中国传统法律文化的现代转换，实现法律文化的现代化，不仅是社会主义文化建设的需要，还是建设中国特色社会主义法治国家的重要步骤和迫切要求。

参考文献

[1] 王志华. 解读西方传统法律文化 [J]. 中国政法大学学报，2012 (1)：54－67.

[2] 刘金国，周丽. 西方法律传统的文化渊源 [J]. 南通师范学院学报，2002 (3)：28－33.

[3] 大木雅夫. 东西方的法律观念比较 [M]. 北京：北京大学出版社，2004.

[4] 唐震熙. 西方现代学术界对法律观念的新诠释 [J]. 上海大学学报，1998 (2)：79－83.

[5] 徐爱国. 法理念的文化冲突与中国法律的多元属性 [J]. 社会科学研究，2014 (6)：65－75

[6] 贺卫方，任强. 古希腊的民主与法制（上）[A]. 中西法律传统 [C]. 北京：中国政法大学出版社，2004.

[7] 加加林（Michael Gagarin），科恩（David Cohen）. 剑桥古希腊法律指南 [M]. 邹丽，叶友珍，译. 上海：华东师范大学出版社，2017.

[8] 王志华. 解读西方传统法律文化 [A]. 大陆法系及其对中国的影响 [C]. 北京：法律出版社，2009：156－171.

[9] 舒扬. 论罗马社会的法律文化 [J]. 广州大学学报，1995 (1)：26－30.

[10] Mark Van Hoecke. 全球化背景下的欧洲法律文化 [A]. 中外法律体系比较国际学术研讨会论文集（2007）[C].

北京：中国人民大学出版社，2010：1-12.

[11] 王晓广. 全球化背景下中西法律文化冲突论纲 [D]. 长春：吉林大学，2009.

[12] ［荷］马丁·W. 海塞林克. 新的欧洲法律文化 [M]. 魏磊杰，译注. 北京：中国法制出版社，2010.

[13] ［德］弗朗茨·维亚克尔. 欧洲法律文化的基础 [J]. 周仲飞，译. 环球法律评论. 1991（3）：18-22.

[14] ［瑞典］K. A. 莫戴尔. 当代欧洲的法律传统和文化 [J]. 聂秀时，译. 外国法译评，1999（1）：32-36.

[15] 任强. 为法律赢得神圣——中西法律观念的信仰基础反思 [J]. 法制与社会发展，2004（5）：46-54.

[16] 柴英，柴荣. 基督教对西方法律的给养——以基督教对英国法律的影响为例 [J]. 中州学刊，2011（3）：169-174.

[17] 陈金全，梁聪. 古希腊法律思想的形成与演进 [J]. 暨南学报（哲学社会科学版），2006（1）：56-62.

[18] 李敏. 古希腊法律思想发展评述 [J]. 法制与社会，2007（4）：742-743.

[19] 杨蜜. 古希腊法律思想提要 [J]. 佳木斯大学社会科学学报，2014（2）：35-36.

[20] 陈金全，梁聪. 古罗马法律思想述要 [J]. 西南大学学报（人文社会科学版），2006（1）：81-85.

[21] 何为. 论法律权威在中世纪的确立 [D]. 重庆：西南政法大学，2012.

[22] 翟月玲. 中世纪欧洲的法律思想——政府责任法律规制之法律思想溯源 [J]. 云南大学学报（法学版），2013（2）：2-7.

[23] 张薇薇. 中世纪城市的宪制 [A]. 外国法制史研究 [C]. 北京：法律出版社，2016：399-445.

［24］严文强. 浅论英国近代法律思想［J］. 中国商界（下半月），2009（1）：264－265.

［25］严存生. 西方法律思想史［M］. 北京：法律出版社，2015.

［26］李琦. 太平天国的法思想与西方近代法律文化［J］. 福建学刊，1996（2）：74－78.

［27］王铁雄. 西方分权学说之历史渊源考［A］. 海大法律评论［C］. 上海：上海浦江教育出版社，2007：492－506.

［28］谷春德，邓楚开. 西方法律思想史的回顾与改革［J］. 法学家，2002（3）：57－63.

［29］张善根. 西方法学流派的逻辑起点及其局限［J］. 求是学刊，2011（6）：76－81.

［30］陈金钊. 理想与现实之间——西方法学流派与法治［A］. 清华法治论衡［C］. 北京：清华大学出版社，2000：114－131.

［31］陈兵. "法学流派"类型研究［J］. 江汉论坛，2009（7）：126－130.

［32］李振宇. 论边缘法学流派［A］. 第四届边缘法学界国际学术会议暨第六届全国边缘法学研讨会论文集［C］. 南昌：江西人民出版社，2015：5－11.

［33］王亚明. 西方形式主义司法传统的文化成因及启示［J］. 理论与现代化，2007（6）：101－103.

［34］于双远，金辉. 司法独立与英国文化［J］. 世界文化，2008（2）：6－7.

［35］王亚明. 西方纠纷解决形式主义司法传统的形成及启示［J］. 山西警官高等专科学校学报，2007（3）：23－28.

［36］李辉. 论司法能动主义［D］. 济南：山东大学，2010.

［37］胡大展. 西方陪审制度随笔［J］. 比较法研究，2005（6）：

119-124.

[38] 罗韬. 论英美刑事陪审团的神学渊源 [D]. 成都：四川省社会科学院，2014.

[39] 郭光东. 陪审团的历史与价值 [D]. 上海：华东政法学院，2004.

[40] 王申. 西方法官职业的历史构建 [J]. 法律科学（西北政法大学学报），2008（2）：3-12.

[41] 王德志. 西方国家对法官独立的保障 [J]. 山东大学学报（哲学社会科学版），1999（5）：81-86.

[42] 季金华. 司法权威的文化建构机理 [J]. 法律科学（西北政法大学学报），2013（6）：3-12.

[43] 李冰. 论法律文化对司法权威的影响及对策 [A]. 第八届中部崛起法治论坛论文集 [C]. 太原：山西省法学会，2015：1212-1223.

[44] 李文婧. 中西方法院文化比较研究 [J]. 赤峰学院学报（汉文哲学社会科学版），2015（3）：89-91.

[45] 李道刚. 欧洲法院制度探析 [A]. 外国法制史研究 [C]. 北京：法律出版社，2003：337-349.

[46] 谢邦宇. 罗马律师制度浅说 [J]. 现代法学，1983（4）：81-85.

[47] [英] 保罗·布兰德. 英格兰律师职业的起源 [M]. 李红海，译. 北京：北京大学出版社，2009.

[48] 米健. 一个西方学者眼中的中国法律文化——读何意志近著《中国法律文化概要》 [J]. 法学家，2001（10）：121-128.

[49] 夏锦文. 中国法律文化的传统及其转型 [J]. 南京社会科学，1997（9）：55-61.

[50] 高鸿钧. 法律文化的语义、语境及其中国问题 [J]. 中国

法学，2007（4）：23－38.

[51] 倪正茂. 从法律激励看对中国法律文化传统的继承 [J]. 法学，2014（1）：43－48.

[52] 曾粤兴. 中国法律文化的再造 [J]. 法治研究，2015（2）：119－125.

[53] 曾小华. 现代视野中的中国传统法律文化 [J]. 浙江社会科学，2004（11）：140－146.

[54] 景风华. 法律文化之"所指"——以研究视角为切入点 [J]. 湖北社会科学，2015（12）：138－145.

[55] 邓正来. 中国法学向何处去（续）——对梁治平"法律文化论"的批判 [J]. 政法论坛，2005（4）：41－72.

[56] 文正邦. 法学现代化问题论纲 [A]. 法制现代化研究 [C]. 北京：法律出版社，1996：180－190.

[57] 张中秋. 传统中国律学论辩——兼论传统中国法学的难生 [A]. 法律史学科发展国际学术研讨会文集 [C]. 北京：中国政法大学出版社，2005：146－171.

[58] 纪长胜. 北朝渤海律学传习研究 [D]. 重庆：西南政法大学，2014.

[59] 张君虎，江雪芹. 南朝律学研究 [A]. 边缘法学论坛 [C]. 南昌：江西人民出版社，2011（2）：62－68.

[60] 武树臣. 中国古代的法学、律学、吏学和谳学 [J]. 中央政法管理干部学院学报，1996（5）：56－60.

[61] 何勤华. 中国古代法学的死亡与再生——关于中国法学近代化的一点思考 [J]. 法学研究，1993（2）：134－143.

[62] 何勤华. 法学形态考——"中国古代无法学论"质疑 [J]. 法学研究，1997（2）：15－27.

[63] 姜涛. 中国法学知识谱系建构的主题词 [J]. 法律科学（西北政法大学学报），2010（5）：3－14.

[64] 何勤华. 论宋代中国古代法学的成熟及其贡献 [J]. 法律科学（西北政法大学学报），2000（1）：97—105.

[65] 梁薇. 西方法官制度对我国法官独立的启示 [J]. 昆明大学学报，2006（1）：12—15.

[66] 吕芳. 中国法院文化研究 [D]. 北京：中国政法大学，2007.

[67] 陈陟云. 缘起与发展：法院文化解析及建设 [J]. 人民司法，2012（7）：8—14.

[68] 宋占文. 当代中国律师文化 [J]. 中国律师，2007（8）：8—10.

[69] 罗光华. 中国律师文化的定位、定性与定向 [J]. 长春理工大学学报，2011（11）：23—24.

[70] 张成铭. 回眸和展望：百年中国律师的发展轨迹 [J]. 国家检察官学院学报，2013（1）：121—134.

[71] 陈景良. 中国近代法律思想的历史发展、主要内容和特点 [J]. 法学，1999（5）：12—14.

[72] 华友根. 中国近代法律思想演变及其特点述略 [J]. 上海社会科学院学术季刊，1990（1）：137—143.

[73] 肖志珂. 20世纪上半叶中国法律思想史学研究——以学科发展为视角 [D]. 上海：华东政法大学，2016.

[74] 何勤华. 中国近代法律教育与中国近代法学 [J]. 法学，2003（12）：3—14.

[75] 李贵连. 二十世纪的中国法学 [J]. 中外法学，1997（2）：1—13.

[76] 孙伟. 吴经熊与近代中国法学学术 [J]. 湖南工程学院学报（社会科学版），2010（2）：57—61.

[77] 李晓明. 风雨百年路沧桑——中国近现代法学的反思 [J]. 河北法学，2004（1）：8—11.

[78] 张晋藩. 中国古代司法文化中的人文与理性 [J]. 政法论坛，2013 (6)：3－12.

[79] 张仁善. 论中国近代司法文化发展的多层面冲突 [J]. 法学家，2005 (3)：56－64.

[80] 范中信，吴欢. 司法文化应该追求哪些基本价值 [J]. 法律适用，2012 (4)：2－8.

[81] 姚莉. 比较与启示：中国法官遴选制度的改革与优化 [J]. 现代法学，2015 (7)：31－40.

[82] 解云龙. 员额制改革背景下的法官遴选机制研究 [D]. 扬州：扬州大学，2017.

[83] 孙立军. 当代中国司法文化及其培育研究 [D]. 长春：吉林大学，2016.

[84] 蓝俏彦. 中国传统司法理念的现代转型 [D]. 武汉：中南民族大学，2007.

[85] 夏锦文. 社会变迁与中国司法变革：从传统走向现代 [J]. 法学评论，2003 (1)：71－79.

[86] "人民法院文化建设研究" 课题组，孙海龙，郭俭，张琼. 法院文化建设的司法取向及其实现 [J]. 中国法学，2014 (6)：109－120.

[87] 刘斌. 论人民法院文化体系的建构 [J]. 中国政法大学学报，2010 (4)：74－82.

[88] 王宇辉. 试论吸纳世界优秀法律文化 [A]. 2013·学术前沿论丛——中国梦：教育变革一人的素质提升（上）[C]. 北京：北京师范大学出版社，2013：130－137.

[89] 米健. 比较法学与世界法律文化 [J]. 法学，2004 (10)：30－33.

[90] 高鸿钧. 比较法研究的反思：当代挑战与范式转换 [J]. 中国社会科学，2009 (11)：161－170.

[91] 尚绪芝，苏喆. 论核心价值观对法律文化构建的引领 [J]. 法学杂志，2014（11）：72－80.

[92] 贺卫方. 法官文化的意义与课题 [N]. 人民法院报，2003－5－31.

[93] 张文显. 马克思主义法理学——理论与方法论 [M]. 长春：吉林大学出版社，1993：300－301.

[94] 武树臣，等. 中国传统法律文化 [M]. 北京：北京大学出版社，1994：45－52.

[95] [美] 弗里德曼. 法律制度 [M]. 李琼英，等，译. 北京：中国政法大学出版社，1994：223，239.

[96] [美] 埃尔曼. 比较法律文化 [M]. 贺卫方，等，译，北京：生活·读书·新知三联书店，1990：27.

[97] 周永坤，范忠信. 法理学——全球视野 [M]. 南京：南京大学出版社，1994：146－149.

[98] 许章润. 中国近代法制的世俗理性主义 [J]. 清华法学，2013（6）：61－92.

[99] 韩伟. 世俗信仰与中国传统司法的关系 [N]. 人民法院报，2014－5－23.

[100] 武树臣. 中国古代的法学、律学、吏学和谳学 [J]. 中央政法管理干部学院学报，1996（5）.

[101] 王志华. 解读西方传统法律文化 [J]. 中国政法大学学报，2012（1）.

[102] E. 博登海默. 法理学·法律哲学法律方法 [M]，邓正来，译. 北京：中国政法大学出版社，1999：95.

[103] 亚里士多德. 政治学 [M]. 北京：商务印书馆，2006.

[104] 梁治平. 法、法律、法治 [A]. 法辨 [C]. 北京：中国政法大学出版社，2002：235，241－242.

[105] [美] 依迪丝·汉密尔顿. 罗马精神 [M]. 王昆，译. 北

京：华夏出版社，2008：58—59，69.

[106] 曾尔恕. 历史上最具影响力的法学名著 30 种 ［M］. 西安：陕西人民出版社，2007：28.

[107] 西塞罗. 论共和国　论法律 ［M］. 王焕生，译. 北京：中国政法大学出版社，1997：39，41，270.

[108] 梁功平. 知道点世界历史 ［M］. 西安：陕西人民出版社，2007：78.

[109] 郭长刚. 失落的文明：古罗马 ［M］. 上海：华东师范大学出版社，2001：116.

[110] 朱龙华. 罗马文明与古典传统 ［M］. 杭州：浙江人民出版社，1993：153—154.

[111] 查士丁尼. 法学总论——法学阶梯 ［M］. 北京：商务印书馆，1989：5—6.

[112] ［英］梅因. 古代法 ［M］. 沈景一，译. 北京：商务印书馆，1995：31.

[113] ［英］罗素. 西方哲学史 ［M］. 何兆武，李约瑟，译. 北京：商务印书馆，1982：355.

[114] ［美］塞缪尔·亨廷顿. 第三波：二十世纪末的民主化浪潮 ［M］. 刘军宁，译. 上海：上海三联书店，1998.

[115] 扎卡里亚. 非自由民主政体的崛起 ［J］. 美国《外交》杂志，1997（6）.

[116] ［印］P．N．伯格瓦蒂. 司法能动主义与公众利益诉讼 ［J］. 法学译丛，1987（3）.

[117] 由嵘. 外国法制史 ［M］. 北京：北京大学出版社，1992.

[118] 陈光中. 律师 ［M］. 北京：中国法制出版社，2004.

[119] 叶显群. 律师与公证 ［M］. 重庆：重庆大学出版社，2005：6.

[120] 邓建民. 律师法学与公证法学 ［M］. 成都：四川大学出

版社，2006.

[121] 许章润. 书生事业无限江山——关于近世中国五代法学家及其志业的一个学术史研究 [J]. 清华法学，2004（1）：40－70.

[122] 潘恩选集 [M]. 北京：商务印书馆，1982：35—36.

[123] [美] 罗伯特·A. 达尔. 现代政治分析 [M]. 上海：上海译文出版社，1987.

[124] [英] 罗德·黑格，马丁·哈洛普. 比较政府与政治导论 [M]. 北京：中国人民大学出版社，2007：259.

[125] 约翰·奈斯比特. 亚洲大趋势 [M]. 北京：外文出版社，1996：46.

[126] 高殉. 宪政文化：我们的追求 [J]. 法学论坛，2004（4）.

[127] 张灏. 幽暗意识与民主传统 [M]. 北京：新星出版社，2002.

[128] [英] 洛克. 政府论（下） [M]. 北京：商务印书馆，1996：56.

[129] [法] 孟德斯鸠. 论法的精神（上）[M]. 北京：商务印书馆，1997：154.

[130] [美] 斯蒂芬·L. 埃尔金，等. 新宪政论 [M]. 北京：生活·读书·新知三联书店，1997：27－28.

[131] [日] 杉原泰雄. 宪法的历史——比较宪法学新论 [M]. 北京：社会科学文献出版社，2000：22－23.

[132] 严存生. 西方法律思想史 [M]. 北京：法律出版社，2004：21－22.

[133] 谷春德，张宏生. 西方法律思想史 [M]. 北京：北京大学出版社，1990：23.

[134] [英] 戴维·赫尔德. 民主的模式 [M]. 北京：中央编译

出版社，1998：91.

[135] ［美］哈罗德·J. 伯尔曼. 法律与革命——西方法律传统的形成 ［M］. 北京：中国大百科全书出版社，1993.

[136] 周永坤. 规范权力——权力的法理研究 ［M］. 北京：法律出版社，2006：333－365.

[137] ［美］格伦顿，戈登，奥萨魁. 比较法律传统 ［M］. 米健，等，译. 北京：中国政法大学出版社，1993：17.

[138] 阿奎那政治著作选 ［M］. 北京：商务印书馆，1963：123.

[139] 何勤华. 外国法制史 ［M］. 北京：法律出版社，2001：140.

[140] ［德］K. 蒋威格特，H. 克茨. 比较法总论 ［M］. 潘汉典，等，译. 贵阳：贵州人民出版社，1992：355.

[141] ［法］马里旦. 人和国家 ［M］. 霍宗彦，译. 北京：商务印书馆，1964：79.

[142] 高军. 浅析中国传统法律文化对当今法制建设阻碍作用 ［J］. 云南行政学院学报，2003（6）.

[143] 李海涛. 论宪政文化在中国的变迁及影响 ［J］. 南京政治学院学报，2003（1）.

[144] 周永坤. 中国宪法的变迁——历史与未来 ［J］，江苏社会科学，2000（3）.

[145] 高军. 中国公法文化的现代改造 ［J］. 贵州师范大学学报，2004（6）.

[146] 杨海坤. 宪法学基本论 ［M］. 北京：中国人事出版社，2002.

[147] 王磊. 宪法的司法化 ［M］. 北京：北京大学出版社，1999.

[148] 周永坤. 论宪法基本权利的直接效力 ［J］. 中国法学，

1997（1）.

[149] 杨海坤. 跨入 21 世纪的中国行政法学 ［M］. 北京：中国
人事出版社，2000.

[150] ［英］A. J. M. 米尔恩. 人权哲学 ［M］. 北京：东方
出版社，1991：295.

[151] ［德］拉德布鲁赫. 法学导论 ［M］. 北京：中国大百科全
书出版社，1997：100.

[152] ［英］A. J. M. 米尔恩. 人权哲学 ［M］. 北京：东方
出版社，1991：294.

[153] ［美］彼德·G. 伦斯特洛姆. 美国法律词典 ［M］. 北
京：中国政法大学出版社，1998：103.

[154] 黎国智，庄晓华. 法治国家与法官文化 ［J］. 现代法学，
1998（6）：27.

[155] 陈景良. 中国近代法律思想的历史发展、主要内容和特点
［J］. 法学，1999（5）：12－14.

[156] 李娟. 革命传统与西方现代司法理念的交锋及其深远影
响——陕甘宁边区 1943 年的司法大检讨 ［J］. 法制与社
会发展，2009（4）：38－47。

[157] 陈卫东. 中国律师学 ［M］. 北京：中国人民大学出版社，
2008：17，20—21.

[158] 阎志明. 中外律师制度中 ［M］. 北京：中国人民公安大
学出版社，1998：14，38.

[159] 张耕. 中国律师制度发展的里程碑 ［M］. 北京：法律出
版社，1997：1.

[160] 龚思维. 浅谈中西方法律文化差异 ［EB/OL］. 湖南师范
大学法学院，https：//wenku. baidu. com/view/
e408dd3a561252d381eb6e34. html.

[161] 程立. 古希腊和古罗马时期的法律思想 ［EB/OL］.

2011－04－21/2018/1/2. bjgy. chinacourt. org/article/
detail/2011/04/id/881247. shtml.

[162] 纪连海. 古罗马法律的源起［EB/OL］. 2016－01－22/
2017－3－21. cul. qq. com/a/20160122/048255. htm.

后　记

政治法律制度是人类社会最主要的制度。法律制度是人类社会的文明之花。人类社会几千年的法制史蕴育出了内涵丰富的法律文化。

法律文化指一个民族或国家在长期的共同生活过程中所认同的、相对稳定的、与法和法律现象有关的制度、意识和传统学说的总体。法律文化包括法律意识、法律制度、法律实践，是法的制度、法的实施、法律教育和法学研究等活动中所积累起来的经验、智慧和知识，是人们从事各种法律活动的行为模式、传统、习惯。

笔者所在高校早在 2012 年就提出了"文化育人、复合育人、协同育人"的"三育人"人才培养模式。其中，文化育人解决育人根本问题，彰显"立德树人"之教育宗旨。复合育人适应转型升级和可持续发展要求，调动学生自主学习的能动性。协同育人创新育人体制机制，解决人才培养与社会需求脱节、教学与科研脱节、科研与应用服务脱节等"两张皮"痼疾，形成"学校主体、政府主导、行业指导、企业参与"的开放联动平台，创新人才培养新模式。

在"文化育人"推进过程中，学校和二级学院相继开展了一大批"文化育人"专业建设项目和课程建设项目。笔者历来对文化颇感兴趣，高度赞赏和认同习近平总书记在中共十九大报告中指出的"文化是一个国家、一个民族的灵魂。文化兴国运兴，文化强民族强。没有高度的文化自信，没有文化的繁荣兴盛，就没有中华民族伟大复兴"。因此，笔者积极参与到学校"文化育人"的各项工作中，主持了多项院级、校级"文化育人"法律课程建设项目。

在"文化育人"法律课程建设项目研究过程中，笔者逐步涉猎了法律文化领域，特别感到无论是对普通百姓而言，还是对从事法律工作的专业人士而言，法律文化的学习与认知太重要了。实际上法律文化也是法律的灵魂。法律制度总是在一定的法律思想观念指导之下制定和执行的。从这个意义上讲，法律文化是一个国家法律制度的灵魂。法律文化建设更是现代民主法治建设的灵魂。

本书是笔者学习研究法律文化的成果之一，在学习研究的过程中，参考了大量互联网上的资源，特别是中国知网上关于法律文化的论文，参考文献大多直接列出，但由于时间紧、任务重，未能一一细列出引用参考资料的位置，谨致歉意，并致谢忱！

由于各种条件和笔者水平所限，书中难免有疏漏和错误等不足之处，恳请各界学者专家尤其是法律界、法学界的学者专家提出宝贵意见和建议，以便在适当的机会予以订正。

本书的出版，得到了笔者所在学校科研处、学术著作出版基金以及四川大学出版社的大力支持和帮助，在此一并表示衷心的感谢！

编著者
2018 年 10 月